U0793157

新世纪高职高专交通运输管理类系列教材

高速公路运营管理

顾　问　邱　江

主　编　刘万里　孟祥茹

参　编　杨金兰　鲁　杰

杨利勤　刘光昆

主　审　阎子刚

机械工业出版社

高速公路运营管理是一门理论与实践结合非常紧密的学科，既广泛地涉及管理学、经济学、系统论、信息论等学科知识，也十分注重理论在实际工作中的指导性、实效性和简洁性的要求。为此，本书编写的思路确定为：在内容上，以高速公路的经济效益和社会效益为主线，尽量突出管理职能计划、组织、指挥、协调和控制在高速公路运营管理中的具体安排，鉴于运营管理的企业化发展趋势，为提高管理效率和树立公共形象，特设高速公路运营管理与公共关系一章；在层次上，先从宏观角度介绍高速公路运营管理系统及管理体制，便于从整体上把握高速公路运营管理系统构成和管理体制的发展趋势，然后再分别介绍从职能上划分的6个子系统——收费管理系统、路政管理系统、交通与交通安全管理系统、养护与维修管理系统、监控与通信管理系统、服务区管理系统。

本教材为高职高专交通运输管理类学规划教材，同时也可以作为从事高速公路运营管理人员及相关人员的专业参考书籍。

图书在版编目（CIP）数据

高速公路运营管理/刘万里，孟祥茹主编．—北京：机械工业出版社，2004.8（2025.1 重印）
新世纪高职高专交通运输管理类系列教材
ISBN 978-7-111-14911-8

Ⅰ．高… Ⅱ．①刘… ②孟… Ⅲ．高速公路—运营—高等学校：技术学校—教材 Ⅳ．U492

中国版本图书馆 CIP 数据核字（2004）第 069506 号

机械工业出版社（北京市百万庄大街 22 号 邮政编码 100037）
策划编辑：蓝伙金 孔文梅
责任编辑：徐永杰 张 亮
封面设计：饶 薇 责任印制：单爱军

北京虎彩文化传播有限公司印刷

2025 年 1 月第 1 版第 15 次印刷
169mm×239mm · 18 印张 · 329 千字
标准书号：ISBN 978-7-111-14911-8
定价：38.00 元

电话服务
客服电话：010-88361066
010-88379833
010-68326294

网络服务
机 工 官 网：www.cmpbook.com
机 工 官 博：weibo.com/cmp1952
金 书 网：www.golden-book.com
机工教育服务网：www.cmpedu.com

序

交通运输是促进国民经济和社会发展的重要基础，是社会发展的先决条件，是国民经济发展的先导型行业。改革开放以来，尤其是20世纪90年代初以来，我国交通基础设施、运输装备和客货运输总量规模迅速扩展，质量水平大幅提高，整体结构明显改善，颇具规模的现代交通运输系统网络已初步形成。经过改革开放的20多年，我国交通运输业发生了深刻的变化，交通运输从过去的封闭和垄断走向开放和竞争，运输方式之间、运输方式内部的竞争局面开始形成，乘客和货主对运输方式和运输工具有了更大的选择余地，竞争也使运输服务质量有了明显提高，多种经济成分和多种经营方式共办交通的繁荣局面已经形成，专业运输部门积极更新经营思想，改善经营行为，为顾客着想，在客运方面开展吃、住、行一条龙服务，在货运方面推行产、运、销一条龙服务。

但因长期以来交通运输滞后于国民经济发展，欠账过多，运输市场仍满足不了经济建设和社会主义市场经济发展的需要。这主要体现在：运输组织管理水平不高，公路运输企业的经济规模不够，产业经营理念落后，缺乏专业化程度高和跨区经营的骨干运输企业，现有的运输设施及设备仍然满足不了国民经济高速发展的需要，主干线运能不足的矛盾仍十分突出，运输安全保障薄弱，运输服务质量不能令人满意。

近期，国家提出了交通实现新的跨越式发展的主要目标，到2010年使交通对国民经济的制约状况得到全面改善，到2020年基本适应国民经济和社会发展需要。发展的基本思路是：全面树立可持续的发展观，正确把握发展度、协调度、可持续度三者的关系，正确处理局部与全局、眼前与长远的关系，正确处理发展与人口、资源、环境的关系，保持交通健康、稳定的发展态势，认真解决好发展速度与建设质量、规模扩张与质量效益、经济发展与生态环境保护、建设改造与养护管理等诸多矛盾，实现质量型、效益型、功能型和可持续的跨越式发展。

运输能力落后于公路建设，重建设轻管理，重效益轻服务是当前交通运输行业的突出现象，交通运输未来可持续发展的潜在障碍之一是缺乏现代服务理念好、素质高、技能熟练的人才。

截至2003年年底，全国高速公路通车里程已突破3万km，到2007年，全国高速公路通车里程将达7万km。随着全国高速公路规模的逐渐扩大和网络的逐步形成，高速公路的专业化运营与管理已经提到了交通部门的议事日程上来，全国各地对高速公路运营管理人才将有较大的需求。

我国的职业类交通运输管理教育始于20世纪80年代初的中专教育。在20多年的交通运输管理职业教育探索实践中，积累了相当丰富的智力和知识资源，全国各交通中专学校在2000年前后陆续转制为以高中后职业教育为主的高等职业技术学院。伴随我国社会主义市场经济制度的逐步确立和改革开放力度的进一步加大，尤其是我国加入WTO后，交通运输行业业态、管理体制和市场机制较原来也发生了翻天覆地的变化，交通运输行业不可避免地要面对全球化的市场竞争，原来各学校采用的教材和教学资料明显不适应高职高专教育培养目标和教学特点。

为了适应交通运输事业日益发展对人才的需要，解决各高职高专院校当前交通运输管理类专业教材紧缺的现状，由机械工业出版社组织全国交通系统22所高职高专院校的专家学者，协同规划了这套“新世纪高职高专交通运输管理类系列教材”，并成立了“新世纪高职高专交通运输管理类系列教材编委会”。这是一件可喜可贺的好事。参与这套教材编写的人员大多是长期从事交通运输管理实践、教学和研究的一线专家学者。这套教材较为系统地介绍了客货运输企业经营与管理、交通运输行业管理、高等级公路维护与运营管理等方面的理论知识与理念、行业法律法规和标准、经营与运作管理方法和工具等，吸收了国内外业界最新的实践和理论成果，配以大量的实操性案例和习题，突出实用性和操作性，适合高职高专培养目标和教学特点，是国内目前第一套较为系统和完整的高职高专交通管理类系列教材。该套书既可作为高职高专交通运输管理类专业课程的教材，又可作为各类、各层次学历教育和短期培训的选用教材，也适合作为广大交通运输业界人员学习参考用书。

由于行业发展变化快，再有编者水平的限制，书中难免有不足之处，恳请广大读者提出宝贵意见，以期保持这套教材的时代性和实用性，使其和高职高专的交通运输管理专业教育与时俱进。

新世纪高职高专交通运输
管理类系列教材编委会

前言

目前，我国高速公路建设取得了惊人的业绩。近 20 年来，按照“统筹规划，条块结合，分层负责，联合建设”的方针，在“国家投资，地方筹资，社会集资，利用外资”和“贷款修路，收费还贷，滚动发展”的投资政策的指导下，高速公路的建设速度、工程质量和发展水平已经达到世界领先水平。然而，高速公路运营管理的水平却落后于其建设速度，在一定程度上阻碍了高速公路建设的良性发展及其经济、社会和生态效益的发挥。此外，随着高速公路里程的逐年增长和网络化的形成，对高速公路运营管理人才的需求压力也日显突出和紧迫。因此必须加强高速公路运营管理的研究，以满足实践的要求。

本书通过对高速公路运营管理基础理论的阐述和实践焦点的分析，探索在市场经济条件下，高速公路发挥其服务于经济建设，实现其经济效益和社会效益，最终达到可持续发展的科学管理模式。高速公路运营管理是一门理论与实践结合非常紧密的课程，既要广泛地涉及到其他的学科知识，如管理学、经济学、系统论、信息论等，也要刻意于理论在实际工作中的指导性、实效性和简洁性的要求。为此，本书在内容上，以高速公路的经济效益和社会效益为主线，尽量突出管理职能计划、组织、指挥、协调和控制在高速公路运营管理中的具体安排，为提高管理效率和树立公共形象，特设高速公路运营管理与公共关系一章；在层次上，先从宏观的角度介绍高速公路运营管理系统及管理体制，便于从整体上把握高速公路运营管理系统构成和管理体制的发展趋势，然后再分别介绍从职能上划分的 6 个子系统——收费管理系统、路政管理系统、交通与交通安全管理系统、养护与维修管理系统、监控与通信管理系统、服务区管理系统。总体而言，本书注重实践焦点的分析和理论发展趋势的介绍，强调高速公路运营管理的社会性和生态性，着重于以高速公路经济效益和社会效益为前提的管理职能的运用。

本书顾问邱江，由刘万里统稿、定稿。第一章和第三章由刘万里编写，第二章、第七章和第九章由孟祥茹编写，第四章和第八章由杨金兰编写，第五章由鲁杰编写，第六章由杨利勤编写，第十章由刘光昆编写，主审阎子刚。

本书在编写过程中参阅了许多国内外有关资料，有些直接为本书所引用，在此特向原作者表示衷心的感谢和敬意。云南省交通厅邱江博士、云南交通职业技术学院的黄君麟、王昆元在本书的编写过程中对内容、结构给予了精心的指导和无私的帮助，在此深表谢意。

最后，恳请读者批评指正，以期不断发展和完善。

编　者

目录

序

前言

第一章　绪论……1

第一节　高速公路……1

第二节　高速公路运营管理……8

复习思考题……16

第二章　高速公路运营管理体制及机构……17

第一节　我国高速公路运营管理体制概述……17

第二节　我国目前高速公路运营管理机构概述……33

第三节　关于我国高速公路运营管理机构设置的建议……37

复习思考题……42

第三章　高速公路收费管理……43

第一节　概述……43

第二节　与收费有关的因素及收费原则……48

第三节　高速公路收费的方式及种类……55

第四节　高速公路收费票务管理与稽查管理……60

第五节　高速公路收费人员管理……65

第六节　建立现代化的高速公路收费管理模式……68

复习思考题……72

第四章　高速公路路政管理……73

第一节　概述……73

第二节　路政管理的职权与方法……78

第三节　路政执法……83

第四节　路政管理的实施……95

第五节　内部管理制度……102

第六节　建立现代化的高速公路路政管理模式……105

复习思考题……107

第五章　高速公路交通安全管理……108

第一节　概述……108

第二节　高速公路交通管理和控制……111

第三节　高速公路交通安全管理……119

复习思考题……148

第六章　高速公路养护维修管理……149

第一节　概述……149

第二节　高速公路路面养护管理系统……152

第三节　高速公路桥梁养护管理系统……160

第四节　路基及附属设施的养护与维修……164

第五节　养护维修时的交通组织及安全措施 …………170
第六节　高速公路防灾体制与措施 ……………………172
第七节　高速公路养护管理体制改革 …………………176
复习思考题 ……………………………………178

第七章　高速公路监控通信管理 ……179

第一节　监控系统及其管理 ………179
第二节　通信系统及其管理 ………189
第三节　我国高速公路监控通信管理的发展趋势及对策 …………198
第四节　建立高速公路现代化管理系统 ………………204
复习思考题 ……………………………………208

第八章　高速公路服务区的管理与经营 …………210

第一节　概述 ……………………………210
第二节　服务区管理 ……………………213
第三节　高速公路经营开发 ………218
复习思考题 ……………………………………226

第九章　高速公路绿化养护管理 ……………………227

第一节　概述 ……………………………227
第二节　高速公路绿化植物养护管理 ……………………234
第三节　建设生态高速公路 ………238
复习思考题 ……………………………………246

第十章　高速公路运营管理与公共关系 ……………………247

第一节　公共关系概述 ……………247
第二节　高速公路运营管理与公共关系 ……………………260
复习思考题 ……………………………………272

附录 ……………………………………273

参考文献 ………………………………278

第一章　绪　　论

【学习目的】

通过本章学习，掌握高速公路的概念、特点及作用；掌握高速公路运营管理的含义、目标及原则；掌握高速公路运营管理的内容及特点；了解高速公路的发展状况及国内前景规划。

自 1921 年德国在柏林西部修筑了第一条往返高速公路以来，高速公路以其通行能力强、行车速度高、安全性较高等特点在 60 多个国家取得了显著的经济、社会和生态效益，已成为衡量一个国家现代化水平的重要标志，一些国家甚至将其作为经济增长极而大力发展。随着我国国民经济实力的增强和经济发展的需要，自 20 世纪 80 年代末期至今，我国的高速公路建设已取得了辉煌的成就。目前我国高速公路的总里程仅次于美国，位居世界第 2 位，对我国政治、经济、文化的发展与交流起到了积极的促进作用。但高速公路在我国仍属于新鲜事物，尚缺乏全面系统的高速公路运营管理的经验，这对我国高速公路的功能发挥起到了一定的限制作用。

第一节　高速公路

一、高速公路的概念、系统设施及功能特点

（一）高速公路的概念

世界各国从各自的实践特点出发，对高速公路的概念界定产生了一定的差异，比如，在名称上，美国称其为“快速公路”或“自由公路”；欧洲多数国家称其为“汽车专用公路”。但普遍的观点认为，高速公路是指专供汽车高速行驶的专用汽车公路。联合国欧洲经济委员会运输部曾经在 1962 年 11 月对高速公路进行了界定：高速公路是利用分隔的车道，往返行驶交通的道路。高速公路的两个车道用中央分隔带分开，与其他任何铁路、公路不允许有平面交叉，禁止从路侧的任何地方直接进入公路，禁止汽车以外的任何交通工具出入。

在我国，按中华人民共和国行业标准 JTJ001—1997《公路工程技术标准》

的规定，高速公路为专供汽车分向、分车道行驶并全部控制出入的干线公路。其中：

（1）4车道高速公路一般能适应按各种汽车（包括摩托车）折合成小客车的远景设计年限年平均昼夜交通量为25 000～55 000辆。

（2）6车道高速公路一般能适应按各种汽车（包括摩托车）折合成小客车的远景设计年限年平均昼夜交通量为45 000～80 000辆。

（3）8车道高速公路一般能适应按各种汽车（包括摩托车）折合成小客车的远景设计年限年平均昼夜交通量为60 000～100 000辆。

总之，高速公路一般能适应120km/h或更高的速度，要求路线顺适、纵坡平缓，路面有4个以上车道，中间设分隔带，采用沥青混凝土或水泥混凝土高级路面；在必要处设坚韧路栏，为保证行车安全设有齐全的标志、标线、信号及照明装置；禁止行人和非机动车在路上行走；与铁路或其他公路相交时采用立体交叉，行人跨越则采用跨线桥或地道通过。

（二）高速公路的类型及系统设施

1. 高速公路的类型

（1）路堑式　路堑式高速公路与所有相交道路都为下降式的公路，低于地面，下降深度为4～5m左右。其优点是便于与其他相交道路修建立体交叉，造价低，噪声小。

（2）高架式　高架结构的高速公路高出地面，与地面没有干扰，但受地理位置和环境的局限，往往只在跨越河道或铁路枢纽时采用。其缺点是造价高，噪声大。

（3）地平式　地平式高速公路直接建于地面上，适用于平原地带，与其相交的道路从上面或下面通过。高速公路普遍采用此种类型。

（4）组合式　为了适应城市建设规划及环境布局要求，常将路堑式、高架式、地平式三种类型的高速公路进行组合，形成组合式。

2. 高速公路系统

高速公路主要由路幅、匝道、桥梁、隧道、涵洞、信号（标志、标线）、收费处、管理处和照明设施、安全设施、服务设施等组成。

（1）中央分隔带　中央分隔带是高速公路中央的一条长条形绿化带，起分隔上、下行车道及避光、美化等作用。在中央隔带上，相隔一定距离留有缺口作为紧急通道，供巡逻车、救护车、急救工程车、肇事处理车等应急使用。

（2）主车道　主车道是高速公路的主体，由中央分隔带将路面分隔为上行、下行两个反向行车道。每侧的主车道又以标线分隔为 2 条或 2 条以上车行道。靠左侧的车道称为超车道（内侧车道），供超车时使用；靠右侧的车道称为行车道（外侧车道），供车辆正常行驶时使用。

（3）路肩　路肩也是路幅的一部分，设于主车道右侧，与主车道邻靠，供高速公路管理部门公务车使用。紧急情况下可以临时停车。

（4）紧急停车带　间隔一定距离，加宽路幅，留出一定宽度和长度，专门供车辆紧急和临时停车使用。

（5）加速车道　加速车道设于入口处，紧靠主车道最右侧。供车辆并入主车道前加速使用。

（6）减速车道　减速车道设于出口处，紧靠主车道最右侧。供车辆驶离高速公路前减速使用。

（7）服务区　服务区是供驾驶员及乘员休息，以及车辆添加油料或维修的专门区域。

（8）爬坡车道　爬坡车道是在高速公路有坡道的路段，为了保持车流的稳定性，设置专供速度较慢的载货汽车、大客车等使用的车道。

表 1-1　高速公路主要技术指标

公路等级		高速公路					
计算行车速度/（km/h）		120			100	80	60
车道数		8	6	4	4	4	4
行车道宽度/m		2×15.0	2×11.25	2×7.5	2×7.5	2×7.5	2×7.0
路基宽度/m	一般值	42.5	35.0	27.50 或 28.00	26.00	24.50	22.50
	变化值	40.5	33.0	25.50	24.50	23.00	20.00
极限最小半径/m		650			400	250	125
停车视距/m		210			160	110	75
最大纵坡（%）		3			4	5	5
车辆荷载	计算荷载	汽车—超 20 级					
	验算荷载	挂车—120					

3. 高速公路的主要设施

与一般公路相比，高速公路为实现高速、大量、经济、连续运输的目标，增设了许多重要设施，从而创造了安全、舒适的交通环境。

（1）高速公路纵向的基本构成　高速公路纵向的最基本构成是主线、立体交叉、进出口及匝道 3 部分。

1）主线　主线是高速公路最主要的部分。高速公路线形较一般公路平缓，在设计时就避免急弯，平原地区设超高的弯道半径，一般不小于650m，远远超过一般二级公路的250m，所以高速公路行车即便是弯道，车辆仍可保持较高的安全车速。高速公路在上、下坡的路段坡度也较缓，在山岭重丘地区，最大坡度不超过5%，平原微丘地区不超过3%。公路拱形路面横向坡度为1%，保证了雨后积水能迅速自动排除。

2）立体交叉　没有立体交叉，便没有高速公路。高速公路与其他道路交叉时，全部采用立体交叉，这是高速公路区别于一般公路的主要特征。采用立体交叉，避免了平面交叉带来的车辆相互干扰、冲突乃至碰撞的种种问题，同时限制了交叉道路部分车辆的出入，从而使行车速度和安全性大大提高。

3）进出口及匝道　匝道是连接高速公路与其他道路的纽带；进出口是车辆进出高速公路的咽喉。通常，综合收费管理等部门设在进出口及匝道，对进出车辆起控制作用。

（2）高速公路横断面的基本构成　高速公路的横断面，是指主线的横断面。其基本构成包括行车道、中间带、路肩、用地范围内的标志、照明、防护栏、植树绿化、取土坑边坡、边沟等组成部分。

1）行车道　行车道也叫行车带，是高速公路横断面最主要的部分。高速公路每侧行车带有两条车道、三条车道甚至四条车道，以两条车道最为常见。车道的宽度，我国采用的标准是，平原微丘地区每条车道宽3.75m，每一侧行车带（两车道）宽7.5m，与之对应，山岭重丘地区的车道宽度分别采用单条3.5m，单幅7.0m。在纵向坡度超过4%的路段还设有爬坡车道，供慢速上坡的车辆专用。爬坡车道设在行车道的外侧，宽度为3m，与行车道之间间隔以0.75m宽外路缘带。在高速公路进出口附近，还在行车道外侧设变速车道，供车辆减速驶出或开入行车道。变速车道宽度3m。

2）中间带　中间带包括中央分隔带和左侧路缘带。其作用主要是：分隔双向车辆，防止车辆闯入对向车道；减轻夜间车灯眩目；显示内侧边缘，引导驾驶员的视线；防止车辆转弯和调头等。左侧路缘带除了起视线引导作用外，还为车辆提供左侧的侧向余宽。中央分隔带宽度一般不低于3m，左侧路缘带宽度一般为0.75m。

3）路肩　路肩含右侧路缘带、硬路肩和土路肩三部分。其功能为：保护路面、为车辆提供侧向余宽、引导视线、增加行车安全舒适性。此外，车辆出现故障、发生事故时，路肩可供车辆临时停置以及作为设置标志和防护栏的场所。

路肩一般不作临时停车之用，故路肩的宽度多采用窄路肩，宽度为1.25～

1.75m。为保证行车安全，一般每隔 200～500m 增设紧急停车带，紧急停车带宽 3m，长至少 30m，可停放小汽车 3 辆或半挂车 1 辆。故障或事故车辆需临时停车时，应停放在紧急停车带上。

（3）高速公路沿线设施　为实现高速、安全行驶等目的，高速公路还必须在沿线辅以其他必要的配套设施才能发挥其完善的功能。高速公路沿线的主要设施包括。

1）交通标志的标线、收费管理处等。

2）安全设施，具体有：交通标志、交通信号、防护栏、防眩目设施、防噪声设施、照明设施等。

3）服务保障性设施，按服务对象分为车辆服务设施和人员服务设施两大类。其主要功能有：添加作业～加油、加水；检查作业～车况检查、货物检查；维修作业～故障排除、车辆拖拽求援、维修；休息～饮食、娱乐、上厕所、休息、住宿、购物、通信、急诊等。此外，高速公路服务设施还必须根据需要，设立流动的维修车、加油车、加水车、消防车、拖车和救护车等巡逻服务车。

4）道路紧急求援设施，主要有紧急通道和紧急电话系统。前者是以每隔一定的距离（1～2km）在中央分隔带设置 1 个紧急通道，平时用栅栏封闭，一旦遇到紧急情况，可以打开，使一侧的车辆可以进入另一侧车道，利于疏导交通。后者则用于报告交通事故和传递求援要求，使伤员能得到及时救护，使处理人员能及时赶赴现场，尽快恢复交通。通常每 500m 或 1 000m 的间隔设置 1 部电话。

（三）高速公路的功能特点

（1）限制最低行驶车速　《高速公路交通管理办法》规定：进入高速公路的车辆，最低时速不能低于 50km/h。凡由于车速有限，可能形成危险和妨碍交通的车辆均不得驶入高速公路，如行人、非机动车、轻便摩托车、拖拉机及设计最大时速小于 70km 的机动车辆等。由于限制了低速车辆的驶入，缩小了行驶车辆的速度差异，减小了超车次数及不必要的减速、加速、停车等候等，降低了行驶中的纵向干扰，道路通行能力得以提高。

（2）实行分隔行驶　高速公路实行严格的分隔行驶措施。对向行驶的车辆，通过设置中间分隔带实行隔离，从而杜绝对向车流干扰。研究表明，有中间分隔带的四车道公路比无中间分隔带的同样公路，事故率要低 45%～65%；同向行驶的车辆，至少设有两个以上的车道，并用划线的办法，使快慢车辆分道行驶，以减小超车和同向车速造成的干扰；同时，还有一些特殊地段设置爬坡、加速、减速等车道，使一些车辆在局部路段分离，从而避免了车辆行驶中的干扰。

（3）严格控制出入　高速公路沿线封闭，与任何铁路、公路全部立体交叉，控制车辆的出入，只允许符合规定要求的车辆在规定的路口进出。

（4）高标准线形　高速公路极大限度地避免了长直线形路段，采用大半径曲线形，根据地形以圆曲线或缓和曲线为主，有利于车辆安全运行。

（5）完善的交通设施与服务设施　高速公路沿线设有完善的交通标志和路面标线，可减少车辆事故损失，增加驾驶员行车安全感。高速公路沿线还提供了完善的服务设施，为车辆的维护、加油、人员食宿休息提供了便利的条件。

总之，高速公路由于具有控制出入、分隔行驶、限制最低行驶车速以及较完善的交通设施等特点，为汽车高速、安全、舒适、连续地运行提供了可靠的保证。

二、高速公路的发展状况及国内前景规划

1988 年 10 月 31 日，上海—嘉定 18.5 km 的高速公路建成通车，标志着我国大陆高速公路通车里程实现了零的突破。从 1984 年 6 月率先破土动工的，全长 375km 的沈大高速公路开始，近 20 年来，我国高速公路建设按照“统筹规划，条块结合，分层负责，联合建设”的方针，在“国家投资，地方筹资，社会集资，利用外资”和“贷款修路，收费还贷，滚动发展”的投资政策的指导下，严格执行国家基本建设程序，积极推行先进的工程建设管理体制，高速公路的建设速度、工程质量和发展水平已经达到世界领先水平。广佛、西临、京津塘、京石、济青、广深、成渝、沪宁、昆玉等数条高速公路相继建成并投入运营。主干线中“两纵两横”即同江—三亚、北京—珠海、连云港—霍尔果斯、上海—成都 4 条主干线，以及北京—上海、北京—沈阳和重庆—北海出海通道 3 条重要路段总长约 1.8 万 km，其中高速公路近 8 000km，占 47%，经过 20 多个省、自治区和直辖市，占国道总干线规划里程的 41.4%，并同我国现有的 100 多万 km 的公路相连接，初步形成了贯穿我国东西、南北的快速公路运输通道，公路的空间布局发生了根本性的变化，一个公路主骨架雏形在我国版图上呈井字形展开。我国计划到 2021 年基本建成：“五纵七横”国道主干线系统，届时高等级公路的通车里程将达到 35 000km。同时，建成 45 个公路主枢纽，将全国重要城市、工业中心、交通枢纽和主要陆上口岸连接起来，逐步形成一个与国民经济发展格局相适应，与其他运输方式相协调，主要由高速公路，一级、二级汽车专用公路组成的快速、高效、安全的国道主干线系统，以适应国民经济的发展需要。我国规划的国道主干线系统总体布局大体上可分为五纵七横，共 12 条路线。其中“五纵”路线为：

同江—三亚线（含浑春—长春支线）。总里程约 5 700km。
北京—福州线（含天津—塘沽及泰安—淮阴支线）。总里程约 2 600km。
北京—珠海线。总里程约 2 400km。
二连浩特—河口线。总里程约 3 700km。
重庆—湛江线。总里程约 1 500km。

“七横”路线为：

绥芬河—满洲里线。总里程约 1 300km。
丹东—拉萨线（含唐山—天津支线）。总里程约 4 600km。
青岛—银川线。总里程约 1 700km。
连云港—霍尔果斯线。总里程约 4 000km。
上海—成都线（含重庆市万州区—成都支线）。总里程约 3 000km。
上海—畹町线（含宁波—南京支线）。总里程约 4 100km。
衡阳—昆明线（含南宁—友谊关支线）。总里程约 2 000km。

这一巨型国道主干线公路系统将连接全国现有 467 个城市中的 203 个，覆盖约 6 亿人口。其中，包括连接全国所有 100 万人口以上的特大城市和 93% 的 50 万人口以上的大城市。这样，在大城市间、省际间、区域间即可形成 400～500km 当日往返、800～1 000km 当日直达的大通过能力的现代化高速公路网络。

三、国内目前高速公路发展中的困难和问题

综观发达国家的发展历程，交通运输业的建设和发展始终是经济与社会发展的前提。高速公路的出现，对交通运输业的发展起到了极大的推动作用，进而服务于社会发展。但高速公路的建设与发展却由于其自身的特点，也存在一定的困难与问题，在我国，目前主要有以下几方面的困难和问题。

1. 投资

我国四车道高速公路平均造价约为 1 200 万元/km，在山区及丘陵地区的造价更高，比普通公路高出几倍甚至十几倍。这对资金来源单调，同时又缺乏融通的主建部门造成资金上的压力，但这也对高速公路建设投资多元化及运营市场化提出了客观要求。

2. 用地

高速公路占地极大，一般用地宽度是高速铁路的 5～6 倍。而我国人口众多，可耕地面积少，耕地又逐年减少，必然会出现农业用地与高速公路建设之间的矛盾。这就要求在进行高速公路建设规划时必须对土地进行机会成本分析。

3. 支线交通

高速公路采取全封闭、全立交、汽车专用、限制出入，有利于长距离快速通达的运输服务，但却给地方支线交通造成一定困难；支线车辆跨高速公路必须行经规定的地点路线，产生绕道运输；对周边居民的生产与生活造成不便。这对高速公路的设计提出了“人本”要求。

4. 管理

高速公路建设标准高、路面系统结构复杂，采用高科技的现代通信、监控、监视系统，交通工程与服务设施数量多，技术性能复杂，这对高速公路管理人员的素质及管理能力提出了新的挑战和要求。

5. 环境保护

高速公路上集中行驶的车流所发出的噪声、排放的三废，对环境造成一定的污染。一些国家已采取了一定的环境保护措施，积极营造生态高速公路，并取得了一定的经验。

总之，上述问题与困难对高速公路的建设与发展造成了一定的压力，对我国尚处于初级阶段的高速公路运营管理提出了挑战。但从许多国家高速公路的发展历史上看，只要我国的高速公路管理部门解放思想，借鉴发达国家的成功经验，上述问题与困难是可以解决的。

第二节 高速公路运营管理

一、高速公路运营管理的含义、目标及原则

（一）高速公路运营管理的含义

实施高速公路运营管理，就是要保证高速公路能在全天候条件下实现安全、畅通、高效的运营，以使其充分发挥道路设施的使用价值。

管理具有两重性，高速公路管理也不例外。高速公路管理包括技术管理和运营管理。技术管理是充分发挥高速公路功能，适应经济发展需要的技术保障。其内容主要包括：高速公路的发展规划、法规、政策、标准规范的研究与制订，工程可行性研究、招投标、设计、施工、管理中的技术问题研究等。运营管理是为了最大限度地发挥公路运营效率，提高道路安全性的一个重要手段。其内容主要包括：养护维修管理、路政管理、交通安全管理、信息管理、收费管理和运营管理。因此，高速公路管理的实质是一种服务，是高速公路管理机构通过养护管理、路政管理、交通管理、控制管理等手段来

实现对其使用者的服务，使高速公路使用者安全、迅速、经济、舒适地完成高速公路路段的运行任务，同时高速公路也获得相应的经济效益、社会效益和生态效益。

高速公路征收车辆通行费，使其在管理内容、管理形式、管理方法等方面与一般公路相比发生了显著的变化。在管理内容方面，高速公路除具有一般公路的养护管理、路政管理及交通安全管理外，还增加了收费管理、服务区管理和监控、通信管理。就管理形式而言，高速公路主要是实行特许经营。目前公路的特许经营主要有两种形式：第一，BOT（建设—经营—转让）形式。其实质是将公路建设项目从资金的筹集、可行性研究、设计、施工以及建成后的经营均由特许公司负责，政府的责任则是选择项目、制定BOT条例、进行公开招标等内容。第二，政府将公路建成后把经营权转让给受让人。由于转让的一次性补偿款项数额巨大，有利于实现公路的滚动发展。

（二）高速公路运营管理目标及原则

1. 高速公路运营管理的目标

养路机械化，收费自动化，办公现代化，管理制度化，工作程序化，行动军事化，执法正规化，路畅洁美化，通信便捷化，建设标准化。

2. 高速公路运营管理的原则

（1）系统性原则　高速公路运营管理必须具有超前意识，做到通盘考虑、综合规划、分步实施。特别在高速公路建设时，就应成立专门的机构研究规划今后管理体制、机构定编、人员配备、设备购置、管理方式等问题，待高速公路开通即可顺利开展运营管理工作。

（2）统一性原则　高速公路运营管理必须实行统一领导。管理人员精干、高效率，才能建立高速公路特有的快速反应机制。

（3）科学性原则　高速公路建有先进完善的现代化设备、设施，具有技术密集型的管理特点，只有利用科学的管理手段，才能充分发挥设备效能。高速公路现代化管理应首先从办公现代化入手，建立管理数据库，开发使用微机，创造高智能环境。

高速公路实行多工种、跨行业的现代化管理，需要管理人员的高素质、高技能；高速公路运营管理的发展也需要管理人员的知识不断更新。因此，高速公路管理必须抓紧进行经常性的人才培训，才能加速人员素质的提高，适应现代化管理需要。

（4）规范化管理原则　高速公路管理项目繁多，分工细致，专业性强。为保证互相协调、有条不紊地运作，必须制定健全的规章制度和操作规程，实行严格的规范化管理。

（5）经济效益原则　高速公路的建设和管理均需庞大的经费开支，在运营管理中除特别重视收费工作。在力求节约开支外，尚要利用高速公路的环境、土地设施等进行综合经营开发，在为运营管理服务的同时，也作为通行费收入的补充形式，增加积累，实现高速公路的自我发展。

二、高速公路运营管理的内容及特点

1．高速公路运营管理的内容

高速公路的运营管理工作，一般可概括为以下6项内容。

（1）收费管理　收费工作是高速公路一项重要的管理工作。它的主要任务是向过往车辆收取足额的通行费，用以保证高速公路建设资金的偿还及管理运营费用的支出。收费管理要应用先进设备，改革收费方式，提高收费效率。管理的重点是不错收、不漏收、不乱收。高速公路的收费管理也包括收费的稽查工作，通过稽查推进服务质量，强化岗位技能，杜绝营私舞弊现象。

（2）路政管理　高速公路路政管理的职责是贯彻实施国家和地方的有关法律、法规，保证高速公路路产完整，维护高速公路路权不受侵犯，公路设施不被破坏。同时，高速公路路政管理还包括施工养护作业现场的秩序维护，恶劣天气的交通管制，故障车辆的牵引拖带，事故现场的救援清障以及环保监督等。对公路造成损坏的，应按损坏程度，给予经济补偿。路政管理是政府行为，要依法治路、强化政府职能，依据路上管理要素的变化，建立一套全天候的快速反应机制，将路政管理由监管型向服务型转化，实现全新的动态管理。

（3）交通管理　高速公路交通管理的任务是维护高速公路交通秩序，保障交通安全和高速公路的行车畅通。交通管理要利用先进的技术手段进行安全管理，处理交通事故，合理地引导、组织交通流。交通管理要依法执行公务，加强法制意识，纠正交通违章。同时，负责对违章驾驶员的培训、处罚及行车安全的宣传教育。交通管理要与其他管理密切协作、相互支持。

（4）养护管理　高速公路的养护管理应尽量做到量化、机械化、规范化、专业化和社会化。在量化方面要通过管理数据库和有效的路面、桥梁评价体系，建立优质高效的机械化养护方式。同时，不断采用新技术、新工艺，以最经济的方式保证路面、桥隧及沿线设施经常处于良好的技术状态。从被动型养护转向预防性养护，达到养护的高标准、高质量、高效率、高机动性。根据市场经济的发展趋势，除注意专业化、机械化、规范化外，还应注意社会化，将招、投标机制用于高速公路养护工作，充分运用市场机制。

（5）监控、通信管理 高速公路的监控、通信管理，是通过现代化的电子设备对高速公路的运行状况进行监视控制，完成信息采集、传输、处理，为司乘人员和通行车辆提供满意服务，以保证快速、安全行车。监控、通信管理的主要任务是通过日常的维护管理，确保系统的正常运行，这是形成高速公路快速反应机制的先决条件。

（6）服务区管理和综合开发 服务区通过多种服务项目及服务设施，满足旅途用户的各种需求。服务区管理的目的是向用户提供热情、舒适、方便、周到的全天候服务，迅速消除用户生理、心理的疲劳。服务区管理应提倡优质服务、微利经营；综合开发是充分利用高速公路路产及沿线土地和旅游资源，从事土地开发、仓储、联运、观光旅游、广告、信息咨询、苗圃等多种项目经营。服务区的经营与综合开发应当成立专门的机构进行管理，经营开发可采用自主经营、合资、独资、合作或租赁、承包等多种模式，在突出优质服务的前提下，取得较好的经济效益。

2. 高速公路运营管理特点

与普通公路管理相比，高速公路运营管理具有以下显著特点：

（1）高速公路运营管理是一个庞大的系统工程 高速公路运营管理包括硬件环境与软件环境两个方面。硬件环境系指监控、照明、通信、计算机收费、气象传感、房屋建筑、道路桥梁、隧道及其附属设施等；软件环境则指依此形成的管理观念与管理手段。由于高速公路建设提供的现代化设施使高速公路管理打破了一般公路管理的行业界限，形成了多工种、多专业、密切协作、互相配合的系统工程。在这个系统中，硬件环境决定了管理的规模，软件环境体现了管理的力度，两者的有机结合不仅形成了高速公路运营管理的有机体系，也决定了高速公路运营管理的综合水平。充分研究和认识这个系统的运转特点，是建立适合中国国情高速公路管理方式的前提。

（2）高速公路的运营管理是技术密集的现代化管理 高速公路的管理系统具有技术密集型的管理特点，大部分岗位体现了高科技、高技能。现代化管理设施的普及，使管理层与操作层基本上形成了一个连续运作的整体。特别是监控、通信、计算机收费等现代化管理手段的应用，改变了一般公路以养护为主的传统观念，逐步形成了以养护、路政、供电管理为代表的道路通行保证系统与以监控、通信、收费管理为代表的路上信息跟踪系统两者并行的管理格局。这种管理格局需要大批计算机操作维护人员及机电一体化的维护人员，以及具有“一人多职，一专多能”的高素质管理人员及复合型人才。管理方向进一步向高智能转变，这是高速公路运营管理区别于一般公路管理的主要特点之一。

（3）高速公路的运营管理是向管理客体提供全面服务　高速公路运营管理的目的是向用户提供安全畅通的行车环境，这是由高速公路封闭式收费的特点决定的。高速公路不同于一般公路，在管理上不仅具有明显的开放性和公益性，而更多体现的是其特殊的商品属性。我国高速公路大都是通过贷款或其他融资方式修建的，因此基本上都采用收费还贷的形式。高速公路在向使用者收取通行费的同时，有义务向用户提供优质的服务。由于高速公路运营管理是一种综合管理，因此，提供服务便渗透在管理的各个环节之中。特别在管理意识、管理方式、管理制度上要充分体现出来。而树立良好的服务意识是高速公路管理决策的关键。

三、高速公路目前运营管理中存在的问题

目前，我国高速公路管理尚处于初级阶段。尽管近年来各省、市在运营管理上进行了积极的探索，并做了大量的工作，但由于各种原因，仍存在一些较为突出的共性问题。

1. 管理法制不健全

首先，高速公路的运营管理急需有法可依。高速公路在管理上有其自身特定的规律，特别需要制定专门的法规来进行针对性的管理。鉴于我国目前尚无统一的高速公路管理法规，很多地区在依法管理、依法治理上只能套用某些相关的法律、法规及其政策，其适用性较差，往往给运营管理工作造成了很多困难与麻烦。为此，不少省、市相继制定了各自的高速公路运营管理条例或办法，这虽起到了一定的作用，但因受许多条件的制约，不能充分体现高速公路运营管理的特征。

其次，高速公路运营管理急需有章可循。一是要搞标准化建设；二是要有与现行管理相匹配的实施政策。近些年来，我国高速公路管理已积累了一些较为成熟的经验，特别在养护、收费、路政管理方面，已具备了进行统一管理的可能。因此，要适时制定高速公路养护技术规范，建立、完善养护系统、路政系统、通信系统、监控系统、收费系统和供配电系统，并制定各系统操作规程。交通部公路管理部门在《公路法》颁布施行后正在制定的有关高速公路管理条例、规定办法以及路政养护等专业制度规范，将会逐步实现管理的现代化、科学化、规范化和系统化。

2. 管理体制不顺畅

目前，高速公路管理体制不顺，概括起来有以下几个方面。

（1）多体制并存　高速公路的管理体制在各省、市、地区已形成两种管理模式，即人、财、物的统一管理和人与财物的分割管理。同一地区不同的

高速公路亦有不同管辖级别间的矛盾，尤为突出的是公安与交通两个管理部门，由于运营管理指导思想的不同而产生的不协调。这些由于体制不顺而出现的问题，不同程度地影响着高速公路的管理形象。

（2）地域分管　一些跨省、市、地区的高速公路，由于行政区划或投资主体的不同，设置了多个专门管理部门和多种收费标准，造成属地管理与全线管理的矛盾。工作中往往需要协调各方利益关系、多项标准，给管理带来许多困难。同时，由于地域分管过细，主线收费站相距过近，造成通行不畅，给高速公路用户带来诸多不便。

（3）政企并存　高速公路管理部门的核算形式多样化。既有自收自支的事业单位管理，又有股份制公司式的企业管理；既有事业单位实行企业化经营，又有一个单位挂 2 块牌子的。这种现象的存在，给高速公路管理的政策制定、财务核算、管理方式等带来许多负面影响。根据交通部高速公路管理公司化的意见，结合高速公路的特殊性，实现建管一体化的企业管理方式，实行一条路线一个公司。进行统一管理是较好的选择。

3. 管理步伐滞后

高速公路运营管理的滞后表现在两个方面：一是“重建轻养”、“重建轻管”的观念在不少地方仍然存在。无论从政策上、资金上、人力上对运营管理的投入力度都不够，特别是决策部门缺乏对运营管理的了解与研究，使很多管理问题长期不能解决，阻碍了管理效益的发挥。二是管理规划滞后。许多规划部门往往到高速公路即将开通时，才开始研究管理问题，致使管理机构设置与人员配备、机械购置、相关的配套设施、管理制度不能及时到位，增加了运营管理的调整时间。

4. 管理方式不协调

高速公路运营管理尚存在许多潜在的问题需要解决，特别在具体管理的方式方法上有很多需要改进与调整的方面。例如：先进的管理设备与落后的管理体制的不协调；运营管理费用的支出和收入的不协调；高速公路管理内部不同业务间的不协调以及相关政策的不协调等。

5. 管理设施开发不足

高速公路运营管理设施开发不足表现在两个方面：一方面是已经配备的现代化设施设备的功能开发不足，不能很好地发挥其应有作用。特别是监控设施和部分进口养护设备，常处于闲置或半瘫痪状态，缺少必要的日常维护和管理，造成浪费。另一方面是急需的运营管理设施不足。由于建设资金问题，很多管理设施和服务设施不能一次性投资，致使运营管理开始后，管理与设施脱节。

6. 管理失衡

高速公路的运营管理是一个有机的整体，需要各项管理工作互相平衡和协调。由于高速公路运营管理开支及其还贷资金均来源于通行费收入，因此重视收费管理无疑是正确的。但仅以收费管理为主，会造成管理的失衡，从根本上影响高速公路的运营效益。因此，在加大收费管理力度的同时，应适当加强其他如养护、路政、监控、服务经营的管理，坚持各项管理并重的原则，才能更好地吸引客流，促使运营效益提高。

7. 收费站设置及收费制式不科学

收费站点设置不科学，缺乏统一规划。不同投资主体运营管理的同一条高速公路上，以及省际之间，各自独立设站收费，造成站点过密，影响了高速公路快捷、高效的优势发挥。在山区高速公路收费站点的设置还缺乏安全方面的研究。同时收费方式落后，收费费率制定不科学，缺乏统一标准，各地差别较大。经营管理多元主体的存在，限制了统一先进收费方式（如电子收费）的开发及利用。

以上问题严重制约了高速公路管理的发展，同时也给高速公路运营管理提出了新的课题，从另一方面反映了运营管理的重要性、必要性和迫切性。

四、“大运管”理念的含义和必要性

（一）高速公路“大运管”理念的含义

所谓“大运管”，其内容是在目前运管6项内容的基础上，以提高高速公路投资收益率为目的，广泛吸取数学、经济学、市场营销学、系统论以及社会学等学课精华而建立起来的，涉及到高速公路内在机制和外部环境的运管模式。具体包括。

（1）按非均衡发展的思路，加强高速公路路线选择次序的研究，从而使公路建设与地方沿线经济发展达到辩证统一。

（2）按经济学的观点，加紧研究公路建设资金与通行费标准之间的关系；加紧研究二元公路（即高等级收费公路与非收费公路并存的情况）运输条件下高速公路通行费与交通量之间的需求价格弹性；加紧研究如何拓宽高速公路建设资金的融资渠道；加紧研究如何有效降低高速公路建设及管理成本；加紧研究如何使高速公路附属资源的充分利用；加紧研究通行费的市场形成机制。

（3）从市场营销学的角度，要加快研究如何把“管理就是服务、服务就是效益”观念落实到实践中去；要加快研究如何建立灵活有效的通行费标准以吸引更多的车辆；要加快电子无人收费系统的研究，以减少停车时间和次数。

（4）按照现代管理理论“以人为本”的理念，研究如何成立高速公路专家顾问团，以便随时对运管工作中的问题“问病切脉”；研究如何建立高效精简的运管队伍以满足时代的要求。

（5）按照系统论的原理，研究为政府协调各部门职能和利益的合理化建议，以彻底解决体制不顺、职能不清、设置重叠等问题；研究运营管理 6 块子系统如何有机组合以便最大限度地实现高速公路的运管效益。

（二）树立“大运管”理念的必要性

我国的高速公路建设已取得了辉煌的成就。但高速公路作为一种新鲜事物，其管理水平尚有待于提高。因此，树立“大运管”的理念就显示出较强的必要性。

（1）加强高速公路运营管理的研究，建立新的运管模式，对于社会主义市场经济体制在运营管理中的建立和完善，将起到积极的促进作用。为此，研究运营管理工作的一个根本目的就是要建立能充分发挥高速公路功能的以经济效益为中心的运营管理模式，解决由于运营管理模式滞后而存在的高速公路“内在瓶颈”问题。

（2）加强高速公路运营管理的研究，建立新的运营管理模式，将有利于促使高速公路可持续发展模式的形成，真正贯彻交通部关于公路发展的十六字方针。目前，高速公路的建设已经面临“贷款难、还贷难”的压力，要解决这一问题，除了必须发展地方沿线经济之外，还必须深入挖掘高速公路的运营管理效益。通过提高现有高速公路的投资收益率来吸引社会资金的投入，进而形成高速公路发展的良性循环。

（3）加强高速公路运营管理的研究，建立新的运营管理模式，对于如何以高速公路的建设规划拉动国民经济的发展，将起到整体规划的作用。高速公路建设存在资金回收慢的压力。但是巨额投资本身就是一个新的经济增长极，关键的问题之一就是如何利用好其投资的乘数效应，以便拉动社会总需求的增长。要做到有计划、有层次、有规模地发挥乘数效应，则有赖于目前运营管理内容的延伸。

（4）加强高速公路运营管理的研究，建立新的运营管理模式，对于制定使理论联系实践的政策，将起到一定的参考作用。政策是使理论与实践相联系的一座桥梁，要充分发挥高速公路的功能，还需要不断深入地掌握并分析各种表面现象，从中发现交通经济运行规律，以制定出更为科学有效的政策。

（5）加强高速公路运营管理的研究，建立新的运营管理模式，有利于建立以高速公路为依托的开放式经济发展模式。从发达国家高速公路发展的历程看，高速公路不能仅仅停留在建设和管理为重点的内容上，更要充分发挥经济优势。一个便利的措施就是将国内的高速公路及其沿线地区建设成对外开放的前沿阵地，按照生产力合理布局的理论，设置自由贸易区、免税制造区、科学技术开发区等特区。因此，高速公路运营工作必须得到加强，这样才能为政府决策提供相关的科学依据。

（6）加强高速公路运营管理的研究，建立新的运营管理模式，有利于提高对运营管理工作的认识，在工作中树立“管理就是服务，服务就是效益”的理念。因此，有必要强调“建管并重”的重要性。通过深层次的因素分析而采取相关措施，完善运营管理体系建设，并为今后高速公路“建管同步”化建设提供参考依据。

（7）加强高速公路运营管理的研究，建立新的运营管理模式，将有利于降低我国出口商品的运输成本，从而提高出口商品的竞争能力。我国在今后的经济发展中，在运营管理体系中充分引入相机抉择原理，降低出口商品的运输成本，将是我国鼓励商品出口的一项措施，这也是规避世贸组织有关禁止出口补贴的一种迂回措施。

（8）加强高速公路运营管理的研究，建立新的运营管理模式，将有利于运管队伍的建设，从而提高运管效率。我国经济地位的提高，意味着未来的运营管理将由内向型转变为外向型，这对运管人员以及运营管理制度提出了更高的要求。运营管理人员的业务素质必须要提高，运营管理制度必须要与国际接轨，方能适应管理国际化的需要。

（9）科学技术的加速发展，要求高速公路运营管理的教学内容适应科技发展的现代化，要求学生具有最新的科技知识、最新的职业能力和较强的学习能力。在对高速公路运营管理的研究中，将建立高速公路运营管理的新知识、新技术快速传授给学生的灵活机制，适应时代发展要求，满足实践的需要。

总之，我国国民经济发展以及高速公路自身的发展，都迫使运营管理工作必须不断地完善下去，必须深入地分析掌握主次矛盾，按照市场规律建立开放发展的运管模式。

【复习思考题】

1．简述高速公路的概念。
2．简述高速公路的系统设施。
3．试述高速公路的功能特点。
4．简述高速公路运营管理的内容。
5．试论树立“大运管”理念的必要性。

第二章　高速公路运营管理体制及机构

【学习目的】

通过本章学习，了解我国目前高速公路运营管理体制和高速公路运营管理体制发展的趋势；熟悉建设高速公路运营管理体制的思路和我国目前高速公路运营管理机构；掌握运营管理机构设置的主要原则及应当注意的问题以及内部管理机制。

高速公路事业存在着建设和运营两个阶段的过程，这两个阶段的经济活动是截然不同的。因此，高速公路管理也相应划分为高速公路的建设管理和高速公路的运营管理，这两大类管理的管理主体、管理对象、管理内容、管理目的和管理办法都不相同，甚至两类管理的性质也存在着很大差别。与之相适应的管理体制及机构也不一样。本章所研究的是高速公路运营管理体制及机构。

第一节　我国高速公路运营管理体制概述

一、我国目前高速公路运营管理体制及存在的问题

所谓管理体制就是管理活动中管理职能的界定与管理权限划分的制度体系及由其决定的管理机构的设置形式。

《公路法》第八条规定：“国务院交通主管部门主管全国公路工作。县级以上地方人民政府交通主管部门主管本行政区域内的公路工作；但是，县级以上地方人民政府交通主管部门对国道、省道的管理、监督职责，由省、自治区直辖市人民政府确定。乡、民族乡、镇人民政府负责本行政区域内的乡道的建设与养护工作。县级以上地方人民政府交通主管部门可以决定由公路管理机构依照本法规定行使公路行政管理职责。”这条规定给出了我国公路管理体制的原则框架。

我国高速公路发展的实践证明，高速公路管理是一个管理主体多元、管理内容广泛、管理程序复杂的领域，其管理职能的界定、管理权限的划分和机构的设置都很特殊，难度很大。而且我国高速公路事业是在完全没有经验的条件下实施的管理领域。“公路法”关于高速公路的管理规定中，许多问题都赋予各级地方政府尤其是省级政府自行解决，例如关于对国道、省道（包

括高速公路）的管理与监督职责，由省、自治区、直辖市人民政府确定；规定各地县级以上交通主管部门决定公路管理机构并确定其管理职责等等。所以，各地的高速公路管理创建了多种管理体制模式。

（一）高速公路管理体制的作用

先进的上层建筑是促进新的经济基础形成和推动生产力发展、推动社会进步的强大力量。高速公路管理体制属于上层建筑的范畴，必定会对高速公路事业的发展产生巨大的影响。我国高速公路相对于世界发达国家起步较晚，高速公路运营管理及其管理体制仍然处于探索之中，十几年来的经验证明，先进的管理体制极大地促进了高速公路的发展和使用的高效率，但也有不尽人意的管理体制，制约了高速公路发展，限制了高速公路功能的充分发挥。总的来说，高速公路管理体制的作用主要有以下几方面。

1. 管理体制直接影响高速公路优势的发挥

高速公路是现代化交通设施，具有通行能力强、速度快、服务功能完善、科技含量高的特点。它全封闭、全立交，与一般公路完全不同，必须有科学的管理体制，才能实现其优势的发挥。相反的，如果管理体制不顺，管理水平落后，就会产生政出多门、职责交叉、多头管理、互相牵制与推诿；就会极大地影响高速公路优势的正常发挥。难以实现高速公路快速、高效、安全、畅通的功能，不能达到高速公路资源的充分利用。

2. 管理体制涉及到高速公路各方法人实体的权益

高速公路是基础设施，是为国民经济发展和社会进步服务的。高速公路从设计、施工，到投入使用的全过程中，有多方法人实体、单位和个人参与。因此必须有好的建设与经营管理体制，才能保障各方的利益。例如，投资、设计、施工、监理企业参与建设的高速公路，管理体制应按照国家法律和政策的规定使他们获得合法利益；使用者交费通行高速公路，也应当享受高速公路提供的快速、畅通、安全、舒适、方便的运行条件。我国高速公路都处于政治经济中心的大城市或交通主枢纽之间，穿过经济发达区或人口密集地区，形成交通运输主通道并带动经济形成发达的产业带，如果高速公路管理体制不好，矛盾重重，问题很多，不仅影响这些地区的经济发展进程，从而损害沿线地方利益，也会造成不良影响。总之，先进的管理体制是高速公路投资者、建设者、经营者、使用者以及沿线人民获得合法权益的保证。

3. 管理体制关系到我国高速公路的发展

按照上层建筑促进经济基础发展的原理，高速公路的发展必然要求有适应其运营规律和特点的运营管理体制作保障。先进的管理体制为快速发展高速公路提供资金、技术；反之，如果管理体制落后，将会产生许多矛盾和问题，形成对高速公路进一步发展的体制性障碍，制约高速公路发展目标的实现。

4. 完善的高速公路管理体制促进社会主义市场经济的发展

高速公路管理体制是交通行业管理体制的一部分，也是全国经济管理体制的组成部分。当前，我国社会主义市场经济体制基本建立，处于进一步完善之中；国家行政经济管理体制的改革，正在加紧进行之中，并取得了实质性的进展。作为我国经济管理体制一部分的高速公路管理体制，理应顺应全国的改革进程，改变落后状态，尽早摆脱计划经济体制下形成的公路管理的惯性和旧的传统公路管理模式。

（二）我国高速公路运营管理体制的形成过程

一般来说，当前我国的高速公路运营管理体制受两方面因素影响较大，一是计划经济时普通公路管理体制，二是改革开放以来从计划经济体制向社会主义市场经济制度转制过渡时期，国家经济体制改革出台的政策、法规和措施。对于前者而言，作为新生事物的高速公路运营管理体制是产生于旧的普通公路管理体制之中，不可避免地要打上原有制度的烙印，人们事事、时时用长期形成的观念去理解、解决、处理高速公路运营的问题。对于后者而言，转制时期国家的重大决策，也指导、影响着高速公路运营体制的形成。特别是 20 世纪 80 年代末期，中央政府为发展高速公路采取的一系列重大措施，例如，提高养路费标准，开征车辆购置附加费，允许用贷款和集资方式修建公路，通过收取通行费偿还，允许通过债券、股票为高速公路融资，允许 BOT 方式建设公路等等。它们对高速公路建成后的运营及形成相应的运营管理体制有巨大的影响。

20 世纪 90 年代初期，全国各地一段段高速公路建成通车，由于未形成网络，各省高速公路管理主要针对局部路段的管理来设立机构，采用一段路设置一个管理局（处），或一段路设置一个公司的形式。在对高速公路的交通安全管理上，有的省由公安部门管理，有的省（如辽宁、四川、陕西、重庆等省、市）采取过或者仍然采取由交通主管部门对包括安全在内的各项管理进行集中统一管理的体制。交通安全管理是高速公路管理兴起后，在管理体制探索中的一个难点。从新中国成立到 20 世纪 80 年代中期，我国道路交通管理是以交通部门为主的，除一些大城市的交通安全由交通警察负责外，车辆监理和城外公路上的交通安全是由交通部门负责管理的。1986 年 10 月，国务院《关于改革道路交通管理体制的通知》（国发[1986]94 号文）规定，全国城乡道路交通由公安机关负责统一管理，其职责包括交通安全宣传教育、交通指挥、维护交通秩序、处理交通事故和车辆检验、驾驶员考核与发证、路障管理及交通标志、标线等安全设施的设置与管理。交通部门中原负责交通管理的监理机构划归公安部门。

随着高速公路不断建成通车，需要管理的路段的不断增加，原来为一体的管理工作，现变成由交通和公安两个部门实施管理，产生了一系列的矛盾和问题。导致在高速公路上两个道路交通主管部门体制上的摩擦加剧，直接影响了高速公路使用上高效、快速作用的发挥，道路使用者也颇有意见。为此，国务院于1992年3月颁发了《国务院办公厅关于交通部门在道路上设置检查站及高速公路管理问题的通知》（国办发[1992]16号）重申“根据国务院有关规定，在高速公路管理中，公路及公路的修建、养护和路政、运政管理及稽征等，由交通部门负责”。鉴于我国高速公路管理是一件新生事物，它不同于传统的不收费的普通公路，究竟如何管，尚需进一步探索，为此，该文件规定：“高速公路管理的组织机构形式，由省、自治区、直辖市人民政府根据当地实际情况确定，暂不作全国统一规定”。也就是说，国务院对高速公路运营的管理体制，列为省级人民政府改革探索的领域，通过对各种管理体制模式的改革实践，来优选出适合我国实际，最能发挥高速公路最佳使用效果的运营管理体制。

高速公路运营管理工作的质量和效果，首先取决于一个高效完善的机构。这个机构应当具有稳定的组织形态、合理的运行机制、明确的职责分工和有效的管理力度，这样才能保证高速公路管理的高效运营。

（三）我国目前高速公路运营管理体制

我国自20世纪80年代中期开始修建高速公路，至今只有10余年时间。在此期间，工作重点主要放在建设上，相比之下，运营管理工作基础显得较为薄弱。如何管理好高速公路，既要学习和引进技术，同时也需要有一个经验积累的过程。高速公路运营管理体制是指能够保证高速公路运营管理活动有效开展的组织形式和运作机制，它包括管理机构（人员）、管理规则和运行机制三个基本要素。近年来，交通部及各省、市地方政府根据各自的实际情况，对高速公路运营管理的组织形式曾进行了不同的探索，形成了多种模式并存的局面，而各种模式间也有很多交叉和相容的部分。以下是几种主要的类型。

1. 按管理权限划分

高速公路按管理权限划分，一般可分为集中管理型和分线管理型两大类。

（1）集中管理型　按照行政区划成立省（市）级专门机构实行统一的管理机构，这是目前比较认同的做法。按这种模式将管理重心放在资金、技术、实力比较强的省一级，有利于加强高速公路的统筹管理和领导，有利于充分发挥高速公路的投资效益和运营效益。如陕西、辽宁、山东、山西等省在交通厅领导下，成立了专门从事高速公路经营管理的机构，初步形成了高速公路的集中统一管理。这种体制形成了“一省两局”，即公路管理局和高速公路管理局并存。在现有管理体制下，业务存在一定交叉，两局间的协调较为困难。

（2）分线管理型　按高速公路的不同路段及其不同的投资建设模式，分别成立专门的管理机构，就是通常所说的“一路一公司”或“一路一局（处）”，北京、上海、天津、河北等省市曾采用了这种体制。例如我国第一条利用世界银行贷款修建的跨省市高速公路——京津塘高速公路，为便于统一协调建设与管理，成立了京津塘高速公路联合公司（后上市改制为华北高速公路股份有限公司）进行管理；河北省石家庄至安阳段高速公路为利用世界银行贷款修建项目，专门成立了石安高速公路管理处负责建设和管理。这种体制在目前状态下的管理比较顺畅，也比较符合传统。它能够较好地适应多种资本运营方式的管理，例如采用BOT方式、股份制、转让经营权等的运营管理。这种方式的缺点是不利于统一行业标准及行业规范，不利于公路行业的统一调控。今后随着国家和地区高速公路网的拓展，这种分线管理模式不利于线路或路段之间运营管理协调，如“一卡通”联网收费管理方式的推广等，同时，在公路信息化建设过程中也容易造成设施和设备重复投资和浪费。

2. 按机构性质划分

高速公路按机构性质划分，可分为事业管理型、企业管理型和事业单位企业化管理型。

（1）事业管理型　按行业采用自收自支模式，实行收支两条线管理，通行费收入全额上交上级主管部门，如省（市）交通厅（局）、公路局或公路规费稽征局，所辖路段运营管理经费根据年度计划由上级主管部门审批划拨下达。这种体制具有较强的计划性和行政管理性，较易于体现高速公路运营管理的政府职能。但行政干预范围较大，独立行使自主权限较小，不利于通过资产经营实现国有资产的保值增值，以及依托高速公路进行的开发经营。特别是当前深化改革的条件下，面对高速公路经营管理逐步走向市场的新形势，这种方式已不再适应今后发展的方向，应属于一种过渡性机制。

（2）企业管理型　即高速公路完全采用公司独立法人运作模式全权负责通过资本市场融资建设，以及建成后的经营管理，或通过转让特许经营权以企业（如收费公路公司）运作方法，在经济上实行独立核算、自负盈亏。这种管理模式虽受上级部门或董事会、管委会领导，但其本身是较完善的独立经济实体。这种体制在人事、财务、经营等各方面有较强的独立自主权，较易于通过自主经营实现自我发展。如广东（包括深圳）、四川、吉林等省（市），以及华北高速公路股份有限公司等。但由于公司的企业性质，无法再行使行政权力和体现政府管理职能，路政、交通安全等管理需要地方公路局委托受权或派驻。

（3）事业单位企业化管理型　在机构设置及经费使用上基本沿用事业管理型模式，在财务核算上借助了公司核算方法的某些优势，并根据核算方式的侧重不同，形成准事业型或准企业型的管理。如安徽等一些以省（市）行政区划为单位，享受行政级别的地区性高速公路总公司。这种体制综合了上述两种体制的优点，便于行使政府职能，有利于经营管理。在一定的时期内，对高速公路运营管理起到了积极作用。但这种体制在用人、权责、管理机制等方面无法真正按照现代企业制度独立运作，易造成大量冗员、资金及费用调控不力等现象。因此，该模式也应是一种过渡性的管理体制。

3. 按管理内容划分

高速公路的发展主要包括建设与运营管理两个方面。就体制的管理范围而言，高速公路的运营管理分为建、管一体型和专门（委托）管理型。

（1）建、管一体型　从筹资贷款、设计施工直至收费还贷、养护维修、经营管理均进行全权负责。这种体制具有较好的统筹兼顾性，有利于降低工程造价及运营成本，提高施工质量及服务水平，增强高速公路经济管理者的负责经营意识，充分发挥高速公路应有的社会效益和经济效益。这种体制一般兼容于集中管理型或企业经营型体制，可形成极富活力的运营管理模式。

（2）专门（委托）管理型　在高速公路建成后专门负责运营管理工作。这种体制有利于高速公路技术密集的专业化管理，有利于集中精力研究各项管理业务，提高管理水平。但此种体制在项目由建设转入运营管理后需要一个较长的调整适应期，且管理的好坏在一定程度上依赖于建设施工质量，管理的衔接性，主动性相对较差。由政府建设，通过转让经营权后，由合资或外资公司经营的高速公路一般属于这种管理类型。

二、高速公路运营管理体制的发展趋势

高速公路建设是一项投入资金大、建设周期长的工程项目。为了加快其发展速度，以适应国家经济建设的需要，必须建立与之相适应的运营管理体制。近年来，大量吸引外资参与高速公路的建设与管理的模式已经形成。其主要方式有：

1. 经营权转让

在高速公路建成之后或建设期间，业主通过转让全部或部分道路收费经营权收回先期建设投资，购买经营权方则通过收取通行费及其他费用的方式在转让期内收回投资，获取利润。

2. BOT方式

（1）BOT的含义及其特点　BOT是英文Build-Operate-Transfer的缩写，

即建设—经营—转交。其基本含义是由政府和项目发起人签订特许权授让协议，再由项目发起人组织成立的项目公司承担大型基础设施项目（如高速公路、隧道等）的融资、设计、建设、营运和维护任务；在规定的特许经营期内，项目公司拥有该项目的所有权并收取费用，用所得收入清偿项目债务，弥补经营开支并获得预期的投资回报；在特许经营期结束后，再将项目无偿移交给政府。如果仅从融资角度来说，BOT 模式是典型的融资方式，即把项目资产（包括项日合同内制定的各种权利）作为抵押，并把项目的预期收益作为偿还债务的最主要来源。这种融资方式相对于传统的信誉融资（如主权国政府借款）、担保融资或实物抵押融资具有更大的风险，供款方对借款方的追索是极为有限的（仅能追索项目公司的股本资本）。同时，该借款并不在借方的资产负债表中显示出来，也不影响其财产拥有或原公司信誉。因此，BOT 项目融资也常称为资产负债表外融资或有限追索融资。

利用 BOT 方式进行基础设施建设在世界上一些国家取得了成功。在我国，1984 年香港合和公司在深圳建成了第一个 BOT 项目（某电厂项目）。自此之后十多年，由于多种原因，利用 BOT 方式进行基础设施建设一直没有被广泛采用。1993 年 2 月在日本东京举行了国际建设项目规划和承包研讨会，并肯定了 BOT 方式对各国基础设施建设，尤其是对缺乏资金的发展中国家基础设施建设的意义和应用前景。这次会议之后，我国政府正式决定，在能源和交通运输领域，鼓励采取 BOT 方式，积极引进外资，加快我国经济建设的步伐。

采用 BOT 方式建设基础设施，对所在国政府来说，主要有以下优点：

1）可吸引国内外私人投资，以缓解政府建设资金来源不足，减轻了政府的财政负担。

2）由于公路等基础设施项目投资额巨大，整个建设和营运过程中都存在着较大的风险，采用 BOT 方式可将项目的风险转移到私营机构。

3）国有大型基建项目建设超支是各国政府常常碰到的普遍现象。由私营机构以 BOT 方式承担项目运作，会比政府部门效率更高，尤其是发达国家的大公司参与项目，所在国不仅能获得先进技术、设备和管理经验，而且可以提高建设项目的设计和施工质量，还可以缩短施工期限，降低各种费用。

4）可吸引国内外投资者向公路等基础设施产业合理过渡，并取得规模经济效益，实现基础产业发展的良性循环。

5）项目公司可以集中具有一定实力的国际大公司共同完成项目，有利于缓解基础设施部门承担某些项目能力不足的问题。

但 BOT 方式也有一些不足之处，由于该模式是由项目公司全权运作，至少在特许经营期内，政府不能拥有对基础设施建设项目的所有权和经营权；政府部门转移过来的某些风险将在较高的融资费用中反映出来，“高风险高回报”的市场原则，将使私营机构有可能得到十分丰厚的利润。BOT 项目操作非常复杂，因此前期准备过程长，政府和项目公司投入的人力和费用较多，项目运作的风险大，失败的几率也较大；项目公司的投入资本主要来源于国外银行，而所收费用又都是所在国的货币，项目建成后，会导致大量外汇流出，加重所在国外汇储备的压力。

1998 年 11 月，我国政府决定推进高速公路建设的 BOT 方式，引进国外先进技术设备和管理经验，以解决国内公路建设质量不高、公路建设资金来源不足的问题。

（2）公路项目利用 BOT 模式的主要问题　公路项目利用 BOT 模式建设基础设施，最复杂、最难于操作的方面主要表现在：

1）投资额高　公路属于资金密集型产业，我国目前每公里高速公路的平均造价已达到 2 000 万元，南方沿海省份少数路段每公里造价近 1 亿元。因此，一条公路的建设，动辄十几亿甚至上百亿元才能建成。投资额高，不仅增加了承包人的筹资融资难度，相应地也加大了投资风险。

2）规模巨大，涉及面广　公路具有带状性和网状性，需要穿越城市、村镇、农田，涉及到居民搬迁、工厂迁址、征地赔偿、生态环境等方方面面。这些问题解决不好就会使项目半途搁浅，给承包人带来巨大损失，增加投资风险。在市场机制和法制不健全的发展中国家，这些矛盾尤其突出，它常常使承包人在公路项目面前望而却步。

3）特许期长　一般经营期越长，不可预见性越高，投资风险也越大。公路项目的特许期都在 20 年以上，比发电站等项目平均建设周期和经营周期都要长，承担风险也相应要大，使承包人不愿对公路 BOT 项目投资。

4）建设程序复杂　公路项目建设程序多、战线长。参加公路 BOT 项目的单位有施工建设企业、设计院所、咨询公司、监理公司、银行财团，再加上政府的许多部门等等，便使公路 BOT 项目比其他项目的组织环节和管理层次更多，操作起来更复杂。

BOT 项目是植根于完善的市场经济制度之上的运作方式。对于中国这样一个长期实行计划经济的发展中国家，实行市场经济制度还缺乏经验的情况下，必须要有一个过程，才能具备全面成熟地利用 BOT 方式建设公路项目的条件，这包括市场经济环境、法治环境、人才条件以及经验的积累等等。近几年来，在引进外资公路交通设施项目中，有的项目已不同程度地具备了 BOT 方式特征。例如，广深珠高速公路、重庆地铁、上海延安东路隧道复线、京通城市快速公路、武汉军山大桥等，为大力实施公路 BOT 方式奠定了基础，积累了丰富的经验。

（3）BOT 模式的基本操作程序　由于各国的国情不同，每个 BOT 项目自身的特点也不同，因此不同的BOT公路项目实施也有较大差距。但其基本操作程序是大致相似的，主要有以下几个阶段：

1）项目确定　BOT公路项目的提出，即机会研究可以是政府也可以是私营机构，但项目实施的决定权最终只能由政府拥有。

2）项目发包　作为业主，政府发包BOT公路项目，选择项目发起人。通常采用两阶段公开招标方式或邀请招标方式。无论何种方式，在开标后政府都将与投标者就项目运作的具体细节进行谈判，直到双方签订特许协议。BOT公路项目特许协议主要内容包括：项目的建设地址、内容、规格标准及建设期；项目的特许权内容和期限；项目的总投资额、资本结构、境内外融资额及融资方式与条件；成本构成与费用支付及安排；收费标准与调节机制；工程设计、施工、采购、经营、维护、移交的标准和程序；项目的组织实施计划与安排；签约各方的风险分担；签约各方的权利、义务与责任；转让、抵押、征收、中止及不可抗力条款；责罚与仲裁等方面。

3）项目融资　BOT公路项目融资渠道具有多元化的特点。由项目发起人提供项目启动股本资金，通过银团贷款、发行各种有价证券和股票、承包人带资承包、政府贷款及政府参股等多种途径筹措项目建设资金，但主要资金来源于国际银团贷款。国际银团贷款，也称辛迪加贷款，是当前国际金融市场筹措中长期资金的主要途径，具有筹资金额巨大、期限较长、成本较高的特点。国际银团成员，包括国际著名的商业银行、各种基金协会（如保险基金、互惠基金等）和各国出口信贷机构。近几年，多边机构如国际金融公司（IFC）、亚洲开发银行（ADB）等也积极参与BOT项目的融资。

4）项目建设　BOT公路项目，其建设由承建商与项目公司签订总承包建设合同（均采用“交钥匙工程”方式），总承包人或为项目公司股东，或为项目公司主要成员下属公司。在承建合同中应详细列明规定的项目价格、确定的开工、完工日期及预定的奖励及损失赔偿等。在具体实施过程中，总承包人把精力放在大桥、主干线的设计、施工上，而将项目的辅线和辅助工程（如收费站、沿途标志、护栏等）交给分包人去承担，分包人由总承包人通过公开招标的方式来确定，并与其签订施工管理合同。

5）项目运营　在项目运营期间，项目公司的主要任务是收取车辆通行费，对项目设施进行正常的养护维修及定期的大中修，并将收费收入按供款方的优先次序进行还债，收回股本，获得预期收益。同时，根据实际情况与政府协商调整收费标准，还可经营其他辅助业务，如沿线加油站、汽车旅馆等。项目公司也可以把经营工作全部分包出去或进行经营权转让，也可以将部分相对独立的工作分包给当地有能力的公司完成，但要经当地政府同意。

6）项目移交　在特许期结束后，项目公司将项目所有权移交给当地政府。

移交也可能发生在其他一些情况下，例如项目公司在特许期限内违约或由于不可抗力使项目建设或运营不现实等。特许期结束的正常移交，政府要向项目公司支付费用，根据对项目性能的检查情况，确认项目是否已恰当地维护且仍在正常工作，对支付额进行调整。如果在特许期内项目公司成员所获的收入足以提供合理的产权投资利润，而项目维护得当，运作正常，那么移交时的支付是象征性的。如果在移交时，项目设施损坏较多，则视修复费用从项目公司的履约保证金中加以扣除。

移交标志着一个 BOT 公路项目的结束。

3．股份制改造

这是目前乃至今后高速公路建设的一种主要融资方式。这种方式通过对高速公路资产存量的重组和股份化改造，将高速公路股票在境内外直接上市融资，筹集大量资金。国内典型案例：京津塘高速公路，通过股份制改造成立华北高速公路股份有限公司，并成功上市，通过发行股票迅速募集到大量资金用于后续工程建设及开发式经营。该企业从隶属关系、机构设置到人事关系与原来的行政机构完全脱离，按照现代企业制度实现了独立经营。

上述种种资本的运作方式，无疑会对高速公路今后的运营管理机制改革产生重大影响。几年来的改革实践说明：公路建设多元化的投资主体必定带来多元化的管理机制与其相适应。但无论哪种形式，今后我国高速公路的运营管理都将必定进入一个企业化运作的发展时期，这是体制改革的总体发展趋势。因此，这也是当前及今后我国高速公路运营管理体制改革的主要研究课题。

三、建设高速公路运营管理体制的思路和模式研究

随着我国经济的快速发展，高速公路网的建设已被列为国家经济发展的战略重点之一，尤其是在“西部大开发”的战略规划中，不仅要实现促进和发展西部地区交通运输事业的目的，而且担负着拉动区域经济发展的战略目标，因此，占有十分重要的地位。随着我国社会主义市场经济体制的建立，政府管理经济的职能转向制定和执行宏观调控政策，搞好交通基础设施建设，创造良好的经济发展环境。这种政府职能的重要转变，已经明确预示了高速公路的运营管理必将从计划经济的体制中解脱出来，走市场体制的道路。

1．高速公路管理体制的总体构架

建立有中国特色的高速公路管理体制架构，既要学习借鉴国外的先进经验，同时也必须从我国的实际出发，充分考虑我国经济体制改革和政治体制改革的总体框架和要求，建立健全相关政策法规，实行政企分开，走企业化管理的道路。

综合近几年来改革探索与实践的基本走向，我国高速公路的运营管理体制应当推行企业化改革模式。在国家给予政策保障的前提下，实现高速公路的特许经营，并向着经济成分多样化、运营管理规模化方向发展。其具体构架表现为：一个省（直辖市）组建一个高速公路总（集团）公司，负责全省（直辖市）高速公路的建设和经营管理；每一条高速公路可根据各自不同的投资模式组建相应的子公司，具体负责该路的经营管理。它可以是总公司的全资子公司，也可以是合资成立的控股或参股公司。总体构架的实现，分为4个部分。

（1）针对每一个高速公路的建设项目，按《公司法》的要求组建经营性高速公路公司，也就是所谓的子公司，实行严格的项目法人责任制，让独立的法人对高速公路项目的策划、筹资、建设、经营管理、偿还贷款、保值增值的全过程全权负责。

（2）以省级行政区为单位成立地区性高速公路总公司或集团公司，受政府委托，对省内各高速公路子公司实施管理。当条件成熟时，可在经济联系较为密切的相邻省市之间组建跨地区集团公司，形成规模经营优势，走高速公路运营管理集团化之路，以便于更有效地服务于区域经济。

（3）在高速公路管理体制深化改革过程中，应注意理顺政府和高速公路管理机构以及企业之间的各种关系，通过建立和完善相关的法律法规，规范各级管理权限。各地高速公路的行政主管部门对高速公路的运营应实行行业管理，重点进行行业法规、行业标准、行业规划、收费标准与系统协调等宏观调控工作。政府交通管理部门对于高速公路公司的经营活动，只能以国有资产代表者的身份参与经营管理，不应使用行政手段直接进行干预。

（4）各级政府采用执法委派或派驻方式，对高速公路的路政管理和交通安全管理进行统一管理，杜绝长期以来高速公路管理中存在的政出多门、一路多制的现象。高速公路的管理体制总体构架如图2-1所示。

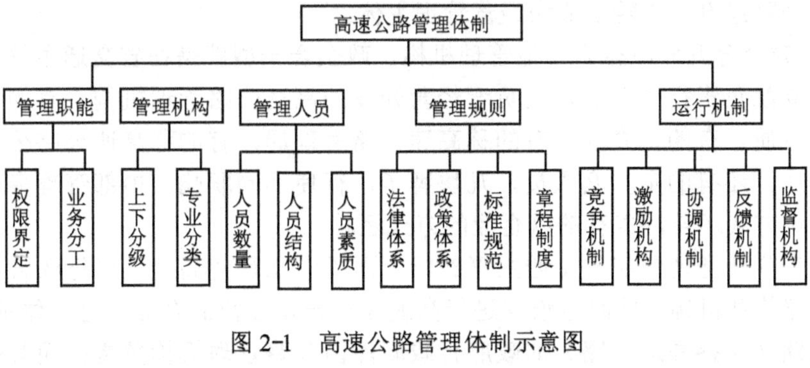

图2-1　高速公路管理体制示意图

2. 当前我国高速公路管理体制的思路和模式

（1）高速公路运营管理机构 高速公路运营管理机构的设置是随着经营型、收费还贷型等不同性质的高速公路建设项目的发展而逐步形成的，有几种不同类型，现分别归纳如下：

1）一元、二元和多元管理主体型机构 管理主体一元，就是在省级交通主管部门下面设一个公路局（或称公路管理局，沿用原来机构名称），统一负责一般公路和高速公路的管理。由于高速公路建设不断地引入市场机制，经营性高速公路不断增加，高速公路的经营向企业化发展。这样，在省公路局以外，又设立若干独立的具有企业法人资格的高速公路公司，具体负责资产经营。把与经营相关的收费管理、服务区管理、养护管理、通信监控管理职能从省公路局分出去，而属于行政管理的路政管理、交通安全管理仍由原部门负责。因此，从政府角度出发对高速公路的管理职能，仍然由省公路局履行。从这点上说，这种管理体制仍然是一元主体模式。这样的省、直辖市有云南省、上海市、天津市等。

管理主体二元，就是在省、直辖市级交通部门下设立公路局和高速公路局（有的也称高等级公路管理局）。这两个机构在交通主管部门领导下，分别负责一般公路和高速公路的管理，互相不隶属，称二元管理主体。省高速公路局专管全省高速公路，一般采用纵向直线型管理模式，设管理处、所等。有的省公路局也开始承担高速公路的建设与管理工作，这样又形成这些省份高速公路两家都管的局面，直到20世纪末，我国半数省份采用这种管理机构模式。

管理主体多元，就是在省级交通主管部门下设立两个以上管理公路和高速公路的机构。如省公路局负责一般公路的管理，同时还有高速公路管理局、国际金融组织贷款项目办公室、道路开发中心等并行机构，无论名称叫什么，其性质和职责是相同的，都是各负责一条或几条高速公路的管理。这些公路管理机构的形成，与投资来源、建设主体及建设方式直接相关，基本上都是由高速公路建设业主转变成为经营管理主体。

2）政企分开和政企合一型管理机构 政企合一型就是在省交通主管部门下面设立既负责行政管理，又负责经营开发的高速公路管理机构。有的是事业单位性质，有的是企业，有的称高速公路管理局，有的称高速公路公司或集团公司。还有的是一套人员，几块牌子，行使不同职能。内部管理多数以事业单位方式运转，也有的以企业的方式运转。

政企分开型则是在省交通主管部门下面既设立行使高速公路行政管理职责的公路管理机构，同时也设立进行高速公路开发经营的企业。这种体制下，所有公路（包括高速公路）的政府行政职能由公路管理机构负责；而其余职责归由经营开发企业管理。政企分开型的省份在高速公路经营企业方面，有些是多个具有独立法人资格的企业并存，有的是设立一个企业，负责所有高速公路的经营与开发。

3）建设管理型和运营管理型机构　建设管理型机构既承担高速公路建设任务，又承担竣工后的运营管理。

运营管理型机构只承担高速公路竣工使用后的运营管理任务。高速公路的建设任务由另外设立的机构承担。

（2）高速公路交通安全管理模型　高速公路交通安全管理在当前运营管理体制中是问题最突出的领域，是体制改革中的主要矛盾。下面对现行的高速公路交通安全管理模式进行专门分析。归纳起来，主要分为三种模式，它们都是以交通安全管理职能在部门间的不同配置形成的。

1）交通部门与公安部门分管模式　该模式沿用传统普通公路交通安全管理体制，高速公路交通安全管理也由公安部门负责，其余五项职能由交通部门负责。在这种模式下，交通安全管理方式又分为两种类型：一是由公安部门组建专门高速公路交警队伍负责高速公路交通安全，如河北、江苏等省采用此模式；二是高速公路沿线公路交警按属地原则分段管理，广东、辽宁等省采用此种制度。在分管制度下，高速公路交警的经费来源也不尽一致，有的由公安部门自行解决，如北京市。有的从收取的高速公路通行费中拨付，广东、江苏等省采用此方式。

由于高速公路具有许多不同于普通公路的特性，交通流量大、行车速度快、现代化程度高，对管理的协调、迅捷要求也比普通公路高得多。所以，传统的交通部门与公安部门分管模式出现许多不适应之处，主要有以下几方面。

① 高速公路作为现代化基础设施，需要用交通工程和系统工程的理论科学实施综合的交通安全管理，因而，统一管理更适合高速公路。而分管体制割裂了交通安全与其他各项管理，尤其是与路政管理的联系，削弱了高速公路交通安全的基础。特别是由于这种管理体制的束缚，公路交警难以采取综合措施（包括路政、收费、监控通信等）预防事故，只能被动地进行交通事故处理。交通部门不能管交通安全，无法及时获得足够的高速公路交通事故的信息，难以研究分析其特点和规律。应从道路设施、交通流分配、疏导、引导等方面综合采取工程和技术手段进行事故预防，以减少事故发生的可能性。

② 管理目标不一致，难以协调。交通部门对高速公路的管理目标是综合目标“安全、效率、服务好、成本低”。而公安部门只有一个目标“安全”。表现在具体管理上，经常不好协调。例如，有些地方公安交警一味强调安全，

随意封闭高速公路，给道路使用者造成不便，也给高速公路管理部门造成很大损失。高速公路的养护作业要求快速、高效，要见缝插针，随机快速维修，而公安交警部门则要求同普通公路一样履行养护作业审批程序，常常贻误时机、延误时间，或者影响交通。

③ 职责交叉，矛盾很多。例如，在高速公路清障上，公路管理部门和公安交警部门都有职责，重复配置清障车辆，常常发生矛盾。高速公路上的交通事故大多数都并发路产损失，但公路交警只管事故处理，事故处理结束后就将当事车辆和当事人放走，公路部门无法正常履行路产损失的现场勘察、笔录等程序，常常无法对路产损失进行索赔。

④ 多头管理，影响效率，加大成本。按现行法律、法规规定，交通与公安两部门都有上路巡查执法权。有的地方（如河南省）参与交通安全管理的有专职的高速公路交警支队，有属地公安交警队伍，条块交叉，多家上路，多头执法，管理效率低、成本高。据统计，我国高速公路上追尾相撞事故占事故总数 85.5%，其中一个重要原因是由于管理环节多，对首发事故现场不能及时处理而造成的。

2）交通部门与公安部门共管模式　这种模式是交通主管部门与公安部门联合组建高速公路交通管理机构，履行某条高速公路的政府管理职能（路政和交通安全）。机构下设交警支队，负责交通安全；下设路政管理科，负责公路资产保护。但是交警支队仍然由公安部门领导，负责其人事、工资和业务；而其交通工具等装备和活动经费由交通主管部门解决。目前，成渝高速公路四川段就采用这种模式。

这种模型加强了双方的协作配合，在一定程度上提高了处理事故的反应速度和管理效率。但是，这种模式只是在形式上将交通安全纳入高速公路统一管理，存在两个管理主体的本质并未改变。工作仍然按照各自部门职责进行，管理目标上的矛盾依然存在，职责交叉、政出多门、多头上路的问题没有从体制上解决，工作协调好坏，常常取决于两部门领导者之间的关系，难以长期维系。辽宁、河北、陕西等省都曾尝试过类似联合办公的两部门共管模式，都因不尽如人意而取消。

3）交通主管部门统管　这种模式是由交通主管部门组建的高速公路管理机构对路政、交通安全、收费、养护、通信监控和服务实行统一管理。这种体制将交通安全管理纳入整个高速公路管理系统，由一个管理主体实施统一、综合管理，符合了高速公路作为现代化基础设施的运营规律，使其管理的统一性、整体性大大加强，交通安全管理不仅没有削弱，反而因管理的整体协调性而增强，使交通安全管理水平有很大提高。成渝高速公路重庆段，陕西省西临、西宝、临渭高速公路都曾经采用这种模式，事实证明统管模型是行之有效的。主要表现在以下几个方面。

① 实现了管理目标的统一和协调。交通主管部门能采取综合措施，全面处理高速公路上发生的问题，从而充分发挥高速公路现代化基础设施的优势。例如，成渝高速公路重庆段，尽管重庆每年平均有雾日达 100 天，但自 1995 年以来从未因雾而关闭高速公路，他们采取派车引导、定时放行等综合措施保证行车安全，不仅实现了雾天无事故，而且方便了车主，同时高速公路也获得良好经济效益和社会效益。

② 采取综合措施，全面加强交通安全管理，保证了行车安全。从交通工程理论知道，交通安全也是系统工程，实现交通安全仅凭交警部门指挥疏导和处理事故单方面的措施是不够的，交通安全是高速公路多个管理系统和管理环节的共同任务。例如成渝高速公路重庆段每到雨天雾天，各管理系统为安全畅通统一部署，统一行动，收费机构向车辆提供交通信息，通过喊话提醒驾乘人员应注意的安全事项；路政和养护机构根据及时获得的资料，针对性地采取措施，整治重点路段，及时清除交通事故隐患；一旦发生事故，各管理机构都立即作出快速反应，各机构人员都及时赶赴现场，按照既定职责，有条不紊按顺序进行处理，很快地保证公路畅通。

③ 做到了精简机构，提高效率，降低管理成本。这种管理体制可以实现管理资源的综合利用，交通事故与路政案件同步处理，现场勘察与排障救援同步进行，避免了等待、延误和摩擦扯皮，并且做到了机构简化、人员精干。例如实行统管模式的成渝重庆段、陕西西渭、西宝高速公路，综合平均每公里行政执法人员，比实行分管的京津塘、江苏沪宁、广东广深、河南开洛、郑许高速公路少一半；综合平均每公里配备行政执法车辆减少近 2/3。在管理效果上，从交通事故发生及造成的损失来看，统管体制要好于分管体制。

总之，通过对现行 3 种高速公路交通安全管理模式的分析比较，交通主管部门的统管，从理论上看是符合管理规律的，从效果上看是最好的。

（3）高速公路收费管理模式　经过十几年的实践，我国高速公路收费管理形成了两种模式，即事业收费还贷模式和企业收费经营模式。它们的形成主要源于高速公路投资主体的不同，前者是政府交通主管部门为投资主体，其中大部分资金是靠向银行借款或发行债券筹集的。后者投资主体是国内外经济组织，他们是以盈利为目的投资高速公路的。

1）收费还贷管理模式　这种模式组建的收费管理机构为事业单位，具有部分行政职能，实行“自收自支、收支两条线”管理。通行费收入全额上缴上级交通主管部门，养护和管理经费根据年度计划由上级部门审批核拨。有些省的这类事业性质收费管理机构采用了企业化管理方式，形成了“准事业”或“准企业”的收费管理模式。

2）收费经营管理模式　这种模式的收费管理机构是企业。分为两种情况，一种从高速公路建设开始就由企业负责（例如 BOT 公路项目），竣工后仍由该企业经营；另一种是由政府交通主管部门建设，竣工运营后，有偿将收费权转让给国内外经济组织（企业）。这些高速公路收费管理完全采用企业经营核算方法，经济上独立核算，自负盈亏。而这些高速公路的行政管理则由交通主管部门向经营企业派驻机构或人员来完成。

上述高速公路管理机构是随着我国高速公路的发展过程而形成的。在初期毫无经验的情况下，各地交通主管部门迅速集中管理资源，使高速公路管理能尽快运转，为高速公路充分发挥作用做出了巨大贡献。

四、高速公路管理体制的运行机制

高速公路管理体制是一个由众多实体要素和关系要素构成的有机整体。在其运转过程中，各组成部分之间要发生大量的物质、能量和信息的交换，同时显示出相互之间联系、作用的方式和规律，这就是高速公路管理体制的运行机制。归纳起来，它主要包括 6 种机制：竞争机制、（合同）约束机制、激励机制、协调机制、反馈机制和监督机制。

1．竞争机制

指各种管理机构之间、企业之间以及管理人员之间相互比较、彼此竞争、优胜劣汰的机制。社会主义市场经济的原则是市场在资源配置中起基础性作用。在高速公路的建设与经营中，在大多数环节上，在大多数主体间都不同程度地存在着竞争关系。竞争机制在高速公路资源的优化配置上发挥着重要作用。

2．约束机制

主要指在高速公路的建设与经营过程中，单位之间、经济实体之间通过签订合同的方式，明确双方的权、责、利，为履行职责所体现的约束机制。例如，在公路建设过程中，业主与承包人之间、业主与监理单位之间以及在征地拆迁和材料供应方面都通过签合同体现互相约束；在高速公路运营过程中，高速公路公司与养护企业之间以及为服务区项目的开发等活动，也都用签合同体现约束机制的作用。

3．激励机制

激励机制，也表现为管理办法，主要指在高速公路的建设与经营过程中，通过制定工作目标，规定奖惩办法，根据各类管理主体的实际工作业绩，兑现奖励与惩罚，以刺激管理主体积极性，提高管理效率。

4. 协调机制

高速公路管理内容丰富、涉及面广，管理主体和客体层面及种类都很多。因此，协调管理是十分必要的。高速公路的协调机制表现的方面主要有：纵向上多层面上下级管理机构之间的协调；横向上高速公路管理机构与其它政府部门之间的协调；高速公路管理机构内部诸要素之间的协调。在协调机制中，协调要素之间必须注意就目标一致达成共识，都是为实现预定的管理目标而工作，建立部门相互支持为主导的关系，并形成合力；在上级与下级管理机构之间要在职责分清条件下，权利与责任落实，达到政令畅通运转有序；在管理体制内部诸要素实现有机结合，对管理体制外部社会和经济环境要表现出适应能力强，应付自如。

5. 反馈机制

高速公路管理体制是一个开放的大系统，它由众多的分系统和更细的子系统构成。按照系统工程理论，建立有效的反馈机制，将管理工作中各种资源信息、工作信息、效果信息及外部作用信息通过各种手段，包括现代化计算机网络手段，及时反馈给管理行为主体，由管理主体作出科学灵敏反应并采取正确管理措施，从而实现高速公路管理体制高效率的工作。

6. 监督机制

主要指高速公路管理体制中，各个管理主体的自我约束和相互督察的关系。例如在高速公路建设过程中，对工程质量的检查、检测及纠正差错的行为关系；有些省市自治区对公路建设项目实施的“廉政合同”所规定的制约关系；在高速公路运营过程中，对收费的监督检查关系等等。

第二节　我国目前高速公路运营管理机构概述

一、高速公路运营管理机构的设置

高速公路管理机构既包括从事高速公路管理的独立工作单位，也包括各管理单位内部具体从事某一专业管理的工作部门。一方面，由于高速公路管理职能类别多、业务复杂，而且性质不同，既包括行政管理职能，也包括运营管理职能，因此，高速公路管理机构的设置主要依据管理职能及对应权限的划分。另一方面，由于高速公路在空间上具有带状性和分布网状性，也由于我国公路按行政层次划分为国道、省道、县乡道路几个行政等级，高速公路的机构设置应当按不同层次来对应设立。高速公路管理机构纵向、横向设置的不同组合，会产生不同的管理机构模式。按照现代管理科学理论，高速公路管理机构设置，应实现纵向上隶属关系与横向上协调配合关系的有机结合，以“直线职能制”为基本设置制度。即从中央到省、区、市按照管理幅度、职能界定分别设置相应管理机构，分级负责高速公路管理的相应事宜；同时，按照不同种类具体的业务管理职能，在每一级公路管理机构中设置相应的专业部门，这样，既能适应高速公路管理专业分工多的特点，又能满足公路分级管理的要求。

近十年来，随着经济体制改革的深化，我国各省、市依据自己的实际情况，在高速公路运营管理机构的建设上进行了大胆的探索与改革，积累了很多宝贵的经验。人们逐步认识到，随着社会主义市场经济体制的逐步建立和多种融资方式的不断引入，原有计划经济体制下形成的高速公路运营管理模式已愈来愈不能适应多元化投资主体改革发展的需要，必须寻求新的适应市场经济体制的组织管理模式。

在研究和探讨高速公路管理体制改革过程中，必然遇到这样一个问题：即在一定时期内，我国高速公路具有两种属性，即公益性和商品性。公益性高速公路是以公益服务为宗旨的，依托国家政府的重视和各项扶持政策，有着较稳定的建设资金来源和固定的养护管理经费匹配。具有商品属性的经营性高速公路是在社会主义市场经济条件下，通过多渠道融资建设，并按照价值规律管理和经营的高速公路。商品性高速公路的形成，是社会发展的必然产物，同时也为我们探索研究高速公路运营管理提供了新的领域和依据。

1. 分级管理机构

目前，国内许多高速公路的运营管理一般都采用三级管理形式。

（1）各省（市）、自治区高速公路主管局（或总公司）为第一级，对高速公路规划建设、资金使用、规范标准等实行宏观管理。下设与管理内容有关的职能机构，主持各项工作。

（2）各地区高速公路管理处（或子公司）为第二级，具体负责高速公路的各项运营管理工作。目前，由于我国高速公路在各省市、自治区还未普及，这一级管理机构一般针对某些具体路段设置。管理处设有职能管理部门，同时还有具体实施操作的管理单位。

（3）按路段所辖各管理所为第三级，这一级管理是最基层的管理单元，一般有收费站、临近站、通信站、养护工程队、服务区等。

2. 职能管理机构

职能管理机构是各级管理机关的总称，负责将有关管理决策通过一定的系统进行落实。

高速公路职能管理系统的建立，应支持“精简高效”的原则。各部门的设置应依据实际情况，在业务上注意体现综合功能，以便适应高速公路技术密集型管理的特点。

3. 操作管理机构

高速公路操作管理机构一般有两种类型：

（1）综合管理所　即按区段管辖长度（大约 50km）设置管理所，由管理所全权负责管辖路段内的养护、收费、路政、监控、服务经营等各项业务，路段内的收费站也由管理所管理。这种设置有利于区段内的管理协调，特别适合分段路程较长、行政区划不同的高速公路。这种机构设置的缺点是养护机械设备、人员等配置过于分散，容易造成利用率和效益降低，以及设备能力浪费的现象。

（2）专业管理所　即按不同的业务内容设置相应的专业管理所，由各专业管理所分别负责养护、路政、收费、监控和服务经营等业务。专业管理可视情况商榷或不再设置管理组织，如京津塘高速公路全长 143km，随着管理机构的转制，将原有按京、津、冀行政区划设置的 3 个管理处，下属 4 个管理所进行专业化合并重组，在华北高速公路股份公司下设收费公司和养护公司 2 个分支管理机构。这种设置有利于加强专项业务管理，特别适用于路程较短的高速公路。

二、机构设置原则及应注意的问题

在高速公路运营管理体制确定的前提下，建立合理的高速公路管理机构，对于完善管理职能，提高管理效益有着不可低估的作用。

1. 高速公路运营管理机构设置的原则

高速公路运营管理机构的设置，应当把握以下几个主要原则。

（1）统一领导原则　高速公路管理实行统一领导，是由高速公路运行整体性、系统性和各项管理活动之间联系的不可分割性决定的，是科学的管理体制对同一行政管理活动的管理主体唯一的、确定性的要求；同时也是我国公路交通实践多年的行之有效的管理经验，是国外公路管理的共同做法。

如前所述，高速公路管理涉及多个层次、多个地区、多个专业和部门，要使各个方面在统一的目标下各司其职，各负其责，协调、有序地运转，必须实行统一的领导。高速公路管理的各项活动，其管理主体都是行政管理部门授权委托的专业管理机构；管理的客体是公路和使用、利用公路的人和车；管理的空间都是在同一场所 —— 高速公路上进行；管理的共同目标是为了确保交通运输安全畅通和社会经济效益的实现，因而具有实行统一领导的必要性和条件。高速公路的统一领导，既不是同一管理活动由多个管理主体分工领导，也不是传统计划经济体制下由部门高度集中的领导，而是由交通行政主管部门实施的行业管理职能的统一，管理法律、法规、规章的统一，管理经济、技术标准的统一，以及总体运行目标的统一。实现统一领导，要求在机构设置和职能配置上，应相对集中而不宜分散。

（2）分级管理原则　在高速公路实行统一领导前提下的分级管理，是由我国经济体制和高速公路的特性所决定的。我国地域辽阔，高速公路分布面广，建设、管理任务繁重，不可能由中央或省、市、区统一包揽。高速公路按其在公路网中的地位，主要有国道和省道，其功能不同，分布地域不同，服务范围亦有不同，不同地区的高速公路应以不同地区为主管理。从高速公路国有资产构成分析，我国高速公路投资来源多渠道、多形式，一条国道干线或省道高速公路，既有中央政府投资形成的资产，也有地方政府投资形成的资产，同时还有国内外经济组织投资形成的，所有权属国家而收费经营权属经济组织的资产；从高速公路资产形成过程看，主要是地方政府组织建设，建成后为地方或区域服务，管理过程中许多工作还要地方支持配合。此外，高速公路管理中还有行政管理和资产经营两大类，各类还有不同的层级，具有相应的管理范围和权责。这些特点决定了高速公路的管理应依据管理幅度原则，实行统一领导下的分级管理，以充分发挥中央、地方和高速公路经营企业等多方面的积极性。

（3）分工合作原则　分工是社会化大生产的基本形式，也是高速公路管理的客观要求。在高速公路管理的大系统之中，各个管理层级—中央、地方和基本单元管理；多个管理环节—计划、组织、控制、反馈；各个管理子系统—路政、交通安全、收费、养护、服务、通信监控等，都有相应的机构按职能分工运作。要使这种分工运行适应高速公路管理系统化、高效率和服务优质的要求，必须建立不同层级、部门、环节之间紧密合作的关系，做到相互适应、相互协调和相互融洽，发挥综合优势和整体效益。

（4）精简高效原则　高速公路具有设施现代化、管理高技术、运行高速度的特点，尤其需要建立精简高效的管理体制。所以，其管理机构设置和职能配置的合理程度将直接影响体制运作成本和效率。同时，为了盘活高速公路的有形和无形资产，使得这些资源能够实现其经济效益和社会效益，也需要一个精简高效的管理体制来保证。为此，在高速公路管理机构设置上，应在统一领导、分级管理、分工合作的基础上，尽可能利用现有管理资源，精简管理机构，减少办事环节，提高工作效率。

2. 高速公路运营管理机构设置应注意的问题

在研究设置高速公路运营管理机构时，应特别注意以下一些问题。

（1）要注意机构的兼容性　高速公路运营管理的业务涉及面较宽，各业务间有着必然的承接关系或交叉联系，很难完全分割开来。因此，在确定机构时，要充分考虑各业务间的兼容性，尽量缩小管理层面，扩大操作层面，实现机构的精干高效。

（2）要注意机构的可持续性　我国高速公路的建设由于资金等因素，一般采用分期修建的方式。当某段高速公路投入运营需设置管理机构时，必须研究发展规划，使机构设置能够适应今后的发展需求，并有较强的扩展功能，以便于将来连续管理或与路网管理衔接。这一点在路程较短、交通量发展较快的高速公路上尤其显得重要。

（3）要注意机构功能设计的超前性　随着科技进步和创新发展，高速公路的技术装备和管理手段的先进性和完善程度不断提高，因此，管理工作中的技术含量不断提高，管理机构设置时不仅应当适应这种状况，而且还须具有超前意识。特别是随着计算机、网络、通信技术的普及以及现代化办公系统的应用，必然会加速高速公路管理观念的更新和管理创新，并直接影响机构及人员编制的调整和缩减，在设置机构时应当考虑到这些方面。

（4）要注意管理的社会性　从社会属性来看，高速公路属于“窗口”行业，其运营管理具有较强的社会性。特别是在提供服务方面，与社会有着广泛的接触，应有相应的职能部门负责处理公共关系方面的事物。因此，我们在机构设置时，在保证完成机构管理职能的前提下，也要注意机构设置的简化，将那些能够由社会承担的业务逐步推向社会，以减少不必要的管理层次。这些业务通常可包括救护、维修和服务区的某些业务。

第三节　关于我国高速公路运营管理机构设置的建议

根据中央政府的规划和社会主义市场经济体制改革的要求，建立我国科学化高速公路管理体制的基本目标是：通过深化高速公路管理体制改革，逐步建立起与社会主义市场经济体制相衔接，与高速公路运营规律相适应，与高速公路发展要求相符合，职能配置合理、机构设置规范、运行规则健全、人员配备精干、运转高效协调、服务质量一流的科学化高速公路管理机构。按照这一目标要求，改革一切不符合高速公路发展的弊端，依据统一领导、分级管理、精简高效、政企分开的原则，理顺交通、公安两部门在高速公路管理上的关系，优化管理职能配置，精简管理机构和人员，规范收费与经营管理，建立健全运行规则，改进和提高服务质量，保障高速公路持续、稳定、快速、高效发展。从这些目标和原则出发，提出以下建议。

一、关于高速公路行政管理机构设置

高速公路管理的重点在省级交通主管部门，对省一级高速公路行政管理机构设置提出两个具体方案：

1. 主体并列方案

这种方案也叫“一省两局”主体二元型方案。即在省交通主管部门下设置 2 个并列的公路管理机构，一是以管理普通公路为主的省公路局，二是以管理高速公路为主的省高速公路局。两机构互不隶属，在省级交通主管部门领导下，分工负责两类不同等级公路的管理。

省公路局负责管理一般公路的路政、收费、养护和服务管理；省高速公路局负责高速公路的路政、养护、收费、通信监控、服务管理，根据授权或委托负责高速公路交通安全管理。在机构设置上，省公路局按照上述职能设置相应管理机构，实行直线制或职能制管理。省高速公路局按区域或线路设立管理处、所；授权或委托高速公路局行使交通安全执法职责，设置高速公路交通综合执法支队、中队。高速公路局实行对所属机构的直线制管理。

在高速公路局与高速公路经营机构的分工上，高速公路局负责经营性高速公路具体的行政管理，可向经营性高速公路派驻行政管理人员，专门执行行政管理；而其他经营性高速公路的业务管理，则由经营机构自行负责。在管理中要加强联络、协作支持。

两局属行政执法机构，应纳入公务员管理。

2. 单一主体方案

也称“一省一局”主体一元型方案。即在省交通主管部门之下设置一个公路管理机构—省公路局。其主要职责是在省交通主管部门领导下，行使公路路政、收费、养护、通信监控和服务管理。根据委托或授权负责高速公路交通安全管理。

在机构上，省公路局按照高速公路区域和线路设置高速公路管理处、所；授权或委托高速公路交通安全管理，在公路局和高速公路管理处、所设立高速公路交通综合执法支队、中队，实行一套人马、两块牌子、多项职能。公路局对各处、所实行直线制管理。公路局对普通公路的国、省道实行直线式管理的省份，也可与高速公路管理结合起来，按区域或线路设立管理分局，实行统一管理。省公路局对其余普通公路实行职能制管理，进行业务指导。

省公路局与高速公路经营机构的关系与主体并列方案中高速公路局与经营机构的关系相同。

上述 2 个方案比较，方案 1 要优于方案 1。方案 1 的不足之处在于：两个并列的管理主体，不利于高速公路与普通公路网络化管理的协调。同时，要组建两套班子，配备两套人员，增加了管理环节和管理成本。方案 2 中省公路局对全省所有公路实施统一管理，既能满足高速公路专业化管理的要求，又能体现公路行政管理的集中、统一，有利于精简机构，提高效率和降低管理成本。

二、关于高速公路交通安全管理体制

根据前面分析，高速公路交通安全管理存在的主要问题是交通公安两部门职责分工不当，形成两个主体造成的。根据统一管理的思路，提出以下三个方案，进行比较分析。

1. 交通部门统一管理方案

由省交通主管部门统一负责高速公路路政、收费、养护、通信监控、服务管理和交通安全管理，也包括高速公路交通安全法规的制定与执行。据此，省级交通主管部门借鉴我国设立铁路、民航、海关、森林、内河水运公安机构或专业警察的做法，设立高速公路交通警察机构。根据高速公路分区域和线路的特点，在省交通主管部门设立公路交警支队，下面分区域和线路设立高速公路交警中队，实行直线式管理。

高速公路交通警察的主要职责是：在省交通主管部门领导下，贯彻执行国家有关高速公路交通安全管理的法律、法规和方针、政策，拟定和执行高速公路交通安全工作计划，维护高速公路交通秩序，组织高速公路安全宣传教育，处理高速公路交通事故。

高速公路交通警察所执行的交通安全管理业务，受省交通主管部门领导，其警务管理受公安部门领导。人员编制由省交通主管部门根据高速公路交通量和安全管理工作量提出意见，报编制部门审核确定。高速公路交通警察属国家公务员编制，其经费按照《警察法》由国家财政负担。

2. 交通部门主导交通安全方案

这种方案将交通安全管理职能由公安部划归交通主管部门，与公路其他行政管理、经济技术管理统一由交通主管部门负责。而交通安全秩序维护和事故处理两项具体职责仍由公安交警执行。据此方案，在交通安全管理上，交通主管部门的主要职责是：拟订交通安全管理法律法规和安全计划，组织交通安全宣传教育，指导交通秩序维护和事故处理，统计分析交通事故并采取相应措施。公安交警的主要职责是：贯彻执行交通安全管理法律、法规，维护交通秩序，处理交通事故。交通安全管理业务受交通主管部门领导，警务及其行政管理受公安部门领导。根据高速公路管理实际和我国现行公安交通警察管理体制，高速公路上的事故处理和秩序维护，可由线路所经区域公安交通警察管理。公安交通警察经费根据《警察法》由国家财政负担。

3. 交通部门综合执法方案

该方案保持普通公路现行管理体制分工不变，即由交通部门管理普通公路路政、收费、养护、通讯监控、服务管理，由公安部门管理交通安全。而对高速公路实行“特殊”管理，即由交通部门设立专门针对高速公路的综合执法机构，统一行使交通安全、路政、运政等交通行政执法职能，类似当前重庆市市政高速公路“统一管理、综合执法”的模式。该方案要点如下：

（1）综合执法机构设立　由省级人民政府根据国务院办公厅国办发[1992]16号文件规定精神，通过地方立法、授权成立管理机构，从事综合执法工作。

（2）综合执法机构　主要职责贯彻执行国家有关高速公路路政、交通安全、运政管理的法律、法规和规章，管理高速公路路产、维护高速公路交通秩序，处理交通事故，监督检查高速公路秩序，纠正违章运输等。

（3）综合执法机构　组成根据高速公路区域和线路的特点，在省级交通主管部门或公路管理机构设置高速公路交通综合执法支队，按区域或线路设立综合执法中队，这两级机构由省交通主管部门或公路管理机构直线制管理。

（4）综合执法机构人员编制及经费　人员编制由交通主管部门根据高速公路里程和交通量提出方案，报编制部门审核确定，机构人员列入国家公务员系列，参考公务员条件，公开招考择优录用。其经费在“费改税”后由财政从燃油税中核定的公路管理经费解决。

对上述 3 个方案进行比较，分析如下：方案 1 能够实现统一领导，职能配置合理，管理主体唯一，运行环节少，机构设置精干，符合高速公路运营规律，可实现降低管理成本，提高管理效率，提供良好服务和改善高速公路交通安全管理。方案 2 特点是高速公路管理由交通主管部门统一负责，这样可加强交通安全管理与其他各项管理的协调，在一定程度上解决两个部门自成体系、政令不一的弊端，但在具体执行中，仍然是两个部门执法，仍需两套机构，两班人马，管理环节多，在一定程度上影响管理效率。方案 3 特点是由省级地方政府立法确定交通主管部门对高速公路的综合执法地位，其权限是对高速公路实行“特事特管”。该方案能在一定程度上适应高速公路管理整体性、系统性的要求；在具体运作上，可以综合利用管理资源设立一支执法队伍，综合行使高速公路各项执法职能，可以建立精干、高效、成本低、服务好的管理体制。

通过比较，可知方案 1 是最佳方案，铁路、民航、内河水运的经验可资借鉴。在方案1暂时不能马上执行情况下，可以将方案3在全国推行。

三、关于高速公路收费管理机构设置

利用集资、贷款或引入国内外经济组织投资建设公路，建成后收费还贷或者收费经营，是我国发展高速公路的一项重要政策。所以，收费管理是我国高速公路的一项重要内容。当前在高速公路收费管理体制与机构上还没有发现突出的矛盾。道路使用者反响较大的问题，一是收费站点过多过密，影响高速公路快速高效优势的发挥；二是收费标准过高，给道路运输经营者增加较大负担；此外，收费机构臃肿，人员过多，服务水平不高也是需要解决的问题。

1. 合理设置收费站点

据统计，全国已有收费公路10万多km（包括2万多km高速公路），收费站点3千多个。世界银行曾委托英国TRRL（英国国家道路实验研究院）做过关于停车交费试验，在不等待排队条件下，一辆车从减速、停车、交费、起步、加速到恢复正常行驶速度，油料消耗成本增加量相当于该车多行驶0.2km。而对于高速公路上发生的以亿万统计的交费次数来说，这是十分巨大的资源浪费。所以，尽可能少地设置收费站点，这既是节约资源的需要，也是发挥高速公路快速、高效功能的需要。

当前，我国高速公路收费站点设置存在的主要问题是同一条路上，不同投资主体，相邻行政区各自独立设站，造成过往车辆多次停车交费的问题。因此，采用全封闭收费的高速公路，实行除进出口外，全程不在主线上设站收费；由不同地区，不同投资主体管理、经营的同一条高速公路，实行“联合设站，统一收费，按比例分成”的制度。高速公路尽可能不采用开放式收费制度，必须采用开放式收费的，主线上相邻收费站间距要合理。

2. 合理确定收费标准

如果高速公路收费的目的是为了偿还贷款，则收费标准应当保证按时足额地偿还贷款本息；如果收费的目的是为了收回投资和取得合理回报，收费标准应当保证公路经营企业收回投资并有合理回报。所以应合理确定收费标准。

3. 收费人员的合理配置

要通过体制改革来解决高速公路收费机构过大、收费人员过多的问题。要实行竞争上岗制度，精简、消化、分流多余人员，提高管理效率。加强收费人员的职业道德教育、法制教育和服务意识教育，提高收费人员素质，实现严格管理、文明收费、热情服务。

【复习思考题】

1．高速公路管理体制的作用是什么？
2．简述我国高速公路运营管理体制的形成过程。
3．简述我国现行高速公路运营管理体制存在的问题。
4．何为BOT，其特点是什么？
5．高速公路运营管理机构设置应遵循的主要原则有哪些。
6．简述我国高速公路运营管理机构设置的建议。

第三章　高速公路收费管理

【学习目的】

通过本章学习，学习高速公路收费的意义，高速公路收费的必然性，收费的规定范围，与收费有关的因素；掌握收费管理的一般原则和方法，高速公路收费的方式及种类；熟悉高速公路收费票务管理与稽查管理；了解高速公路收费人员管理和现代化的高速公路收费管理模式。

经济现代化的一个必要条件是交通现代化。纵观全球发达国家的发展轨迹，无一不是优先发展交通运输事业。但不论是发展中国家还是发达国家，都面临着建设和养护本国高速公路系统资金缺乏的难题，这也是二十世纪收费公路大力发展的根本原因。高速公路由于具有级差效益，属经营性基础设施或准公共产品，因此，市场机制能够在相当大程度上对其进行有效配置，从而采用收费制度，实行企业化经营。

第一节　概　　述

一、高速公路收费的意义及条件

1. 车辆通行费征收的意义

高速公路建成交付使用后，对使用高速公路的车辆收取通行费，用以偿还建路贷款，补偿建路所支付的资金，维持道路养护管理费用支出，是当今世界大多数国家建设高速公路的通行做法。改革开放以来我国政府明确肯定了这一做法。车辆通行费的征收及收费制的逐步完善，给高速公路发展注入了生机和活力，保证了高速公路的可持续发展。

（1）为高速公路建设开辟了资金渠道　不论是发展中国家还是发达的现代化国家，都面临着建设和养护本国高速公路系统资金缺乏的难题，单凭财政全部承担其费用非常困难。征收车辆通行费，使高速公路成为一项投资项目，不仅可以开辟公路建设资金来源，而且可以吸引民营企业和个人参与高速公路建设投资，解决公路建设长期依靠政府财政，发展缓慢的弊端。

（2）为加强公路养护与管理提供了条件　征收车辆通行费后，高速公路的养护与管理资金可以直接从车辆通行费中提取，减少了许多中间环节，消除了多年来公路养护管理中的不计成本、不讲经济核算的种种弊端，从而有利于提高公路养护管理水平，推进公路养护管理由事业型向企业化过渡。

（3）逐步树立了高速公路的市场观念，实行高速公路企业化管理　高速公路除具有一般公路的基本属性外，还有其独特的技术经济特性。一般公路主要反映社会公益性的特点，因而其建设和使用的价值补偿主要采用征收税、费的形式，其管理也以事业性管理为主。高速公路具有级差效益，这就决定了高速公路可以依据市场法则，实行企业化管理，并通过征收车辆通行费对其价值进行补偿。

（4）体现“内在”的公平合理性　随着经济的发展，社会对运输业的需求从主要表现在量的方面逐渐更多地表现在质的方面，交通运输发展战略亦由供需适应型逐步转变为速度效率型。高速公路的建设，适应了产业结构“软经济化”的趋势，即产业结构的服务经济化、知识密集化与产品的高附加值化倾向，满足了社会对交通运输快速、安全、舒适的要求。道路使用者作为高速公路的直接受益者，其运营费用普遍下降，行驶时间大大缩短，运输质量显著提高。高速公路所带来的级差效益，首先为各类道路使用者所分享。按照“谁受益、谁支付；多受益、多支付”的原则，高速公路的建设与维护费用亦应公平合理地分摊到各类道路使用者身上。因此，车辆通行费可以说是一种特殊用路者税费。受益理论和公平原则是征收车辆通行费的理论基础。

2. 高速公路收费的条件

研究表明，在下列条件下，采用收费的方法是有效的：

（1）经济理论表明，如果将私人资金转为公共投资，会明显促进经济的发展，当政府除此之外找不到合适的资金来源的时候。

（2）交通需求缺乏弹性，即收费价格对交通量的影响较小，经济效益和收费收入都有保证。

（3）道路供给缺乏弹性，即公路（桥梁或隧道）的使用已产生拥挤而暂时又无法增加通行能力。

这 3 个条件对我国的道路收费制度也是有效的，是保证借贷资金按期偿还的前提。从这 3 个条件也可看到，其收费对象仅仅是公路的直接使用者（车辆）。众所周知，公路建设是区域经济发展的需要，它不仅给直接使用者创造经济效益，同时也创造社会效益，区域内的所有社会经济活动也是受益者，公路价值的这部分补偿也就由政府通过税收形式来完成，因此收费并不是偿还建设资金的唯一方式。这 3 个条件仅当收费作为偿还借贷资金的唯一方式时才有效。

二、高速公路收费管理的特性

高速公路收费管理的特性有以下几点。

1. 必然性

高速公路作为现代公路运输基础设施，其产生和发展是国民经济发展的必然结果，而对公路实施收费和收费管理，则是市场经济发展的必然产物。

2. 必要性

高速公路是国家为了经济的迅速发展而通过各种集资方式修建的国家基础设施，如果不从有偿使用的角度来解决资金严重不足的问题，那么高速公路的管理、运营、养护所需的资金都将难以保证。交通部制定“贷款修路，收费还贷，有偿使用，滚动发展”的策略来发展公路事业，是一条成功的举措。对于树立公路市场经济观念，使公路建设步入良性循环都具有十分重要的意义和作用。

3. 社会性

收取通行费是一项政策性很强的工作，牵涉到社会各界、各部门、各单位的利益，具有广泛的社会性。

4. 艰巨性

收费管理是一项复杂的系统工程，具有明显的复杂性和艰巨性。通行费征收的好坏，外部涉及到社会各界的理解、支持程度，通行车辆应主动按章交费，杜绝或减少漏收的情况；内部涉及到征费人员的个体素质、征费队伍的整体素质，征费单位的管理措施、硬件条件等内容。而各部分内容的类型、功能又有所不同，同时，客观条件及其他因素的影响也给收费管理增加了难度。

5. 服务性

收费管理是综合管理的重要一环。管理就是服务，收费管理应通过提高收费的服务质量，吸引更多的车辆。通过收费人员的热情服务和文明用语，使司乘人员真正感到满意，以达到增收的目的。

6. 安全性

收费管理中的安全性突出体现在四个方面：一是收费卡站的设置要有利于交通安全；二是收费人员的自身安全；三是收费设施的安全；四是通行票款的安全。

7. 先进性

收费管理的先进性主要体现在收费管理的方式、手段及管理设备的先进性等方面。

8. 统一性

收费管理的统一性表现在统一收费时限，统一收费标准，统一收费车辆，统一收费票据，统一管理通行费 5 个方面。高速公路的收费管理自始至终贯穿着统一性。

9. 廉洁性

收费管理中的廉洁措施：一是要加强教育，提高收费人员素质；二是要完善制度，堵塞漏洞；三是要改善监控方式，加强监控手段；四是要严格惩处，依法治理。

10. 严肃性

收费管理体现很强的严肃性，因此要坚持收费政策的严肃性、制度的严肃性、严格目标管理及坚持收费工作的严肃性。

三、收费的规定及范围

根据《公路法》对收费公路的规定，除了《公路法》第五十九条规定可以收取车辆通行费的公路外，禁止任何公路收取车辆通行费。《公路法》第五十九条规定，符合国务院交通主管部门规定的技术等级和规模的下列公路，可以依法收取通行费：

1）由县级以上地方人民政府交通主管部门利用贷款或者向企业、个人集资建成的公路。

2）由国内外经济组织依法售让前项收费公路收费权的公路。

3）由国内外经济组织依法投资建成的公路。

在具体执行时，应根据《公路法》和交通部、财政部、国家物价局（88）交公路 28 号文件发布的《贷款修建高等级公路和大型公路桥梁、隧道收取车辆通行费规定》的原则，收取通行费。

高速公路收取的通行费只许用于偿还贷款、收费公路的养护与运营机构的正常开支，任何单位和个人不准截留、挪用、平调。车辆通行费按车辆出厂标记载重吨位（行车执照标记的吨位）、载客座位（不分重载、空载），以及行驶、出入高速公路的里程或次数计收。对高速公路超限、超载车辆的收费原则，按交通部《超限运输车辆行驶公路管理规定》及各地方的有关规定办理。

高速公路收取通行费的方式与普通公路收缴养路费的方式不同，只对通过高速公路的车辆收取通行费。具体收费的标准、范围和管理办法是由省、市级人民政府根据中央规定的原则，结合本地的实际情况制定后，经省、市或国家物价、财政部门批准后颁布实施。因此，所有通过高速公路的车辆均应按当地政府规定的费额或费率标准向高速公路进出口的收费人员交费，其他任何部门、单位和个人都无权征收和擅自决定减、免通行费（军车、国务院在某一时期规定的其他车辆，战争期间、特大自然灾害期间等非常时期除外）。

具体的收费标准应按公路、桥梁、隧道的长度、还款额度、收费期限、交通量大小、车辆负担能力和便利通行等因素综合考虑。具体费率的计算方法很多，在确定时应结合当地的实际情况进行计算。

四、收费公路兴盛的原因及其缺点

1. 收费道路兴盛的原因

收费道路之所以能在许多国家兴盛起来，主要有以下几方面的原因。

（1）民间资金的进入　从许多发达国家的经验看，收费制度在高速公路建设初期阶段发挥了巨大的作用。特别是在财力不足时，更显示出其优越性。二战后，随着许多国家社会经济的迅速发展，对道路交通的需求也日益扩大，但普遍面临资金相应短缺的严重问题。于是这些国家通过市场机制调动社会力量，利用民间资金来发展高速公路，摆脱了国家预算的约束，从而大大加速了高速公路的发展。

（2）市场机制作用　在市场经济体制下，市场机制是配置资源的基本形式，处于基础和主导地位。普通公路由于主要体现公益性的特点，属于公共产品，难以通过市场来提供，应将它纳入各级财政的职能范围。而高速公路由于具有比较高的级差效益，属于准公共产品或准私人产品。因此，市场机制能够在相当大程度上对其进行有效配置，从而实行企业化经营，采用收费制度。此外，由于收费道路的产权清晰，约束硬化，使得建设单位具有较强的责任感，非常关心工程的进展，并尽量改善管理和服务，这也是收费道路吸引交通流量，发挥道路功能，提高道路利用率以及最大限度地取得经济效益的重要原因。

（3）自身安全　收费道路一般养护及时，管理严格，服务周到，并且有较齐备的安全设施和较完善的信息通信设备。因此，它不仅能够有效地提高运行速度，而且还能保证有较高的行驶安全性与较低的交通事故率。

（4）公平合理性　收费道路是以使用者支付通行费的形式负担其建设费用的。因此，对道路使用者和非使用者来说都是公平合理的。

（5）交通需求控制　收费公路可调整城市附近的繁忙交通。一些地区在高峰时段，以提高通行费的手段控制或减少交通流量，这一措施现已得到普遍认可，并收到良好效果。同时，电子收费和交通管理技术的完善也使得收费公路交通管理水平的提高成为现实。

总之，收费道路已经或正在显示出其生命力。随着收费道路上车流量的增大及其利用率的提高，今后各国将致力于改进收费办法和进出口设施的设置，以节省缴费时间，方便进出，使收费道路获得更大的发展。

2. 收费道路的缺点

高速公路采用收费制度，也存在诸多缺点，主要包括：

（1）经济成本增加，社会效益下降。车辆通行费征收的最主要缺点是使得道路的经济成本增加，效益降低，这也是对收费道路批评最多之处。首先，收费制度会使得收费设施的建设成本、营运成本以及道路使用者因加速、减速、停车所引起的油耗增加等额外行驶费用和缴费时所产生的时间延误费用等直接成本增加。据统计，在现有技术水平下，收费会使投资成本增加 10%以上，而管理费用亦将占通行费收入的 12%左右。其次，征收通行费还会产生各种间接经济成本，如潜在交通量受到压抑所引起的社会效益的损失。由于交通量向路面及设施均较差的不收费公路转移所造成的额外行车成本及行驶时间，从而降低高速公路投资对经济带动的刺激作用。

（2）收费将使承担不起通行费的使用者无法使用，形成分配上的不公平。

（3）道路使用者除了缴纳通行费外，还得同样缴纳其他的各项税费，如养路费或燃油税，这对于经常使用收费道路的用户不太公平。

（4）收费道路的管理部门更多偏向实际收入及支出分析，倾向采取私人企业的经营方式，而忽视社会潜在利益的存在。在投资政策上会产生两种错误导向：一是投资偏于保守；二是倾向在经济比较发达、交通量大的地区投资，而不愿意投资新开发地区或待开发的落后地区。尽管收费道路存在诸多缺点，各国对发展收费道路的倾向性程度也不同，但由于收费制度的显著优点，越来越多的国家主张发展收费道路，或逐步放宽对收费道路的限制。

第二节　与收费有关的因素及收费原则

一、与收费有关的因素

1. 车辆的分类

车辆分类的主要目的就是要保证车类间收费的公平性，以体现出费用责任的公平和所得效益的公平。费用责任意义上的公平概念要求道路使用者的通行费负担应该与道路使用者在使用收费道路的过程中所发生的费用成比例，发生的费用越大其承担的费用责任也应该大。所得效益意义上的公平概念是指道路使用者的通行费应该与收费道路使用者所获得的效益成比例，即所获效益越大，其通行费负担也应该越大。

车型分类标准主要是依据不同车辆行驶对收费道路路面的破坏程度、对道路建设投资的影响、对收费公路通行能力的影响程度以及车辆行驶收费道路所能获得的效益情况。车辆的轴载质量、车辆总质量、轴距、轮胎都是影响道路路面寿命的主要因素。因此，国内外所有收费公路都毫无例外地对车辆加以分类，但不同的国家、不同的地区、不同的道路，应根据当地的车辆结构、交通量水平、收费目的、分类手段等实际情况对车辆进行分类。

一般车型分类的原则是：公平合理性和简单明确性。

（1）公平合理性　车辆分类的主要目标，就是要保证通行费计收的相对合理。理论上讲，计收的通行费不仅应反映出不同的车辆对道路的使用和破坏，也要考虑收费路的车型构成比例、车辆分类的检测手段、车辆对道路的占有及车辆的运营效益。

车辆对道路的破坏主要取决于车辆的最大轴重。由于道路的破坏值与轴重有 4.55 次方的关系，因此轴重可以说是车辆分类的重要因素。在按轴重进行车辆分类时，还应同时考虑本地区载重车辆吨值的构成比例和保有量，以便更合理地对车辆分类进行界定。

车辆对道路的占用，按照交通部公路科学研究所对道路通行能力的研究，所有中型车辆的占用折算系数为 1.0，小型客车的折算系数为 0.70。虽然中型车辆的载重一般是 2.5～7t 不等，但其对道路的占用情况却大体相同，不宜细分。而小型车辆则以小客车、小货车及摩托车组成。

车辆的运营效益主要取决于载重吨位、零部件的磨损及耗油等方面。因此，在对车辆分类时，还应当充分考虑运营效益。

（2）简单明确性　在尽可能按公平合理的原则进行车辆分类的同时，还要考虑到车型判别的简明性，以保证运营高效、可靠，并降低运营成本。特别要考虑到人工判断识别车辆类型时的直观与便捷。

2. 收费费率

费率制定的正确与否，将直接影响收入。国外对费率的研究很早就开始了，经验与成果都很多。由于国情不同，车辆的分类也不尽相同，因此不宜完全套用。一般说来，费率与收入的关系是收入先随费率的增加而增加，但增加到一定程度后，开始降低。因此，确定最佳费率对收入的多少起着至关重要的作用。

在制定费率时必须考虑车辆对道路的破坏程度，同时也要考虑运输所获的效益，并具有一定的科学依据。

在我国公路中，一般来说货车占的比例较大，目前我国车辆保有量中，中型货车所占比例约在 60%以上。由此可见，确定中型车的费率将起着决定性的作用。在确定费率时，还要同时兼顾小型车、大型车和特大型车之间的利益关系，做到彼此间收费的相对合理，以最大限度地吸引各型车辆使用高速公路。从理论上讲，大型车、特别是特大型车对道路的破坏程度较一般中、小型车严重得多，理应有较高的费率。但如果按照有关理论测算得出的费率关系，那么一辆集装箱车的通行费将会是小客车的16.67倍，显然在实际中无法采用。因此，在确定费率时，要综合考虑。既要考虑车辆的占有率，对道路的破坏程度，又要考虑物价上涨、还款能力等因素，还要鼓励大型车辆的通行，所以，费率的确定是一个复杂的计算调整过程。目前我国公路收费率确定的方法主要有：

（1）成本反算法　该方法是根据投资中的贷款份额、贷款利率、贷款偿还年限以及公路养护管理成本、大中修成本等计算收费额，然后根据不同年份和不同车型的交通量预测值，考虑其收费标准、费率调整次数及相对幅度，从而反算出收费标准。这种方法主要用于收费公路的初期。一旦收费标准设置较高，车辆驾驶员或车辆拥有者就会选择老路线或其他平行路段行驶，从而造成交通量下降，收费额也随之降低。如果由于某种原因如贷款比例或贷款利率较低，回收投资额较小，又会产生收费标准过低的问题。这一方面说明投资结构不合理，另一方面还会产生交通量过大，造成服务水平降低等问题。因此它不适合交通量分配存在竞争的交通方式，其收费标准的制定具有硬性摊派的性质。

（2）类比法　该方法主要是参照已建成收费道路的收费标准，按地区经济发展水平、交通量大小、投资结构等进行类比分析，然后按类型相近道路的收费标准加以调整后确定。这种方法相对反算法而言，其收费标准具有较强的适用性。其收费标准在同类道路中经受了人们的交通行为、经济及市场活动等复杂系统的检验。但这种方法受人们主观意识的影响较大，而且也不一定适用于新的道路交通环境。同反算法相同，它也主要是从经营管理者方面考虑，只适用于交通量分配不能形成竞争或竞争很小的交通设施，如桥梁、隧道以及无并行线路的收费公路，其收费标准具有垄断性质。目前这种方法用得较多，在道路收费标准变动时，也常用这种方法。只不过对比分析的是道路本身不同收费标准的影响，是对经营管理经验的总结。如果能较好掌握收费标准对交通量的影响以及用路者的承受能力，采用该法可以进行收费标准的调整，但往往是很难做到的。

（3）消费水平测算法　该方法主要是按收费的负担度，即人们的收入水平对收费的承受能力进行测算确定的。这主要是从道路使用者方面考虑的，把使用收费公路看成一种消费活动，那么收费标准的确定属于市场价格的范畴。对于管理者来说，首先要了解车辆用户愿意支付怎样水平的通行费来使用高标准的公路设施。但由于国有车辆在我国交通组成中占主导地位，其负担度是难以确定的，所以在实际应用上有很大困难。另外这种方法没能与回收投资联系起来，其价格标准往往不能保证投资按期回收。

3. 收费标准

影响收费标准的因素很多，可分为两个方面：一方面是内部因素，这包括收费道路类型，建设投资的规模和结构，如贷款规模、贷款利息、贷款偿还期限，以及收费道路的里程、道路的使用性能、公路的养护管理成本等。另一方面是外部因素，这主要包括地区经济水平与交通量大小，地区内路网的密度，并行道路的使用性能以及车辆组成及其经济性能。对于道路使用者来说，是否选择收费道路，主要取决于不同路线及运输方式综合成本节约的状况。成本节约包括3部分，车辆运营成本（油耗、轮胎、维修等等）、时间成本及事故成本（交通事故、货损等）。除此之外，使用者的客观经济条件及消费心理对收费也有很大影响，具体表现在该公路影响区的经济状况与人民生活水平，也就是说车辆使用者（包括驾驶员）愿意支付怎样水平的通行费来使用高标准的公路设施。这种表现有丰富的内涵，如企事业单位或车主对车辆运行成本的认识和关切程度；运行速度和运行舒适性对车辆使用者的影响。虽然影响收费标准的因素繁多而且复杂，但起决定性作用的因素还是车辆拥有者通行费的真实承受水平。收费标准的确定，目前在国内外有各种不同的测算方法。但一般应考虑以下主要因素：

（1）收费目的　由于投资结构与管理目标不同，收费管理部门的收费目的也有较大差异。就投资结构来讲，收费的目的有两类：一是偿还贷款的本息；二是收费经营。这两类目的实际上是在出让道路暂时使用权而收取经济补偿。前者在制定收费标准时，应以本息额、还贷期、交通需求、经济发展水平、未来发生的成本费等因素来确定费率；后者必须根据交通量需求、期望回报率、经济发展水平等因素来研究。

此外，道路收费的目的还包括为减少道路拥挤而保证通行能力进行的收费。这一目的是通过控制交通需求，从而提高整体社会经济效益，减少延误。因而费率的确定应从降低运营成本，提高经济效益和缓解交通拥挤出发，对不拥挤的道路和时段则不收费。

总之，为不同的收费目的制定收费标准时，应考虑不同的控制目标。对偿还贷款和控制交通需求以减少道路拥挤为目的的收费，均应以社会效益最大为目标函数；对收费经营目的的收费则以财务目标，即获得合理的盈利为目标函数进行费率的制定。

（2）投资规模和结构　公路投资规模的大小取决于公路等级及里程。作为国家的基础设施，政府部门对公路建设按等级进行财政补贴，而大部分资金需要通过借贷方式取得。目前偿还贷款还仅仅依赖于征收通行费，正确的贷款额度与比例，应根据公路的还贷能力来确定。也就是说应根据使用者所能承受的收费标准、预估收费水平，继而确定投资结构，选择贷款利率与年限。

（3）交通量的影响　当高速公路投入运营后，交通量的大小直接体现着收费效益状况。收费公路交通量一般由 3 部分组成，分别为诱增交通量、并行路转移交通量及其他运输方式的转移交通量。可以说当从起点到终点运输方式及路线不单一时，收费标准控制着交通量的大小。也就是说在总交通量一定的情况下，随着收费率的提高，选择收费道路的交通量会减少；当收费率超过一定程度时，交通量会大大降低，收费总额随之减少。相反，若收费费率过低，交通量将大大提高，而收费总额也会随之下降。因此确定道路收费费率标准与交通量的关系具有非常重要的意义。其基本问题有 2 个：一是在保证一定有效交通量水平下，确定相应的收费标准；二是可确定最佳收费标准，使收费效益最大。这是高速公路社会效益与经营管理效益两个方面相互矛盾的体现。要充分发挥高速公路的社会效益，要求尽可能多的车辆使用高速公路，这就要求经营者降低收费率，一方面收费率降低到一定程度时，即使交通量较大但其总收益会降低，另一方面过大的交通量，管理者的养护维修投入也随之增大。为此正确了解收费标准与交通量的关系是收费体制下充分发挥高速公路社会效益的前提。

在交通量组成中，收费标准影响的主要部分是转移交通量。转移交通量分为运输方式转移与路线转移两部分。运输方式与路线的转移主要受使用成本及行驶时间、舒适性、安全性等交通条件的影响，除公路运输外，运输方式还包括铁路、水运、航空及管道等方式。而运输路线这里一般指的是与高等级收费公路并行的低等级公路或其他绕行线。对收费道路来讲，在行驶时间、舒适性、安全性等交通条件不变的情况下，各方式及各线向收费道路转移的交通量决定于使用成本，也就是收费标准。

受我国经济体制的影响，收费公路交通量中，不同类型及使用性质的车辆对收费标准的敏感程度不同。这种性质称为收费弹性，即收费标准变动引起交通量的变化程度。它是收费标准与交通量之间关系的体现。正确评价不同类型车辆的收费弹性，有效控制其收费标准，对调整交通量中各车型结构有非常重要的意义。

（4）公路养护管理成本　公路收费不仅要偿还初期建设的借贷资金，而且还要支付公路本身的养护管理费用。公路的养护管理费用指的是从事收费及养护工作的人员工资、设备、办公费以及公路养护工程的投入，这包括路面、路肩、路基、结构物、排水和绿化等养护工作。影响路面使用性能的养护工作，主要指的是对路面裂缝填封、修补以及大中修等。这部分费用取决于路面使用性能所要维持的水平。众所周知，在车辆荷载及自然环境因素的综合作用下，路面的使用性能会逐渐衰减，恢复其使用性能需要资金的再投入，这部分资金需从收费效益中补偿并随使用性能变化而变化。

路面养护费用，决定于养护水平，也即养护工作的类型和范围。而养护水平同路面使用性能密切相关。养护水平高，则路面使用性能可维持在较高的水平，行驶质量或服务能力下降速率慢。养护水平低或者养护工作不及时，则路面损坏迅速，而后所需的养护或改建费用反而增多。对于高等级收费公路，其养护水平一般是较高的，在所有支出中其占有的比重较大，并且随交通荷载的增加其费用也增加。

在收费还贷期限内，如果交通荷载过大或养护投入不足，会使路面过早进入大中修阶段。倘若建设投资中的结构不当，还贷负担较重的话，将使公路收费管理工作处于恶性循环之中。因此在还贷期限内如何合理控制交通量，保证养护工作进行得及时、合理，对收费经营管理工作的良性循环有积极意义，也只有各方面相互协调，才能保证最佳的收费效益。

（5）道路使用者成本　道路使用者成本，也称用户费用成本，指的是道路使用者在使用过程中所支付的资源消耗、行程时间及事故损失费用。收费道路上的用户成本还包括通行费。这项成本的大小直接影响着交通量的转移。当收费道路的成本高于其他运输方式或运输路线的成本一定程度时，交通量就会转移，反之亦然。这一成本界限受到行驶舒适性以及交通环境的影响。

道路使用者成本一般分为车辆营运成本、行程时间成本及事故费用成本3部分。

1）车辆运营成本　指车辆在道路上行驶过程中各项资源消耗所支出的费用。

2）行程时间成本　车辆及运输的载体在路上行驶所需时间与其时间价值的乘积。

3）事故成本　事故成本分为两个方面：一是交通事故的车辆及人员伤亡损失；二是货物损坏造成的货物赔偿。

交通量的大小取决于客货运输量。一般来说运输量在各运输方式中的分配由运输成本决定。当通行费转嫁为运输成本后，对收费道路影响区内的运输体系会产生某种程度的影响。这是市场经济的价值规律的体现。车辆用户在路线选择上也是如此，一般都会选择使用成本低的路线。目前我国的车型组成及使用性质较为复杂，而且不同用户对使用成本的认识也不同，关切程度也不一样。主要表现在国有及事业单位用户与私有用户之间的区别，收费价格的变动对私有及个体用户影响较大，也就是说这部分交通量的收费弹性显著。随着市场经济的进一步发展，个体及私有车辆不断增加，人们对运营成本的认识也将不断深入。

二、收费的一般原则

高速公路建成后，收费价格过高或偏低都可能导致投资难以按期回收。这不仅使高速公路收费的财务目标不能实现，还会导致高速公路建设的经济效益和社会效益不能充分发挥，资源利用效率低下。因为实行高速公路收费的目的之一是扩大公路建设的筹资途径，必须以损失一定的资源效率为代价。制定收费标准的原则有两个：一是尽可能使由于公路收费所引起的经济效益下降最小；二是保证公路收费实现财务目标。在不能实现财务目标时，应调整建设资金的结构。

从经济学理论上讲，要达到资源最有效利用，必须使所有投入要素和产品的价格等于它们的边际成本。对道路使用者收费，应引入社会成本的概念。所谓社会成本，就是道路使用者在使用道路时加给社会成员（主要是与公路系统有关的成员）的全部成本。简单说就是使用者自己消耗的私人成本加上他给别人造成损失的外部成本之和。收费道路费率应按社会边际成本制定，这样才可实现道路的最有效利用。当收费的高速公路有另一条并行道路可供选择时，收费的价格弹性就会非常充足，即使较低的收费增加也会使大量交通量向不收费的并行公路转移，有可能造成经济效益减少，达不到预期收回投资的目的。

当收费的高速公路没有并行的不收费公路可供使用者选择时，此时的价格弹性缺乏。从财务角度分析，由于交通量转移对费率不敏感，有可能在若干年内实现收回投资的目的。但是，将会有一部分因收费而取消出行的车辆。

当收费公路上交通量未达到其通行能力之前，尤其是收费公路建成初期，从发展总体经济的角度看，应尽量降低收费标准，吸引交通量并刺激交通量的生成和发展，即使是损失一部分收费效益，也应使资源效益得以充分发挥。

当公路上交通流饱和时，新增车辆会对其他车辆产生影响。由于饱和后的拥挤使车辆行驶速度下降，再加上频繁减速、加速、停止、起步……使车辆行驶消耗成本增加。车流饱和后拥挤也会造成时间延误，它既包括自身延误，还有对其他车辆的延误。随着拥挤的加剧，社会边际成本将会迅速增加。按照社会边际成本定价原则，拥挤路段应当收费，费率应等于社会边际成本。实际上，交通量饱和路段不收费，等于鼓励更多的车辆加入拥挤，拥挤程度会更加恶化，经济损失也就越大。而对车流量饱和路段收费，将对车流量增加起到抑制作用，使交通量减少，从而提高道路通行能力。另一方面，收费还起到了筛选作用，使那些认为通过收费路段价值较大，值得为之交费的车辆通过；而将那部分通过价值低于其交纳费用的车辆筛选掉，使路段发挥更大的效益。

第三节 高速公路收费的方式及种类

一、收费的制式及比较

1. 收费的制式

高速公路的收费系统通常采用四种制式：均一式、开放式、封闭式和混合式。

（1）均一式系统 收费站建在高速公路所有入口匝道上，车辆只需经过一个收费站交费，然后驶入高速公路。收费标准仅因车种不同而异，与行驶里程无关，并且各个入口收费站都采取同一收费标准。这种收费制式适合于都市高速公路，其特点是距离短，道路出入口（互通式立交）多而密，交通流量大。采用均一式系统，车辆仅需一次停车交费，手续简便，效率很高，对交通影响较小。

（2）开放式系统 开放式系统亦称为栅栏式收费系统。收费站建在主线上，长距离的高速公路可以建多个收费站，间隔一般应在50km以上。各个出入口不受控制，车辆自由进出，高速公路对外界环境呈“开放”状态。

每个站的收费标准与均一式系统的一样，也是固定的，仅因车种不同而变化。但各收费站的标准则因相互距离不等而有所区别，车辆通过收费站时停车交费，长途车辆可能经过多个收费站而多次交费，这样也大致体现了依据行车距离决定收费的原则。这种制式适用于较短距离或互通式立交较少的道路，或者收费的桥梁和隧道。

（3）封闭式系统 收费站建在各互通立交出入匝道上，或一个收费站控制整个立交的所有匝道（即增加立交的引道），高速公路起终点收费站也可以建在主线上。车辆进入高速公路都要受到控制，但在高速公路内部则可以自由行驶，高速公路对外界呈“封闭”状态。

车辆行驶在高速公路上时全程停车 2 次，交费 1 次，领通行券 1 次。显然，同一辆车出入不同的收费站时交纳的费额不同。

封闭式系统收费的依据是通行券。为了提高通行券数据处理的效率和准确性，目前我国新建设的高速公路多采用磁卡或IC卡通行券收费。车辆进入高速公路时，将所有信息记录在通行券的磁带上，其记录的信息量大，且不易伪造和删改。出口车道设置读卡机可以自动读出记录的信息并传送到收费站的计算机中。

封闭式收费系统通常都是按入口发卡、出口收费的 A 制式和入口收费、出口验票的B制式来组织收费管理。

A 制式，有系统处理速度快，工作效率高，便于核对收费金额和准确及时地统计数据等显著优点，具有较高的实用价值，且对于客户心理上也较易接受。但在系统的防作弊问题上，需要配置更多的设备，比较适合于半自动式收费系统。

B 制式的优越性在于，出口处通过人工校验通行票，基本上可防止作弊，比较适合于人工式收费系统。但是随着交通流量的不断增大，收费口服务水平往往不能满足使用要求。除出现排队问题外，还会因交通网络的逐步完善和规模增大，限制了客户行车路线的自由变更，缺乏机动性。

两种方案中作弊现象和可采用的对策。

A 制式中常见作弊现象和对策

现象：

1）强行闯口或行贿收费员。

2）伪造通行券。

3）驾驶员在中途交换通行卡使计价里程缩短。

4）到目的地后，赖账不交钱。

对策：

1）在出口处采用一些防闯口设施。

2）在出口处核对时间，对可疑者进行查问。

3）在通行券上记录有关车牌号信息，出口校验。

4）在出口收费车道处设置摄像机，对闯口车辆摄像。

5）将上下行的服务区、停车场分开设置，避免交换通行券。

6）在服务区、停车场设置检查站，进行抽样或普遍检查通行卡。

7）对违章者从严处罚。

B 制式中常见作弊现象和对策

现象：

1）驾驶员买短途票，在出口处强行闯口或行贿收费员。

2）收费员对回笼票进行处理，重新使用。

3）两个收费口当班人员通过电话串通，入口时不买票，出口时收贿。

4）收费员用回笼票对过往车辆罚款。

对策：

1）加强出口验票的要求，采用一些防闯口设备。

2）加强回笼票的管理，堵死回笼票的出现。

3）使两收费口的电话只能与控制室联系，不能彼此互相联系。

4）在入口收费车道处设置摄像机，监视收费全过程，对闯口车辆摄像。

5）对违章者从严处罚。

对内部车辆和长期客户的收费问题一般按以下几种方式解决：

1）设各种专用卡　该卡可分通用和部分收费口专用，根据不同的工作需要发放，各种卡用不同颜色加以区别。

2）一次性使用票证　有的收费路管理部门专门设计了一种票证，每次一张，本人签名后交给收费员作为凭证保存。

3）签字本　在各收费口设签名册，凡属内部免费车辆通过时驾驶员在签名册上签名后通过。

4）签署合同　与长期过往收费路的客户签署合同，采用规定的通行卡，计算机记录其通过次数，每月统一结账。收费管理部门为吸引大型运输公司使用收费路还可采取有条件的优惠政策，如月缴纳通行费在一定数额以上时，可对费率打5%～20%的折扣等。

（4）混合式系统　大多数国家的高速公路都是分阶段修建、逐渐成网的。最初修建的路段往往较短，所以有时先在主线上建一个收费站，成为开放式系统。以后随着线路的延长，从整体考虑不宜采用开放式，但原有的收费系统已经运转多年，制式很难改变，于是便发展成开放式和封闭式并存的混合形式。

2. 各类收费制式比较

各类收费制式比较可以通过表3-1、表3-2略见一斑。

近年来，随着我国高速公路建设的迅猛发展和高速交通网络的逐步形成，在跨省高速公路和省内各地区高速公路间，由于投资主体的不同和利益差异，在收费方案选择与协调，通行费分配与监督等方面，都存在诸多需要研究与解决的问题。但无论各地采用何种收费制式，就我国高速公路总体网络而言，最终形成混合式收费系统应当是最为合理的选择。各类方式的收费系统都有其突出的优缺点。3种制式的各项指标可对照以上两表，从中选择一种兼顾各家之长，摒弃各家之短的适合我国国情的收费系统。

表 3-1 四种收费制式比较表

项目 \ 制式	开放式	均一式	封闭式	混合式
收费效率	高	高	最低	较低
营运费用	最低	高	最高	较高
建造成本	最低	高	最高	低
管理困难度	最容易	难	最难	容易
立交增建困难度	最容易	难	最难	略难
使用者付费	不完全	完全	完全	可达完全
依行驶里程计费	不完全	最差	最佳	佳
对地区交通的影响	甚微	严重（上）、甚微（下）	严重	局部严重（上）、甚微（下）
对主线交通的影响	最严重	甚微（上）、严重（下）	甚微	严重
短程交通管侧	无效	最有效	有效	有效
缓解城市区短程交通	可以	较难	甚难	较难
收费车道数	少	较多	多	较少
安全性	差	好	较好	最差
延误大小	大（长途）	最小	小	最大
兼顾交通管理	无	较好	好	较差

表 3-2 三种收费制式各项指标对照表

序号	项目 \ 制式		开放式	封闭式	混合式
1	收费站数量		少	较多	多
2	收费车道数量		少	多	较少
3	人员编制		少	多	较少
4	能否使用往复车道		能	不能	能
5	对互通立交形式的影响		小	大	小
6	改为免费道路		容易	不易	容易
7	有无漏收情况		有	无	无
8	收费手续	停车次数/次	0～4	2	1～3
		交费次数/次	0～4	1	1～3
		平均处理时间/辆	约6s	入口6s，出口14s	约6s
		是否用通行券	否	是	否
		付款形式	现金或代用券	现金	现金或代用券
9	收费是否合理		不很合理	合理	较合理
10	交通转移率高低		低	高	较低
11	系统设备		简单	复杂	简单
12	兼顾交通管理情况		差	好	较好
13	获取交通信息情况		少	多	较多

二、收费的方式

收费方式总的来说可以归纳为三大类，即人工收费、半自动收费和全自动收费系统。

1. 人工收费系统

基本上不使用微机，是最简单的而且也是目前部分高速公路仍在使用的收费系统。其收费方式是在每个收费亭设置收费员，按规定的收费标准对通过的车辆进行收费。比较典型的收费操作程序分四步：

（1）识别车型　收费员目测车辆类型后，按下收费标准按钮，在显示牌上向车主显示收费金额。也可用仪器对车辆进行识别，然后显示收费金额。

（2）收取费用　收费员验看通行券，手工收取通行费。

（3）发放收据　发给车主由收款机打印或事先印好的收据。由收款机打印出来的收据上记载的信息较多，包括时间、地点、收费员编号、金额等，便于以后查询。

（4）放行车辆　收费员按下收费完毕或允许通行按钮，开起栏杆放行。

人工收费的最大优点是：简单易行，可节省大量的建设及管理经费。

突出的缺点是：少收、漏收、闯口等现象严重。同时要求收费人员的素质条件高，若管理不善，容易出现违纪现象。

2. 半自动收费系统

也称计算机辅助收费系统，由人工和计算机相互配合，共同完成收费工作。根据我国国情，采用人工识别车型或仪器识别，人工收取通行费，利用计算机及自动控制技术自动读写信息、计算收费金额、打印数据、累计和汇总。这种方法既避免了设备过于复杂问题，又为防止作弊行为起了很好的抑制作用。其基本原则包括如下几个方面：

（1）采用计算机自动识读统计，不加入任何人工干预。

（2）完全在自然连续车流的情况下自动检测车辆通过情况。

（3）有较完善的系统维护功能和不中断电源。

3. 全自动收费系统

（1）硬币式自动收费系统　在收费站的通道上安装硬币收费机，车辆经过时，车主把规定数额的硬币投入收费机硬币装置内。收费机收到硬币后，会自动鉴别硬币的真伪和数量。确认所投硬币正确无误时发出指令，开起收费站的栏杆或亮出可以通行的绿色信号灯，允许车辆通行。近十余年，这种随着收费机广泛应用，其性能不断改善。如用电磁法代替机械法对硬币进行检验；还有的收费机可以接受信用卡和纸币。目前在我国推行此种收费系统尚有困难，① 设备来源困难，主要依靠进口；② 对设备维修人员要求很高；③ 国内流行货币以纸币为主，还需生产大量专供收费使用的有价硬币；④ 需要较高的国民素质。

（2）全自动车辆辨认收费系统　是多种先进的计算机、通讯和激光技术的合成，近几年才投入使用。采用全自动车辆辨认收费系统，需要预先在车辆规定的位置贴上与该车相对应的识别条码。车辆经过收费站时，激光判读装置自动读取识别条码并传递给计算机，计算机按接受的条码来读取预先储存的该车车型、车主姓名和所有计费信息，系统按相应的规定收费标准计取费用，此外还可以进行更为复杂的车辆管理工作。收费设备对车辆进行识别辨认后，把判读结果转换为可处理的数字信号，为收费及其他信息提供了良好条件。

第四节　高速公路收费票务管理与稽查管理

一、高速公路收费票务管理

票务管理是高速公路收费管理中的一项细致、繁杂工作，一般依据不同的收费方式和收费制式，在管理的具体内容上有着明显的差异。现以封闭式收费系统的人工收费方式的票务管理模式加以说明：

1．票证台账

各收费站票务部门应设立以下台账：高速公路通行票据台账；通行卡回收、通行费收入台账；售出票据统计表；通行卡收发统计表；通行卡发出统计表；现金账；通行费收入统计表。以上台账作为跟踪收费工作中有价证券、通行卡、现金的全过程手段，各收费站票务部门每月应分段定时向上级收费部门报送收费报表，上级收费部门可根据管辖范围依次汇总上报。以实现相互制约、相互监督、机制正常运转的目的。

2．票据（证）的请领

（1）各收费站票务部门在向上级收费部门请领各种有价票证及车辆通行卡时，必须签写一式二联的收据，各执一联作为各自记账凭证入账。

（2）票务部门负责验收所请领的票证数量、质量，发现数量有误或印刷错误要及时上报上级收费部门纠正，错票如数上交，不得自行销毁。否则视为丢票。

3．票据（证）的使用

（1）收费时发现通行卡与车型不符时，除按实际车型收费并做好记录外，应填写“错卡、闯口统计表”。

（2）票据（证）应逐本逐号使用。填写时要字迹清楚，内容齐全，计算准确，不得涂改。如发生填写差错，必须经站收费部门负责人查验后，全份加盖作废章，随同存根联妥善保存。

4. 票据（证）的保管与核销

票据（证）的核销是整个票据（证）管理的关键。

（1）收费站票务部门负责对所使用的各种票证的保管，做到安全防火、防盗、防潮、防鼠咬，做到储存定位、有序，标志醒目。

（2）各种票证存根每 500 张（10 本）为一组，由票务人员负责记入“回收票根台账”。

（3）收费站票务部门负责确定收费人员周转金数额，并报上级收费部门备案。

（4）回收的通行卡及其存根封存时间一般为 3 个月，有价证券存根封存时间为 12 个月。对其销毁时，应由下级收费部门以书面形式报告上级收费部门，经批准后在指定时间、地点、监察销毁（通行卡及存根销毁时间为下一季度末，有价证券存根销毁时间为转年的 4 月中旬）。

（5）有关现金记账凭证、数据存根按财务规定，每月装订成册，封存待查期 15 年后方可注销。

5. 票款结算

（1）收费员下岗后，直接到票务部门将所收通行费与收据存根核对无误，并根据回收通行卡数填写“高速公路日通行卡、通行费收入统计表”，再根据收据存根填写“售出票据统计表”，连同现金（包括回收通行卡）一并上交票务部门核收、点清现金，由其开出一式三联现金收据，双方签字。其中一联交收费员作为交付现金的凭证，一联为存根，另一联为收费记账原始凭证。

（2）收费人员对未售出票证按规定妥善保管，不得擅自委托他人保管。

（3）为确保有价证券与现金核实无误，收费管理人员、收费员对所保管、使用的有价证券。如若丢失，要依价赔偿。收费员若发生现金短缺或误收伪钞须由本人赔偿。对多收款应主动上交、查明情况，尽可能退还多交款者。

（4）票款结算应统一在票款结算室内进行。结算包括：结清票款、通行票据号以及各类通行卡数。

随着收费管理工作的进一步与国际接轨，目前我国已有部分高速公路采用“钱袋”式收费结算方式。也就是说收费人员不再进行现场结算，而是将收到的钱款在下岗时放入“钱袋”按规定封装，直接由银行收款人员取走，并在有一定监督措施的条件下打开“钱袋”，按收费人员填写的有关记录或计算机提供的跟踪数据进行结算，同时验证收费员的工作，发现差错由收费员本人承担。

6. 处罚

（1）对于文明服务方面，各单位应制定考核指标，将服务水准与奖金挂钩，对于严重违纪人员要进行行政处理。

（2）收费员由于失误出现长款时，应将长款额交于本站票务部门，由票务部门开收据；短款时，应在班长监督下将差额补齐。站长、班长要做好记录备查。长、短款次数较多者，下岗培训，经考试合格后上岗。

（3）收费人员贪污票款应给予严肃处理。正式职工除按其贪污金额给予加倍罚款外，还应按其贪污金额给予行政处分、离岗检查或除名。

临时工、合同工贪污票款除按其贪污金额加倍罚款外，应一律除名。本人如不交罚款，由其担保人负责。正式工、临时工、合同工贪污票款情节严重违法者送交司法机关处理。

二、高速公路收费稽查

为保证各收费管理单位或个人严格按照收费标准依法收费，杜绝违纪现象出现，在高速公路收费管理中建立了稽查制度，以加强对收费工作的管理。

1. 稽查的职能作用

稽查工作是高速公路管理部门为保证国家收费政策和法规得以认真贯彻执行而采用的一种内部监督活动，具有十分重要的作用。

（1）通过稽查的威慑作用，使被稽查人员产生一种心理牵制，强化收费管理工作。通过稽查和正面宣传教育，提高收费人员及过往驾驶员遵纪守法、照章收、交费的自觉性，从而保证收费任务的完成。

（2）有利于收费队伍的廉政建设，通过内部稽查，防止违法乱纪行为的发生，不断促进收费队伍素质的提高。

（3）保证和促进收费管理工作各项制度的落实和管理水平的提高。通过对收费管理部门的稽查，促使其按照收费管理有关规定和财经纪律，做好收费票卡发放、票据结算、票款解缴、账表等基础工作，达到以查、促、收的目的。

2. 稽查组织和人员纪律要求

（1）组织形式　稽查队伍的建立，可根据收费机构的组织情况，分级建立稽查网络，采取上下结合、专兼结合。局（处）应成立稽查主管机构，负责管理稽查的日常工作。其下属各级机构均应建立相应的专兼职稽查组织。收费站及各收费班组应以自查为主，发现问题，及时整改。

（2）人员要求　稽查人员应具备一定的基本业务素质，熟悉掌握各种车型的识别和收费标准，经过专业培训后方可上岗执行公务。稽查人员还应具有一定的政策水平，要了解和掌握有关收费工作的政策规定，严格执法；具有一定的书写能力和口才，善于做好说服教育工作；具有较好的身体素质，适应高速公路全天候的稽查工作；具有独立处理和解决问题的能力，判断准确，处理得当；具有较高的政治素质，不怕苦，不怕累，不怕打击报复和冷嘲热讽，敢于同违法乱纪行为做斗争。

（3）纪律要求　高速公路稽查工作是高速公路管理部门的对外窗口之一，其一言一行直接影响高速公路收费管理部门的声誉和形象，因此要求稽查人员在执行公务时：应自觉执行国家各项法规、政策规定；严格按照高速公路有关规章制度办事，不得超越稽查工作职权范围；不得乱扣车，乱罚款；着装整齐，佩带稽查标志，执法证件齐全；做到文明稽查，讲究职业道德，正确使用稽查语言，举止端庄，动作规范，处理问题实事求是，以理服人，自觉维护高速公路收费、稽查人员形象；不断提高自身业务知识，提高稽查工作质量。

3. 稽查设备和方法

（1）稽查设备

1）高速公路稽查专用车辆。车身一般印有“高速公路稽查”标志字样。

2）无线电通信设备（车台或手台）及防范用警械。

3）稽查用反光背心、拦截车辆用停车牌（灯）及印有“高速公路稽查”字样袖标。

4）稽查收费用各种票据、稽查登记簿等。

（2）稽查方法

高速公路稽查有内部稽查与外部稽查两类。

高速公路内部稽查的对象主要以收费人员及票务管理人员为主，稽查方式大致包括：

1）定期稽查与不定期稽查相结合。各收费站、班组应建立定期稽查制度，上级收费管理部门则一般采取不定期抽查，以便及时发现问题。

2）稽查与自查相结合。各收费班长应在班内开展经常性的自查互查，不断提高收费人员政治、业务素质，上级收费管理部门应在此基础上组织稽查，推动收费管理工作。

3）专业稽查与兼职稽查相结合。除上级主管部门进行专门业务稽查外，应组织其他业务管理干部学会并参与稽查，协助收费工作的开展。

为了核验票据，查验闯口车辆，稽查人员在必要时还可以在政策允许的范围内对外进行稽查。对外稽查一般以上路稽查为主，其基本要求是：

1）上路稽查应事先确定稽查时间、地点、任务和要求，并做好人员安排。

每组一般为 3～4 人（单人不得上路稽查），确定一名组长，负责全面稽查工作和处理稽查中的问题。人员分工要明确，一名拦车员，一名检查员，一名记录员。上路前要检查车辆及所带稽查用具是否完好齐全。

2）上路稽查人员按规定着制服，夜间着反光标志背心，左臂佩带“高速公路稽查”袖标，胸前佩戴“高速公路稽查”胸卡，并随身携带执法证件。

3）稽查地点一般应设在高速公路出口外 50～100m 处或出口匝道与省道、国道交叉口处，应选择具有较好停车检查地段，以不影响高速公路出口行车和公路车辆通行为宜。

4）拦车时，要持立正姿势，面对来车，以距受检车辆 50m 以外给驾驶员以手势，左臂向前伸出，五指并拢，手掌向前；右手持停车牌（灯），举过头顶，发出停车信号。当车辆速度减缓时，左手摆动示意靠边停车。不要临时紧急拦车，以防意外事故发生。

5）检查时应向驾驶员施“举手礼”，使用文明用语，提出检查要求，请驾驶员出示票据接受检查。尽量缩短车辆在公路上的停滞时间。

4. 稽查的内容

（1）内部稽查

1）检查收费亭内有无闲杂人员，收费票证、用具、通信设备、警械是否完好并按规定摆放。

2）收费人员着装是否整齐、文明服务是否符合要求。

3）收费员有无作弊问题。

4）收费人员下岗后票款结算情况，所留周转资金是否超出规定限额。

5）检查票务工作、票款、账目是否日清日结。票据领发、保管、使用、核销等手续是否齐全，有无丢失票证现象发生。票证填写是否齐全、准确，有无涂改。退票、退款是否按规定手续办理。

6）各种账目、报表是否准确，报出是否及时，记账是否符合规定，是否做到账证相符、账账相符、账款相符、账表相符，所收钱款是否及时送缴银行。

7）各项基础管理工作是否健全，安全保卫工作措施是否落实。

（2）对外稽查

1）核对其车型与行车里程，考核收费是否合理。

2）拦截闯口车辆。

3）检查车主交费收据是否齐全，无收据时要与收费人员查对。

随着我国高速公路收费系统设计的严密性和收费站秩序的逐渐好转，收费人员的违纪现象及闯口车辆也在不断减少，很多地方的收费稽查重点已开始向设备维护和文明服务等内容转移。还有些收费部门，将出入站口的交通疏导、安全保卫等与稽查工作结合起来，使稽查工作增添了很多新的内容。

第五节　高速公路收费人员管理

高速公路收费人员的管理归纳起来主要有两个方面：一是培训，二是考核。培训的目的是不断提高收费人员的基本业务素质；考核是对日常工作质量的综合评价，也是付酬的依据。这两方面的管理工作对于强化收费人员的敬业精神，改善收费工作的整体面貌极其重要。

一、收费人员的培训

1. 培训的目的

收费人员的培训应建立在一整套“岗位职务职能标准”的基础上，以是否达到岗位技能标准作为培训的目标。通过培训提高收费人员的基本素质水平，提高收费的整体服务水平，提高单位或企业的外部形象和经济收益水平。

2. 培训的对象

收费人员的培训应当以一线收费员为主体，同时，对与收费有关的其他岗位人员进行培训，其中应包括：站前疏导人员、监控室人员、收费管理员、收费票务人员、收费站站长等。

3. 培训的内容

培训内容通常分为基础性培训和专业性培训两个部分。

基础性培训包括：收费制度、岗位职责、法制教育、英语会话、安全防范、文明服务、高速公路基本知识以及军训等。

专业性培训包括：收费流程、车型判断、点钞、设备操作维护、表格填报、票款结算、票务管理等。

4. 培训的类别

由于收费管理是一种动态管理，常会出现人员更换、站间调动、设备更新、制度调整等情况，因此，收费人员的培训也应当是一种带有周期性的、不间断的工作。在培训类别上，大致可以分为：常规培训、定级培训、新职工岗前培训、新制度与技能推广培训、素质再教育培训等。

5. 培训的方式

收费人员的培训方式很多，按不同的类型划分，可以有内部、外部培训；集中、分散培训；当面讲授与岗上实习培训等。但无论采用何种方式，都要为培训的内容服务。进行培训时，要特别注意两点：一是培训要不拘形式，讲求实效；二是培训要着重培养收费人员的实践能力。

二、收费人员的考核

收费人员的考核与评价，目前还没有一套完全成熟的现成模式可供借鉴。但计算机辅助收费系统的广泛应用，为收费人员的跟踪、考核与评价创造了极为有利的条件。其中收费岗位量化考核法和多因素综合考核法两种方法从对收费人员管理的实际出发，在实践中发挥了较好的作用。

1. 收费岗位量化考核法

该方法的考核内容共分为两个部分：

第一部分为出勤、纪律、卫生、服务、业务、设备维护等 6 项内容，每项分值为 5 分，6 项内容满分为 30 分，占全部奖金的 30%。

第二部分为计算机统计的收费员个人月处理车辆数和通行费收入月累计数，每项分值各 35 分两项合计满分 70 分，占全部奖金的 70%。

上述指标的第一部分由管理人员根据收费员表现每日输入计算机，第二部分由计算机自动生成。然后通过确定两个比例，即分值比例和分配比例来核算个人当月奖金总数。分值比例为量化考核的两部分内容占奖金总数的百分比；分配比例是个人得分占全站总分的比例。

个人月奖金额＝月奖金基数×分值比例×人数×分配比例。

例如：某收费站有收费人员 25 名，本月份全站收费总额为 150 万元，处理车辆总数为 130 000 辆，本月奖金基数平均为 250 元/人。A 收费员本月工作情况为：出勤 4 分、纪律 5 分、卫生 4 分、服务 4 分、业务 4 分、设备维护 4 分，第一部分六项共得 25 分，占全站此部分总分 750（25×30）分的 3.33%。同时，A 收费员本月份个人收费额为 15 万元，占全站收费总额的 10%，其处理车辆总数为 7 300 辆，占全站处理车辆总数的 5.6%。

据公式：第一部分奖金应为 250 元/人×30%×25 元/人×3.33%＝62.44 元。第二部分奖金应为 250 元/人×35%×25 元/人×10%＋250 元/人×35%×25 元/人×5.6%=341.25 元。

故 A 收费员本月奖金应为 62.44 元+341.25 元= 403.69 元。

本考核方法在实施中还附设了一些其他规定，如“万次无差错”的单项考核奖励。对出现下述行为，酌情扣发部分或全部奖金，严重的下岗或除名。

（1）因自身原因与客户发生争吵。

（2）旷工一天或事假、病假 6 个班次。

（3）违纪违法，不按规定野蛮收费。

（4）经核实的、客户举报的乱收费行为。

“收费岗位量化考核法”还可以根据不同的对象，更换不同的考核内容，以适应收费班长、收费管理员、监控维护人员的管理考核。

2. 多因素综合考核法

该考核方法首先要进行“四定”，即

（1）定影响因素　影响每个收费员工作成绩的因素为10项：出勤、文明服务、劳动纪律、设备维护、环境卫生、工作程序、差错率、交通量、岗亭平衡权、政策性分配平衡权。前7项用来进行工作评定，考察每个人在各自岗位上管理工作业绩和表现，后3项区别每个人的劳动强度大小和不同的报酬政策。

（2）定因素分层和加权　在0到2之间分20层并赋予20个加权系数：0、0.1、0.2、0.3、0.4、0.5、0.6、0.7、0.75、0.8、0.85、0.9、0.95、1.0、1.1、1.15、1.2、1.3、1.5、2.0，系数为1.0时是工作标准要求，表现好的依次上浮加权到2.0，反之下浮到0。

（3）定各层次的工作水平条款　这7个因素，20个层次构成108个工作条款水平块。

（4）定奖金平均发放额度　在原来的奖金额基础上，向合理的方向浮动，使奖金总量体现向一线倾斜的政策。

在“四定”基础上由稽查人员、收费管理人员、监控中心人员、值班人员对每个人的工作表现实际记录，依照工作标准核定系数表中的每一栏条款水平块，对号入座，确定其每项应得的系数。

以月为考核周期，将每个人前7个因素所得系数连乘，用百分制表示。以区别每个人本年工作表现，按分数高低排出次序，比较出优劣。

因交通量大小本身是由车辆的自然流量决定的，不能完全反映出不同岗亭劳动复杂性及工作难易程度，不具有可比性。因此需要用一个系数来调节，叫做“岗亭平衡权”。假如某岗亭劳动复杂性为1，复杂劳动程序大的可分别定为1.2、1.4、2.0等，通过此系数的设定，以求真实地反映出各岗亭收费员的劳动付出情况。

把每人10个因素的所得加权系数连乘求积，再用百分制表示，作为每人本月度所得总分，它是进行奖金分配的根据。

用全部参加评定人员的奖金总额与全部参评人员的总得分之比，求得1.0分应得奖金作为分值。

用每人所得总分乘以分值，即为个人本月奖金所得。

对收费人员的上述两种考核评定方法，较大限度地排除了人为的因素，具有较好的客观性，对于充分调动收费人员的工作积极性和进取精神发挥了有效的作用。但在相关因素的收集、分值比例的确定、收费员车道调整等方面，还需要充实、调整和完善。

第六节 建立现代化的高速公路收费管理模式

收费管理的现代化在物质上主要体现在收费管理设施和收费管理系统两个方面。

一、收费管理设施及其功能

以我国目前普遍采用的计算机辅助（半自动）收费系统为例，其收费管理设施是由发卡机、收卡机、车辆检测器、活动栏杆、分捡机等组成。

（1）发卡机　当车辆驶入入口时，值班人员（发卡员）识别车型后按下相应车型的发卡机按键，发卡机自动吐出带有该车信息的通行卡（包括入口地点、入口时间、入口号、车型收费员代码等信息）、发卡机的微处理器完成对发卡机所有功能的控制和数据处理。当收费人员交接班时，按下数据发送键，微处理器将需要传送的数据，通过通信接口送到收费站的计算机中。

（2）收卡机　当车辆驶入出口时，驾驶员将通行磁卡交给收费人员，由收费人员将此卡投入收卡机中。收卡机的微处理器根据通行卡中的信息算出该车的通行费，并由显示器显示出来，同时启动打印机打印收据。当收费人员交接班时，按下数据发送键，微处理器将需要的数据通过通信接口送到收费站计算机中。

（3）车辆检测器　一般埋设在收费车道上和高速公路的行车道上，主要记录通行的车辆数及轴重，及时通过光（电）缆向收费中心传输。可为匝道控制提供可靠的交通流量信息。

（4）活动栏杆　分为手动与电动两种，是车道开启与关闭的标志之一，可以用来防止逃费现象发生。

二、收费管理系统

1. 计算机管理系统

（1）收费站管理系统　负责对本站各收费口进行管理。收费站可采用微型机来实施监控每个收费口的车流，并通过显示器来显示收费口亭号、收费人员代码、车型、驶入本站时间，同时可以统计收费口的车流量和出口的收费金额。这些数据在站用计算机中可保留几天，也可存入软盘，作为资料存档，以备查用。

（2）管理所计算机管理系统　负责对本所内各收费站进行统一管理。管理所可采用微型计算机，并通过有线或无线方式同各个收费站进行数据通信。

管理所管理系统管理数据的原则是：以站为单位分别进行数据处理；以天为单位，按车型进行流量和金额统计；按规定每过一周或一旬便打印周或旬报表；采用覆盖技术，每月累计四周或三旬，月保存，以此方法累计到年。

（3）局（处）控制中心管理系统　负责高速公路全线所有管理处（所）的管理，其设备和管理模式与管理所基本相同。

2. 自动计费系统

按收费标准采用计算机自动识别车型统计、汇总人工收费及交付收据的计算机自动处理方式。这种方式没有人工干预，完全在自然连续车流的情况下，对车辆进行自动分割识别，正确识别率在 99%以上。目前我国这套高速公路自动计费系统，已获得国家专利。在京石高速公路北京收费站等均一式收费系统中采用。

3. 数据传输网络

（1）收费口一收费站间的通信　一般情况下，收费口到收费站距离较近，可以采用基带传输方式。收费人员按下收费口数据通信键，向站计算机发出“请求发送数据”命令，站计算机接到请求命令后，发出“准备接收数据”的应答信号。微处理机接到信号后，将数据流发送给站计算机，站计算机采用中断方式，依据数据流中收费口的地点码，由站计算机打印出该收费口的有关数据。

（2）收费站一管理所之间的通信　收费站到管理所之间计算机数据通信可采用无线电通信（UHF），也可采用有线或光缆通信方式。传输数据时，由站无线电话机向管理所呼叫，叫通后站计算机发出“送数据请求”。待收到管理所“准许发送数据”命令后，站计算机即将所存储的各个口的所有数据送到管理所。

（3）管理所一局（处）控制中心之间的通信　管理所与局（处）控制中心之间采用微波或光缆作为通信干线。通信时由局控制中心计算机发出“准备接收数据”命令后，各站计算机即可将数据传送给控制中心。控制中心汇总各管理所数据，打印出总的报表。

三、收费系统的发展趋势

在今后，完善通行券、建立电子自动收费系统（也称不停车收费系统）是对高速公路管理的两项新的挑战，也是今后收费系统的发展趋势与方向。

1. 通行券的发展

目前，我国高速公路收费系统采用的通行券种类繁多，大致可分为印刷券、打印券、纸质磁性券、塑料磁卡、接触式IC卡、非接触式IC卡等。其中印刷券、打印券由于可靠性差、系统效率低、收费人员工作量大、易于损坏、不利于管理等原因，已不适合今后通行券的发展方向。其他类型的通行券由于各有其特点，目前仍在较广泛的应用或具有较大的发展前景。

（1）纸质磁性券　在专用纸券表面一侧或中央（由读写设备确定）涂覆磁性物质，也可将磁条粘贴在券上作为信息存储介质，一次性使用。入口时由收费员将车型输入计算机，驱动装上通行券的发券机在通行券磁条上编码写入入口站、车型、收费员编号、入口时间等信息，同时驱动发券机上的打印装置将此信息明文打印在券上，发给驾驶员；出口时由收费员收回，插入读券机，读券机自动读出券上信息并输入计算机，根据计算机计算出的费额收费，同时读券机上的打印装置在该券上打印出收费金额等信息作为收据交给驾驶员。

纸质磁性券是目前国际上应用最为广泛的通行券，具有20多年的使用经验。我国从20世纪90年代起已经陆续有几条高速公路开始采用，其高效、安全、便于管理的特点对提高我国高速公路收费工作的管理效益、管理水平，对建设资金的回收都发挥了重要的作用。但是由于我国使用环境相对较差，使用人员的素质尚不够高，由此产生的大量维护、维修工作对使用单位造成了一定的困难，使用效果还不理想。

（2）塑料磁卡　在PVC材料制成的卡片上涂覆磁性物质作为信息存储介质，可重复使用。入口时由收费员将车型输入计算机，驱动发卡机在磁卡上编码写入入口站、车型、收费员编号、入口时间等信息，发给驾驶员；出口时由收费员收回，插入读卡机，自动读出卡上信息输入计算机，并消除卡上信息，根据计算机计算出的费额收费，打印出收据交给驾驶员，同时将卡片回收。

磁卡与磁性券的特点相似，与之相比的优势是可与银行信用卡系统联网。这样不仅方便驾驶员交费，也加快了收费速度。但其可靠性较差，不适于作为通行券使用。

（3）接触式IC卡　卡内嵌有一块多功能集成电路，卡面上有金属触点，通过专用读写器读写信息，可重复使用。入口时由收费员将车型输入计算机，然后取一张IC卡插入读写器将入口站、车型、收费员编号、入口时间等信息写入卡的芯片存储器内，发给驾驶员；出口时由收费员收回，插入读卡器，自动读出卡上信息输入计算机，同时消除卡上信息，根据计算机计算出的费额收费，打印出收据交给驾驶员，并将卡片收回。

IC卡比磁性券、磁卡具有更强的安全性、可靠性、可维护性和技术先进性。系统的低投资和低运行成本解决了我国高速公路建设和管理资金紧张的问题，特别是IC卡所具有的大信息量存储，适合于一卡多用，符合“金卡”工程的发展趋势，也符合我国高速公路收费系统的实际需要，是一卡走遍全国公路网的唯一选择。

（4）非接触式IC卡　与接触式IC卡相类似，但芯片全部封装在卡内，通过感应式读写器读写信息，可重复使用。入口时由收费员将车型输入计算机，然后取一张卡在感应式读写器探头下晃过，即将入口站、车型、收费员编号、入口时间等信息写入卡的芯片存储器内，发给驾驶员；出口时由收费员收回，将卡在感应式读写器探头下晃过，自动读出卡上信息输入计算机，同时消除卡上信息，根据计算机计算出的费额收费，打印出收据交给驾驶员，并将卡片收回。

非接触式IC卡与接触式IC卡相比则具有操作速度快、读写器使用寿命长等优点，除一次性投入略高外，其他方面均优于接触式IC卡。由此可见，IC卡凭借其良好的性价比成为最适合我国国情的通行券。

值得一提的是，目前利用微波技术的电子自动收费系统，采用电子标衫卡识别车辆信息，也有着广泛的发展前途。

2. 电子自动收费系统

电子自动收费系统是为进一步提高收费站口通行能力而研制开发的新型收费系统，该系统由车辆自动识别系统和计算机网络组成。它主要是利用车载标识卡和安装在收费口的天线收发器之间通过无线电波实现数据交换，自动识别车辆所属用户，进而通过计算机网络在用户预存的银行账户中扣除应缴通行费用，完成一次收费过程。

电子自动收费系统的组成，一般包括如下几个方面：

（1）自动车型识别技术　自动车型识别技术就是将一种小的电子标签装置在车窗上，标签中装有一个微型无线电发射器，它可发射出车辆自身特征信息码。在收费车道或收费道路沿途装配有高灵敏度的天线及终端识别器，终端识别器能识别车辆自身特征信息码，并将该信息送到计算机进行处理，发出车辆放行信号。该终端识别器可储存信息若干天，避免通信中断时丢失信息。

（2）射频识别系统　射频识别系统按读写区分为“只读”和“读写”两种系统。系统采用的频率范围可以从500～2 000MHz，高频射频识别系统和低频射频识别系统各有其优缺点。射频识别系统识别范围广、运行速度高，在恶劣环境（灰尘、冰、雪、雨水）下也能工作，其信息量大，代码信息准确，难以伪造，精度高。

（3）递阶结构计算机管理系统　每条收费车道装有一套天线和终端识别

器，采用一台微型机管理几条收费车道，每个收费广场又采用一台计算机去管理上述数台微型计算机，整个电子自动收费系统由一台中央计算机来管理所有收费广场计算机。

终端识别器与微机间的通信是双向的。终端识别器将车辆特征码信息送往收费广场计算机，再通过收费广场计算机送往中央计算机，中央计算机对系统用户（通行车辆）的账户进行计算及处理，然后把处理结果送至收费广场计算机及终端识别器。这样，当车辆进入收费车道时，终端识别器便能确认用户是否仍有足够的经费。

（4）分账系统　随着高速公路交通网络的形成，由于投资主体的不同和管辖路段的差异，电子自动收费系统必须解决不同管理主体之间的分账问题。当车辆进入高速公路后，可能会经过多个收费管理主体所属的路段，出口收费站收取的通行费要分别分拨给不同路段的收费管理主体。因此，必须解决入口信息载体，使出口收费站仅凭入口信息就可分别计算出相应各收费管理主体应收费额和总费额，自动产生收费记录和生成分账信息，并准确及时地传送到各有关收费管理主体。各收费管理主体能查验本收费路段车辆情况及应收费额。

（5）清算系统　实施封闭式不停车收费后，应收通行费能否准确及时地划入本收费管理主体账户是个十分重要的问题。因此，必须建立一个各收费管理主体共同信赖的统一的清算系统，并具有查阅、校验功能，以确保各收费管理主体的自身权益。

电子自动收费系统可有效地提高收费车道的通行能力，缩短行程时间，减少延误和阻塞，大大提高车辆通过收费车道时的速度。为保证行车安全，可在收费车道处安装减速设施使车辆通过收费车道时降低车速。减速可以有效改善道路交通管理，可以大大节省劳力，降低运营成本；也减少了银行处理现金的大量事务。

【复习思考题】

1．简述高速公路收费的意义及其必然性。

2．简述与收费有关的因素。

3．试述高速公路收费的方式及种类。

4．简述高速公路收费票务管理与稽查管理的内容。

5．试述现代化的高速公路收费管理模式。

第四章　高速公路路政管理

【学习目的】

通过本章学习，学习高速公路路政管理的概念和高速公路路政管理的意义；熟悉高速公路路政管理的内容、特点以及路政管理的实施，熟悉内部管理制度；掌握路政管理的职权与方法，具备路政执法的基本知识和能力。

高速公路在我国综合运输体系和经济发展中占据举足轻重的地位。然而由于一部分人的法制观念淡薄，破坏高速公路设施，违法使用高速公路的现象非常严重。使高速公路高速、安全的效能不能正常发挥，直接影响了高速公路的安全与畅通。为此《中华人民共和国公路法》（简称《公路法》）第七条明确规定："公路受国家的保护，任何单位和个人不得破坏"。同时为了保护公路用地及公路的附属设施，还确立了公路路政管理的法律制度，赋予了路政管理机构实施路政管理的权力。

第一节　概　　述

一、高速公路路政管理的概念和内容

（一）高速公路路政管理的概念

公路路政是公路主管部门和其授权的公路管理机构依法实行的行政管理，是国家对公路的公共事务进行管理的活动，是交通行政执法的重要组成部分。

根据 2003 年 4 月 1 日施行的《路政管理规定》的解释，路政管理是指县级以上人民政府交通主管部门或者其设置的公路管理机构，为维护公路管理者、经营者、使用者的合法权益，根据《公路法》及其他有关法律、法规和规章的规定，实施保护公路、公路用地及公路附属设施（统称"路产"）的行政管理。

高速公路路政管理是指交通主管机关和其授权的公路管理机构，根据国家法律、法规、规章的规定，为保护高速公路、公路用地、公路设施、维护公路管理机构的合法权益和发展公路事业，对高速公路、公路使用者及其相对人所采取的直接产生法律效果的行政管理行为。

（二）高速公路路政管理的内容

高速公路路政管理的主要内容是保护路产、维护路权、维护公路秩序、保护权益。

1. 保护路产

保护路产是指交通主管部门及其授权的公路管理机构，依法保护国家授权它享有占用、使用、处置权的所有有形和无形的财产。它包括公路、公路用地、公路设施、专用建筑物、料场、材料、装备、用具、资金、财物、科研成果、专利所有权等。

路政管理的基本内容是保护路产完好，以保障车辆安全畅通。根据《公路法》、《公路管理条例》、《公路管理条例实施细则》、《路政管理规定》及其他相关法规，对于保护路产的具体内容归纳如下：

（1）依法制止和查处非法占用、挖掘公路及损毁和破坏公路路基、路面、桥梁、涵洞、隧道、排水设施、防护构造物、花草林木、苗圃等违法行为。

（2）依法制止和查处非法在大中型公路桥梁和渡口周围200m、公路隧道上方和洞口外100m范围以内，以及在公路两侧一定距离内挖砂、采石、取土、倾倒废弃物等行为。

（3）依法禁止和查处危及公路、公路桥梁、公路隧道、公路渡口安全的爆破作业以及其他影响行车安全的活动。

（4）依法制止和查处损坏、擅自移动、涂改公路防护、排水、养护、管理、服务、交通安全、渡运、监控、通信、收费、专用构造物等设施和设备的行为。

（5）依法禁止和查处在公路上及公路用地范围内摆设摊点、堆放物品、倾倒垃圾、设置障碍、挖沟引水、排放污物、污染公路环境，影响公路畅通的行为。

2. 维护路权

凡是在高速公路用地和安全管辖范围内，建设其他构造物，或跨越高速公路上空时，按照《公路法》、《公路管理条例》规定，建设者均应向高速公路管理机构提出申请，经过有管辖权的路政管理机构批准后，颁发许可证。对于事先未经高速公路路政管理机构批准，擅自占用、挖掘、埋设各种管线及连接公路者，均属于违法行为。具体说，就是在高速公路用地和所属空间范围内，依法建设下列构造物时，必须符合公路工程技术标准要求，事先要经过高速公路路政管理部门的同意，影响到交通安全的还需征得公安交通管理机关的同意：

（1）在公路用地范围内架设、埋设各种管线、电缆等设施。

（2）跨越、穿越公路建设跨线桥梁、渡槽或架设各种管线或电缆构造物。

（3）修建铁路、机场、电站、通信设施、水利工程或进行其他建设，需要占用、挖掘公路或者使公路改线的。

（4）因抢险、防汛需要修堤坝、压缩或者拓宽河床危及公路、桥梁、隧道安全的。

3. 维持公路秩序

维持公路工作秩序，保障车辆安全通行是路政管理工作的主要内容。其具体内容如下：

（1）禁止超限车辆在有限定标准的公路上行驶。必须行驶时，应向途经路段有管辖权的路政管理部门提前提出申请，填写超限运输车辆审批表，同意后方能按照指定的时间、路线、时速行驶，并悬挂明显标志。

（2）禁止机动车制造厂和其他单位利用公路作为检验机动车制动性能的试验场地。

（3）努力保护公路完好，积极改善公路环境，提高公路使用质量，充分发挥公路的社会效益和经济效益。

4. 保护权益

为了保障公路的完好，路政管理机构及其管理人员，就要运用路政管理法规，依法检查处理各种侵占公路用地、破坏公路和公路设施的行为。路政管理人员在从事管理活动和执行公务时的合法权益依法受到法律保护。

二、高速公路路政管理的意义

高速公路是用现代交通设施装备起来的。由于行车速度高，设施齐备、投资大、造价高，道路一旦出现障碍，路面损毁，标志、标线破坏，随时都会酿成交通事故，因而保护路产、路权就具有相当重大的意义。

具体的来说，主要体现在以下几方面。

1. 有利于维护高速公路系统的完整性

高速公路及其配套设施，从路基、路面、桥涵、隧道、排水和防护构造物、里程碑、百米桩、地名牌、花草树木、专用房屋、工程设备、交通监控和通信设施、服务设施以及公路用地等，都是国家财产，均受国家法律保护。所有的公路设施及设备构成了一条完整的高速公路，因此只有通过路政管理工作，运用路政管理法规的强制力，处理各种侵占和破坏路产、侵害路权行为，才能保证耗资巨大的高速公路始终处于完好无损的良好状态。

2. 有利于保障高速公路的使用质量

高速公路是专供汽车分向、分车道行驶的公路。采用全封闭、全立交、渠化通行、控制出入管理。决不允许履带车、铁轮车、拖拉机、非机动车与行人、牲畜以及不合乎高速公路行车要求的汽车进入行驶；不允许未经批准的各类管线与之接近和直接交叉；不允许在公路用地和留地范围内出现违章建筑及摆摊设点等。因此，要控制上述情况发生，保障高速公路的正常运转，只有通过路政管理工作，加强管理审查、批准、纠正、控制等工作，才能保障高速公路的使用质量。

3. 有利于改善高速公路交通环境

改善高速公路交通运输环境，提高使用质量，主要有两条：一是要保证高速公路本身具有良好的道路条件，还需保证一定的行车视觉范围和沿线景观协调美观，尽量排除一切行车的干扰因素；二是要改善高速公路的交通条件，实行车辆分隔对流，消除纵向混合交通和横向交叉因素对驾驶员的干扰，杜绝过路行人拆除、损坏护栏进入高速公路。在路政管理中，主要是横向干扰越大，对行车安全越不利，汽车的经济效能越不能发挥。因此，只有通过路政管理工作，采取强制性的手段予以处理，才能改善高速公路交通环境。

4. 有利于保证贷款修建高速公路的收费工作

高速公路的征费工作要依靠路政管理手段维持正常秩序。在各交叉道口设置收费站收取的车辆通行费，用以偿还建设投资贷款，维持管养费用正常支出和滚动发展，筹措公路建设资金，这是促进高速公路发展的主要途径。因此，只有通过路政管理工作，加强收费道口和互通式道口的管理，才能防止“闯关”、“冲站”，减少各类不交费或少交费的违章现象。

5. 有利于教育公路使用者自觉遵守国家法律，保障公路的安全畅通

公路路政管理既是一个执法的过程，又是一个教育的过程。通过处理路政案件，可以使路政管理相对人及时认识自己的错误，客观上也对其他公路使用者起到震慑和教育作用，使其都能了解国家有关路政管理的法律、法规，理解和支持路政管理工作。

三、高速公路路政管理的特点

高速公路的路政管理作为一门专业化的行政管理，它除了具有普通行政管理的一般规律外，还具有如下特点。

1. 管理方法的特定性

高速公路路政管理的对象是除汽车流以外的公路、公路用地、公路设施及活动在这些范围内的所有客体。高速公路路政管理就是要随时依据管理要素的变化，实行动态管理，以便及时发现问题，消除各种隐患。因此，高速

公路路政管理是要实行全天候、全方位、全区域的路上跟踪管理，这就决定了其管理方法上的特定性。

2. 管理手段的先进性

由于高速公路车流量大、车速快、设施多、事故突发率高，这就要求路政管理部门必须配备先进的监控、通信网络设备，配备精良的巡逻车、清障及专门的求援抢险设备，以便能快速反应，及时清障排障，保障行车的安全和畅通。另外，高速公路的检测、养护等设备也应有利于高速公路的高效与安全，这也决定了其管理手段的先进性。如高速动态称重系统，利用系统能形成一个全国性的超限运输监测网，这种先进的管理手段将使超限运输的治理从根本上走上正常轨道。

3. 管理对象的社会性

交通是人类生存的基本条件之一。人类生存的基本方式是衣、食、住、行、用，其中“行”即交通。交通运输业的社会存在决定了路政管理的社会性。人类生产和生活是离不开公路交通的。作为国家或地区主要运输通道的高速公路，具有较强的社会公用性和开放性。因此，路政管理涉及各行各业，与广大人民群众、千家万户有着密切联系。另外公路线长、点多，连接城镇乡村，牵涉沿线工业、农业、邮电、通信、水利电力、国土、治安、工商、文教、环保等部门，因而路政管理必然要与这些部门发生联系，以求得这些部门支持配合，才能使公路管理好，增强自觉遵守公路管理法规，提高广大群众、驾乘人员的爱路、护路意识。

4. 管理实施的政策性

路政管理实施的政策性是由路政工作的法律强制作用所决定的。路政管理是代表国家履行公路管理职能的一种行政司法活动，是国家行政管理的一部分，属法制范畴。路政管理法规，从公路行政管理、社会生活及国民经济发展需要的全局出发，对有关方面的法律关系、行为规范、法律责任对保障路产、路权、侵害公路权益作了明确规定。是人和车在路上的行为规范标准，是体现国家意志和具有普遍意义的行为规范准则，它的实施得到国家机器强制力的保证。路政管理活动直接影响一些机构和一部分人的权和益，有时还有直接的经济利益，所以具有较强的政策性。

5. 管理内容的复杂性

路政管理工作涉及到法律、法规、管理体制、管理机构等诸多方面。其管理内容既互相联系、互相依赖，又互相制约、互相交叉。它们之间有相辅相成、相互依存的关系，其涉及面之广、牵涉面之大、既有内在具备的完整性，又有外部因素的客观性。路政管理中存在的应用、配合、协调处理工作中的问题是相当复杂的，尤其是路政管理工作的社会性，决定了这些工作要涉及到许多单位、部门和各种问题。例如路政管理的方法和手段，取决于管理对象的性质。通过实施各种法律、法规、规章制度，需要处理所发生的各种关系，处理路政管理中的问题，不仅与其他领域的工作交织在一起，而且公路交通部门在管理过程中，路政管理还与其他管理并存，它们之间也存在内部协调、平衡和配合问题，这就决定了路政管理工作的复杂性。

第二节 路政管理的职权与方法

一、路政管理的职权

根据《公路法》和《路政管理规定》，高速公路路政管理部人员具备并可行使以下职权。

（1）宣传、贯彻执行公路路政管理的法律、法规和规章。

（2）保护公路路产。

（3）实施公路路政巡查。

（4）依法查处各种违反路政管理法律、法规、规章的案件。

（5）管理公路两侧建筑控制区。

（6）参与公路工程交工、竣工验收。

（7）对上跨下穿高速公路各种设施的施工、维修、广告设置等事宜进行审批、监督和检查。

（8）核批在特殊情况下占用高速公路和超限运输，并对其实施情况进行监督检查。

（9）维护高速公路养护、施工作业现场，征收通行费时的工作秩序。

（10）负责高速公路上故障车辆的牵引、拖带和事故现场的救援、排障及路产损失的清偿。

（11）维护高速公路进出口内外秩序，追查碰损设施、标志后逃逸的车辆。

（12）处理案件时，有权向有关单位和人员调查、询问、取证，查阅有关文件、档案、资料和原始凭证。

（13）参与有关路政复议案件，参与有关路政案件的诉讼活动。

（14）在紧急情况下行使上级主管部门临时交与的关闭交通、治安、保卫等其他职权。

二、高速公路路政管理的方法

要使路政管理活动朝着预定的方向发展，就必须有相应的方式、手段及其技术措施，我们把这些方式、手段及其技术措施总称为路政管理的方法。它是路政管理活动的主体作用于客体的桥梁。路政管理部门实施路政管理活动时，必须运用一定的方法。在高速公路的路政管理活动中，由于管理对象的特点和条件不同，路政管理方法也具有多方面的内容和形式，因此，路政管理方法具有多样性。

管理方法取决于管理对象的性质和发展规律。根据路政管理本身的性质和特点，及科学化和法制化的要求，路政管理方法主要有四种手段：行政管理手段、经济管理手段、法律管理手段、技术管理手段。

（一）行政管理手段

行政管理手段是指依靠行政组织的权威，运用命令、指示等强制性的方式，对下属施加直接影响的管理手段。高速公路路政管理是通过法律、法规及上级主管部门的授权行使的行政管理行为。主要通过国家赋予的行政命令权、管理权、处罚权和强制权来进行监督、检查、制约与高速公路发生关系的社会组织和个人。行政管理手段具有权威性、强制性、一致性、科学性。运用行政管理手段应注意职权范围和使用效果。

（二）经济管理手段

经济管理手段是一种通过调节各方面利益关系，刺激组织行为动力的管理手段。经济手段的内容主要是发挥各种经济杠杆的作用。经济杠杆的作用都是直接利用价值规律，并反映社会主义基本经济规律。在路政管理中所运用的经济杠杆，主要是对损坏路产、侵犯路权行为收取赔偿费、占用费、查补通行费、补偿费及罚款等。如对经批准允许超限运输车辆收取公路损失补偿费；对侵害路产的行为处以罚款等，都反映和调节了国家与集体、个人之间的经济利益关系。

在现代生产力迅速发展的条件下，物资利益刺激作用逐步缩小，因此，经济管理手段在高速公路路政管理中的作用也不是无限的。强调个人利益、局部利益要服从社会的整体利益，并应以行政管理手段为主，经济管理手段为辅。对经济管理手段的应用要按照规定的程序进行，有关部门要对其实施情况进行监督。

（三）法律管理手段

法律管理手段是一种运用法律规范和具有法律规范性质的各种行为规则进行管理的方法。它通过实施各种法律、法规、规章等，调整路政管理中所发生的各种社会关系，保证和促进公路事业发展的管理方法。

由于法律、法规是由国家权力机关所制定和颁发的，任何组织和个人都毫无例外地要遵守，这就显示了路政管理法律手段的权威性特点。在使用法律管理手段时，执法必严，违法必究。各项法律、法规、规章的实施都要得到国家强制力的保证，任何组织和个人都不允许对法律、法规的执行进行阻挠，这就显示了路政管理法律手段的强制性特点。

运用法律管理手段必须注意宣传教育和执法措施等问题。因为法律管理手段具有一定的局限性，它只能在有限范围之内（合法与非法）调整和控制人们的活动。在法律手段作用范围之外，还有大量的各种关系的调整和管理工作要做。在路政管理活动中，依法治路决不能代替其他手段的运用。因此，任何不适当的扩大法律手段作用的做法，都会给路政管理工作带来有害的后果。

（四）技术管理手段

高速公路路政管理是保护路产、维护路权的动态管理。要达到保障公路安全、完好、畅通的管理目标，路政管理的手段必须适应高速公路技术密集的特性，加强路政现代化装备，提高管理人员的科学和专业技术水平，这就体现了高速公路路政管理的技术管理手段。

路政管理的行政管理手段、经济管理手段、法律管理手段和技术手段是相辅相成、相互渗透的。体现了它们之间是相互依存、不可割裂的，只有综合应用才能达到最佳效果。在路政管理活动中，无论是行政手段、技术手段还是经济手段，都要有法律手段做保证，都要以法的形式表现出来。对一切违法者都要按照路政管理法规确定的尺度予以必要的制裁，使国家颁布的路政管理方面的法律、法规、规章制度，通过路政管理人员的执法行为转化为具体措施，实现对高速公路的科学管理。

三、超限运输车辆行驶的公路现场管理

（一）超限运输的定义

凡是运输车辆的总质量、轴载质量、外形尺寸三者之一超过高速公路设计净空或超过设计荷载标准者，如果在高速公路上行驶时，均视为超限运输。

超限运输是造成公路损坏的罪魁祸首。有关资料表明，公路超限运输是造成公路桥梁非正常损坏的主要原因，超限运输使水泥路面使用年限缩短40%左右，使沥青路面使用寿命缩短 20%～30%左右。使用年限为 15 年的高速公路路面由于超限运输，一般只能使用 8 年。进行超限运输运营，还会造成国家大量税费的流失。同时，由于超限车辆在行驶中存在重心不稳，制动性能严重衰减等安全隐患，还极易导致道路交通事故的发生。因此，必须对超限运输车辆进行严格管理。

（二）具体限值标准

高速公路是国家公路网的重要组成部分，它不能脱离于普通公路而独立存在，因此《公路工程技术标准》和《超限运输车辆行驶公路管理规定》确

定的限值，同样适用于高速公路。

1. 轴载质量

对于公路而言，车辆单轴载质量对道路的使用寿命起着决定性的作用。因此，现有公路只能满足具有相应轴载质量车辆通行的需求，否则，将导致路面的早期破坏，缩短使用寿命，进而需要大量地投入养护、维修和改建的费用。这也是多数国家对提高汽车轴载质量限值标准始终极其慎重的主要原因之一。根据《超限运输车辆行驶公路管理规定》和我国《公路工程技术标准》（JTJ 001—1997），确定车辆单轴载质量最大为10t；双联轴载质量最大为18t，世界上有近80%国家其轴载质量限值控制在18t以内；三联轴轴载质量最大限值为22t。

2. 外形尺寸

根据《超限运输车辆行驶公路管理规定》，货物装载高度从地面算起最大限值为4.3m；货物长度最大限值为25m；货物宽度最大限值为3.5m。

3. 车货总质量

汽车总质量虽然与轴载质量密切相关，但它又不完全取决于轴载质量限值高低。汽车总质量对中、小桥损害最大，所以必须予以限值。

《超限运输车辆行驶公路管理规定》规定，车货总质量最大为40t。

（三）超限运输车辆的行驶规定

随着高速公路通车里程的迅速增长，和其行驶平稳舒适、运输成本低的特点，以及公安部《高速公路交通管理办法》第二十条："除执行紧急勤务的人民警察外，禁止在高速公路上拦截检查车辆" 的规定等因素的驱动，超限运输车辆开始由普通道路转向高速公路行驶，造成高速公路路面、桥梁的使用寿命、养护周期缩短，高速公路通行能力降低等危害。因此，必须加强高速公路超限运输车辆行驶的管理

超限运输车辆在高速公路上行驶前，用户均应向途经路段有管辖权的路政管理部门提前提出申请，填写超限运输车辆审批表，注明超限运输车辆基本数据、行驶时间、行驶路线。有管辖权的路政管理机构应进行认真审核，确立超限车辆具体行驶时间，规定行驶路线，对于特超重的车辆，还应提出具体有效措施，必要时路政执法人员应跟随超限运输车进行巡查，并做好巡查记录。经查处和处理完毕的超限车辆，路政管理机构应及时发出超限车辆放行通知书。超限运输车辆用户凭放行通知书，领取超限运输许可证。

（四）超限运输车辆行驶的公路现场管理

超限运输车辆行驶的公路现场管理是路政管理工作的重要内容之一，也

是路政管理机构及其路政管理人员的工作职责。加强对超限运输车辆行驶的公路现场管理，加强检查督促，是有效管理超限运输车辆行驶的根本保证。现场管理的目的在于防止和纠正承运单位及其驾驶员的违法行为，保障路政管理法规的顺利执行，规范管理相对人，在法规、规章允许的范围内活动。超限运输车辆行驶的公路现场管理的主要内容包括以下几方面：

1. 判别是否超限运输车辆

在实际工作可以从以下几个方面考虑：

（1）从车型上判断　有可能成为超限运输车辆的国产车型有黄河红岩等。进口车型有五十铃、斯太尔等。

（2）从车辆外形判断　超限运输车辆的结构形式多为集装箱车、平板半挂车、自卸车、吊车、汽车列车等。

（3）从轴数判断　有可能成为超限运输车辆的轴数一般都在三轴以上。

2. 检查“两证一单”

“两证一单”是指行驶证、超限运输通行证和货物运单。

检查的内容有：行驶证核定的最大载质量是多少；有无超限运输通行证，证中有无空格、是否按规定填写；通行证中规定的行驶路线是否与实际行驶路线相符；通行证中的货重是否与运单中的货重相符；通行证中填写的号牌是否与实际相符；证中有无涂改现象等。

3. 监测车辆轴重和总重

在超限运输公路现场管理过程中，必须重视超限运输监测工作，实施24h监测。采用一些称重的机械装置或电子仪器，测量动态下的车辆轴重和总重。

4. 违反规定的处罚

对超限运输违法行为的处理应“有法可依，有法必依，违法必究，执法必严”。并坚持以事实为依据，以法律为准绳，做到“认定违法事实清楚，收集证据充分、确凿，办案程序合法，案件定性准确，依据法律正确，量刑适当”。在处理过程中要遵循“教育与处罚相结合、区别对待、以理服人、以理待人的原则。

现场处理时，根据现行的法律、法规和规章等规定，可做以下处罚：

（1）责令立即停驶。

（2）补办有关手续。

（3）限期缴纳路产损失赔偿费。

（4）暂扣公路超限运输通行证。

（5）罚款。

（6）法律、法规和规章规定的其他行政处罚。

5. 做好现场登记工作

路政管理人员进行超限运输车辆行驶的公路现场管理时，应把检查车辆、纠正违章、作出处理等情况进行记录。便于统计和及时掌握超限运输车辆行驶的公路现场管理动态，为采取管理措施和上级机关制定法规、规章提供依据。记录的内容应包括：时间、路段、车辆号牌、车辆类型、自重、载重、货重、外形尺寸、超限状况、违法内容、处理情况等。

第三节　路 政 执 法

一、路政执法的法律依据

高速公路路政执法是依照国家的法律、法规、规章进行的。因此，法律、法规、规章是高速公路路政执法的法律依据。高速公路属于公路范畴，有关公路的法律规定同样适用于高速公路管理。但根据高速公路交通管理的特点，还应对高速公路路政管理作统一规定。由于各省、市高速公路的发展不太平衡，在具体执行国家有关的法律、法规时，各省、市都根据高速公路的状况、特色及环境等因素制订了一些有关规定、条例或管理办法。因此，高速公路路政执法的法律依据十分广泛，其形式主要有宪法、法律、法规、部门规章和地方法规等。

（一）宪法

宪法是国家的根本大法，是由国家最高权力机关，即全国人民代表大会通过和修改的，在我国法律体系中具有最高的法律地位和法律效力，它是制定一切法律的依据，任何法律不得与宪法相违背。宪法对全局性、根本性的行政法律问题做出原则性的规定，它通常需要通过配套法律予以具体化。公路法规就是宪法有关行政管理原则的具体化。《中华人民共和国宪法》规定："国家保护社会主义公有财产，禁止任何组织和个人用任何手段侵占或者破坏国家和集体的财产"。为此，《中华人民共和国公路法》第七条明确规定："公路受国家保护，任何单位和个人不得破坏、损坏或者非法占用公路、公路用地及公路附属设施"。"任何单位和个人都有爱护公路、公路用地及公路附属设施的义务，有权检举和控告破坏、损坏公路、公路用地、公路附属设施和影响公路安全的行为"。

（二）法律

法律是指由国家最高权力机关及其常设机构，依照法定程序所制定或批准的规范性文件。如《中华人民共和国行政诉讼法》、《中华人民共和国公路法》等。

法律的地位和效力低于宪法，高于其他规范性法律文件。它是制定其他规范性法律文件的依据，其他规范性法律文件与法律相抵触的，一律无效。

（三）法规

根据我国法律规定，法规可分为行政法规和地方性法规两种。

行政法规是指国务院依照法定程序制定和发布的有关国家行政管理活动的规范性法律文件的总称。一般采用条例、规定、办法等名称。如《公路管理条例》，国务院发布的决定、命令、指示等，凡是具有规范性的，都属于规范性文件，与行政法规具有同等法律效力。

行政法规的法律地位和效力低于宪法和法律，高于地方性法规和规章。因而制定时必须以宪法和法律为依据，同时它又是制定地方性法规及规章的依据。

地方性法规是指省、自治区、直辖市及其人民政府所在地的市和经国务院批准的较大的市的国家权力机关及其常设机构，根据本行政区域的具体情况和实际需要，在不与宪法、法律和行政法规相抵触的情况下，按法定程序所制定的规范性文件的总称，如《天津市城市道路管理条例》。地方性法规只能在本行政区域内有效。

（四）规章

规章可分为部门规章和地方政府规章两种。

部门规章是指国务院各部委根据法律和国务院制定的行政法规、决定、命令，在本部门权限内按照法定程序制定的规定、办法、实施细则、规则等规范性法律文件的总称。如《中华人民共和国公路管理条例实施细则》和《路政管理规定》等。

地方政府规章是指省、自治区、直辖市及其人民政府所在地的市和经国务院批准的较大的市的人民政府，根据法律和国务院制定的行政法规按照法定程序制定的，适用于本区行政管理工作的规范性法律文件的总称。如《天津市高速公路路政管理规定》。地方政府规章只能在本行政区域内有效。

（五）法律解释

由于法律规范有专门的名词、术语，又包含着丰富的社会生活实践和深刻的立法意图，为了不失本意地与具体情况相结合，就必须对法律规范进行解释。有权作出法律解释的机关作出的法律解释，只要与被解释的规范性法律文件的法律、法规不相抵触，都具有法律效力。法律解释也是路政管理机构审理路政案件的法律依据之一。

目前，高速公路路政执法具体的法律依据主要有：

《中华人民共和国公路法》　中华人民共和国主席令　1997 第 25 号
《中华人民共和国行政复议法》　中华人民共和国主席令　1999 第 16 号
《中华人民共和国公路管理条例》　国务院国发　1987 第 92 号文
《超限运输车辆行驶公路管理规定》　交通部令　2000 年第 2 号
《中华人民共和国公路管理条例实施细则》　交通部令　1988 年第 1 号
《路政管理规定》　交通部令　2003 年第 2 号
《高速公路交通管理办法》　公安部令　1994 第 20 号
《交通行政复议管理规定》　交通部令　2000 年第 5 号

此外，可作为公路路政执法依据的规范性文件还有《国务院关于加强路政管理保障公路安全畅通的通知》、《关于加强公路养护和管理工作的指示》、《国务院批准交通部关于坚定制止乱砍滥伐公路两旁树木的报告》、《关于加强公路绿化工作若干意见》、《贷款修建高速公路和大型公路桥梁、隧道收取车辆通行费的规定》。

除上述依据外，《中华人民共和国民法通则》、《中华人民共和国行政处罚法》、《中华人民共和国行政诉讼法》、《中华人民共和国国家赔偿法》、《中华人民共和国土地管理法》、《中华人民共和国森林法》、《内业管理办法》《公路工程技术标准》以及由各省市人代会及其常委会或人民政府制定的条例、办法等。如广州市人大常委会通过发布的《广州市公路路政管理条例》和山东省制定的《济清高速公路管理办法》及四川省人民政府发布的《关于加强成渝高速公路管理的通告》等等。

二、路政执法的原则

根据《公路管理条例》第二十三条和《公路管理条例实施细则》第九条规定：“各级公路主管部门可根据实际情况设置公路路政管理机构。公路路政管理机构依据公路主管部门的授权，负责公路管理工作。”因此说，路政管理机构具有独立的执法主体资格。这是因为，公路路政管理机构的设立及履行执法职权属于规章授权。它除具备执法的合法性和合理性，执法严格接受监督等基本原则外。结合路政管理的特点，要把高速公路路政管理工作做好，还必须坚持以下原则：

（1）实行动态管理与静态管理相结合的原则　高速公路路政执法是对高速公路路产、路权实施管理和监督的专门活动。要做好公路路政执法工作，首先要从静态管理着手，建立路政档案。它包括路产档案、路政处罚档案、路政复议档案和路政诉讼档案等。通过建立路政档案，全面掌握和了解高速公路用地范围及公路产权，为高速公路路政执法奠定必备的基础。其次还必须从动态管理着手，实施上路巡查。因为路政违法案件中除了非法占用公路用地以外，大部分违法案件主要是由分散性、流动性对象造成的。因此，高速公路路政管理人员只有上路巡查，才能发现和纠正破坏、侵占公路路产的行为。同时，通过上路巡查也有利于路政管理人员及时了解路上故障车辆及交通事故情况，及时了解路基、路面、桥涵、隧道及交通设施等有无损坏，搜集证据，为路政处罚提供必要的依据。

（2）坚持以教育为主，处罚为辅的原则　高速公路路政处罚的目的在于预防路政违法案件的发生，教育路政违法案件当事人。处罚是手段而不是目的，因此，在高速公路路政执法活动中，路政管理人员在充分体现执法必严、执法适度、依法办事的前提下，充分考虑违章情节，坚持以教育为主，处罚为辅的原则。通过执法对公路使用者进行教育，使其能自觉地维护高速公路的路产、路权，依法使用公路。同时，高速公路执法人员还要严格依法行政，坚决杜绝以罚代赔情况的发生。对于违法行为已造成路产损失的，不能对违法当事人仅仅以行政处罚了事，处罚是对违法当事人的一种惩戒措施，以期达到警戒和教育的目的。此外，还必须根据路产的实际损坏，给予等值的经济赔偿。

（3）坚持综合治理，与有关部门密切配合的原则　高速公路的路政管理工作，涉及到社会的各个方面，不是用单一的方法和手段能够解决得了的，必须与有关部门密切配合，取得社会的理解和支持，如与公安、国土、城建、工商等部门密切配合执法，才能有效地控制公路两侧建筑红线，维护好公路沿线的治安，维护好公路的路况，保障高速公路的安全畅通。

三、路政执法的内容和特征

（一）路政执法的具体内容

根据《公路管理条例》、《公路管理条例实施细则》及《路政管理规定》，公路路政执法的具体内容有以下几个方面。

1. 负责管理和保护路产路权

依法检查、制止、处理各种侵占、破坏公路、公路用地及公路设施的行为。依法制止和处理管辖范围内，非法建设其他构造物，或跨越高速公路上空的设施。对未经批准擅自占用、挖掘、埋设各种管线及连接公路等侵犯路权的行为予以处罚，保证公路的安全畅通。

2. 负责超限运输和特殊用途使用公路的管理

超过公路和公路桥梁、隧道、渡船限载、限高、限宽、限长标准的车辆不得任意通行。必须通过的，须经高速公路管理部门批准，并由超限运输单位承担公路管理部门为此采取技术保护措施和修复损坏部分的费用。高速公路管理部门应尽可能为超限运输行驶车辆创造条件。高速公路管理机构应组织有关人员，选定运输路线，验算桥路的承运能力，制定通过方案，对运输线路、梁桥采取必要的加固或改建措施。必要时，可派路政管理人员随车监护。

对特殊用途使用公路时的管理，主要是指对履带车、铁轮车行驶公路的管理。根据《公路管理条例》及《公路管理条例实施细则》的规定：履带车、铁轮车以及类似可以伤害路面的其他运输机具，不得在高速公路上行驶，必须通行的，须经高速公路管理机构批准，视长期通行或临时通行等不同情况分别采取技术保护措施，并由车主承担修复损坏部分的费用。

3. 负责审理跨越高速公路的其他建筑设施事宜和审批利用公路从事其他工程建设有关事宜。

根据《公路管理条例》及《公路管理条例实施细则》的规定：“修建跨越公路和各种桥梁、渡槽、管线等设施，应事先征得高速公路管理部门同意，必须考虑公路的远景发展规划，满足公路工程技术标准规定的各项几何尺寸及净空的要求。”因施工造成公路及公路设施损坏的，由损坏方承担公路管理部门为此采取技术保护措施的修复损坏部分的费用。对于公路与地下通信线路的相互关系以及架空配电线路与公路的净空使用关系的处理，公路管理机构应按照《公路管理条例》及其《实施细则》的规定执行，并分别使用《公路工程技术标准》、交通部颁布的《公路路线设计规范》以及交通部、电力工业部、邮电部联合颁布的《关于处理电线与行道树互相妨碍的规定的联合通知》具体管理上述设施跨越公路事宜。

对利用公路从事其他工程建设的有关事宜的管理，应按照《公路管理条例》及其《实施细则》的规定执行。兴建铁路、机场、电站、水库、水渠、地下管线或其他建设工程，需要挖掘公路或占用、利用公路、公路用地和公路设施时，建设单位和个人必须事先征得主管部门同意，签定协议，并承担按原公路技术标准修复或商定按规划标准改建公路的费用，影响交通的，还须征得公安交通管理机关的同意。

4. 负责公路两侧建筑“红线”的控制

公路分为国道、省道、县道、乡道和专用公路 5 个行政等级。高速公路是专供大量汽车高速行驶的公路，属专用公路。

为了确保公路路产，立足公路发展的长远规划及保证驾驶员有一个良好的行车环境和行车视距，《公路管理条例》及其《实施细则》规定在国道、省道、乡道外缘的一定距离内禁止构筑永久性工程设施。控制建筑“红线”距离的具体规定是：建筑设施边缘与公路边沟（坡脚护坡道、坡顶截水沟）外缘的最小间距，国道不少于 20m、省道不少于 15m、县道不少于 10m、乡道不少于 5m、专用公路不少于 30m。如上海嘉金高速公路规划红线为60m。

（二）路政执法的特征

（1）路政执法是路政管理部门的行为，它必须是交通主管机关及其授权的高速公路路政管理机构的行为，而不是其他行政主体的行为。

（2）路政执法是按路政管理的法律、法规所明确的条款依法行使的行为。

（3）路政执法是对管理相对人所实施的管理，是对管理相对人的权利、义务发生影响的一种外部行政行为。

（4）路政执法是指路政管理机构依法针对特定的人和事所采取的某种行政措施的行为，并能够产生相应的法律效果。

（5）公路路政执法是一种自由量裁行为。所谓自由量裁行为是指法律、法规对某种行政行为的内容、方式和程序只规定一定范围和幅度，允许行政主体在此范围和幅度内自由量裁决定的行政行为。如《公路管理条例实施细则》第五十六条第三款规定“对已造成公路设施损失的，责令停止施工作业，赔偿公路损失；情节严重的，另处以不超过公路损失赔偿费20%的罚款。”路政管理机构可以在规定幅度内加以处罚。

（6）公路路政执法是一种要式行为，它是指必须依据某种方式或具有某种形式进行的行政行为。如作业处罚必须向当事人送《处罚决定书》，提出复议，必须向复议申请人送《复议决定书》等。

（7）公路路政执法受行政诉讼法的调整。如当事人对给予的处罚不服，可向上级公路主管部门提出申诉；对上级公路主管部门的处理决定不服的，可以在接到处理决定书之日起15日内向人民法院起诉。

四、路政复议及诉讼文书

（一）路政复议的概念

路政复议是指路政管理机关在作出具体路政行为时与路政管理相对人发生争议，根据路政管理相对人的申请，由复议机关对引起争议的具体路政行为进行审查的一种具体行政行为。

路政复议是路政管理相对人向复议机关请求矫正违法或不当路政行为的一种救济手段，是行政监督的一种方式。根据《行政复议法》规定，有权受理路政争议的复议机关是上一级交通主管部门或地方人民政府。只要路政管理相对人认为具体路政行为影响其合法权益，均可申请路政复议。复议机关审查的原具体路政行为不受路政管理相对人申请范围的限制，可以撤销或变更原来的具体路政行为，也可以在其本身监督权范围内重新作出具体路政行为。路政复议作出的裁决是单方政府行为，当事人不服可以向人民法院提起路政行政诉讼。

（二）路政复议的原则

1. 及时便民原则

指上一级路政管理机构审理路政复议案件，必须及时果断，严格按法律规定的时间进行。包括及时复议、及时审结案件。只有及时地处理好路政争议，让当事人充分行使法律、法规赋予的权利，让路政管理相对人告状有门，有冤可申，才能保证路政管理机关行使职权，维护群众利益，树立路政管理机关的威信，更好的管理公路。

2. 复议期间不停止执行原则

即公民、法人或其他组织对行政机关作出的具体行政行为不服，申请复议后，具体行政行为在被复议机关撤销或改变之前继续执行。这是由具体行政行为的效力先定性所决定的。

3. 全面审查原则

路政复议机关在办理路政复议案件时，不能仅限于路政管理相对人提出申请的部分，对整个具体路政行为都要进行审查。只有对具体路政行为进行全面审查，才能对案件全貌有全面了解，才能发现具体路政行为所依据的事实是否清楚；证据是否充足；运用法律、法规、规章是否正确；定性和处罚幅度是否适当；以及路政管理机构有无超越职权和滥用职权。只有在全面审查，对案件全面了解和掌握的前提下，路政复议机关才能依法作出正确的裁决。也只有这样才能发现和纠正路政管理中存在的问题，充分发挥路政复议的监督作用，更好地维护路政管理相对人的合法权益。

4. 不适用调解原则

路政争议与民事争议不同，民事争议是平等的民事主体之间，因民事权益而发生的争议。当事人双方有权在法律规定的范围内，处分自己的民事权利。因此，解决民事争议往往采用调解方式。路政争议是路政管理机构在行使路政管理职权的活动中，相对人对路政管理机构作出的具体路政行为不服而产生的争议。路政管理机构必须依法行政，对法律赋予自己的职权没有随意处分的权利。因此，解决路政争议的路政复议活动不能适用调解，而应以事实为依据，以法律为准绳，对合法的路政行为予以维持，对违法或不当的路政行为予以撤销或变更。

5. 书面复议原则

指路政复议机关在审理复议案件时，仅就案件的书面材料进行审理的制度。复议机关不传唤当事人、证人和其他人员到复议机关。

6. 一级复议原则

指原具体路政行为只要经一级路政管理机构的复议，复议决定便发生法律效力。申请人对复议决定不服的，不能再要求复议。如果不是终局决定的，则申请人可向人民法院提起行政诉讼。

（三）路政复议程序

路政复议程序包括：路政复议申请的提起、复议申请的受理、复议案件的审理和复议决定 4 个部分。

1. 路政复议申请的提起

路政管理相对人认为路政管理机关的处罚决定影响并侵犯了其合法权益，可依法向有复议职能的复议机关申请复议。根据《行政复议法》当事人对路政处罚决定不服的，可在收到《处罚决定书》之日起 60 日内，以书面方式提出复议申请。因不可抗力或其他正当理由耽误法定申请期限的，申请期限可从障碍消除之日起继续计算。如无正当理由超过法定申请期限的，则复议机关不予受理。

2. 申请的受理

根据《行政复议法》规定，复议申请自复议机关收到之日起即为受理，并应在 5 日内进行审查。对不符合规定的申请，决定不受理，并书面告知申请人。属于其他行政复议机关受理的行政复议申请，应当自接到该复议申请之日起 7 日内转有关行政复议机关，并告知申请人。

3. 案件审理

审理路政复议案件必须遵循有法必依、有错必纠的原则。审理案件时，一般应从路政处罚的合法性、适当性、真实性着手审查。

4. 复议裁决

路政复议机关在查明事实后，应依法对案件分情况作出复议决定：

（1）具体路政行为认定事实清楚，证据确凿，运用依据正确，程序合法，内容适当的，决定维护。

（2）被申请人不履行法定职责的，决定其在一定期限内履行职责。

（3）具体路政行为有下列情形之一的，决定撤销、变更或确认该具体路政行为违法，可责令被申请人在一定期限内重新作出。具体路政行为：① 主要事实不清，证据不足的；② 适用依据错误的；③ 违反法定程序的；④ 超越或滥用职权的；⑤ 具体路政行为明显不当的。

（4）被申请人不按规定提出书面答复、提交当初作出具体路政行为的证据或依据的，决定撤销该具体路政行为。

路政复议机关责令被申请人重新作出具体路政行为的，被申请人不得以同一事实和理由作出与原具体路政行为相同的具体路政行为。

路政复议机关作出的复议决定，必须由集体讨论决定，并应制作《路政复议决定书》。申请人收到复议决定书后，服从和执行复议决定的，则路政管理机构可以执行处罚，复议决定发生法律效力。不服决定的可在15日之内向人民法院提起诉讼。申请人既不执行决定，又不在法定的期限内向法院提起诉讼的，则作出路政处罚决定的路政管理机构可依法强制执行或申请人民法院强制执行。

（四）路政诉讼文书

路政诉讼文书是指路政案件进入诉讼阶段之后，在诉讼过程中形成的法律文书的总和。

路政诉讼法律文书包括委托书、法定代表人身份证明书、路政一审答辩状、路政二审答辩状、路政上诉状、路政诉讼代理词等。

1. 法定代理人身份证明书

法定代理人身份证明书，是法人或行政主体用以证明本单位依照法律或组织章程规定，代表本单位行使职权的负责人的身份状况的法律文书。

在路政诉讼中，作为被告的路政管理机构要合法有效地行使诉讼权利，必须经过本单位法定代表人的同意，否则，路政管理机构在路政诉讼中的一切诉讼行为一概无效。文书格式见表4-1。

表4-1　法定代理人身份证明书

法定代表人身份证书
________同志现任我单位__________职务，为法定代表人，特此证明。 附：法定代表人：性别_____　年龄_______　民族________ 住　址__________________________________ 电　话______________ （印章） 年　月　日

2. 委托书

委托书，又称为委托代理书、授权委托书。委托书是代理人参与诉讼，进行代理活动，行使诉讼权利的书面依据。没有委托代理书，代理人便无权代理，不能行使诉讼权利。在路政诉讼中，委托代理人可以分为律师和路政管理员，若由律师担任代理人，应由律师事务所出具公函；路政管理员则凭委托代理书即可。文书格式见表4-2。

表 4-2 委托书

委　托　书
兹委托下列人员为我方诉讼代理人： （1）姓名______ 年龄______ 性别______ 工作单位______ 职务______ 电话______ （2）姓名______ 年龄______ 性别______ 工作单位______ 职务______ 电话______ 代理权限为： （一般代理或特别代理） 委托单位： 法定代表人：（签名） （印章） 年　月　日

3. 路政一审答辩状

所谓路政一审答辩状，是指作为被告的路政管理机构在路政诉讼中，针对原告起诉状中提出的诉讼请求及其事实和理由进行答复、辩解和反驳的一种诉讼文书。其目的是用事实和法律、法规驳倒原告，从而使诉讼有利于己方。

在路政一审诉讼中，路政管理机构提出的答辩状具有两大任务：一是要提出原告起诉状中事实与理由上的错误，为自己的具体路政行为辩护；二是要以充分的事实根据和法律依据来证明原告被处罚行为的违法性与路政处罚决定的正确性。

路政一审答辩状一般由首部、答辩理由、答辩意见、尾部和附项 5 部分组成。文书格式见表 4-3。

表 4-3 路政一审答辩状

路政一审答辩状
答辩人______ 地址______ 法定代表人______ 职务______ 电话______ 答辩人于____年___月___日收到______人民法院送来告（某人或某单位） 因（案由，如违章超限运输）一案的起诉状副本，现答辩如下： （答辩理由、意见） 此致 ______人民法院 答辩单位______（章） 年　月　日

4. 路政二审答辩状

路政二审答辩状，是指作为被上诉人的路政管理机构依据法律规定，就上诉人上诉的事实和理由，或上诉的请求和理由进行回答和辩解的文书。

作为被上诉人的路政管理机构，通过答辩状，可以对上诉人提出的上诉理由和根据以及请求事项，进行有的放矢的答辩。

注意答辩理由要根据上诉人的上诉内容来确定。答辩状的理由部分一定要针对上诉人在诉状中提出的事实和理由进行答辩，并可以提出相反的事实、论据和理由，证明自己的理由和观点是正确的，提出的意见和要求是合法合理的。文书格式见表 4-4。

表 4-4　路政二审答辩状

路政二审答辩状
答辩人＿＿＿＿＿＿＿＿＿＿＿＿＿
地址＿＿＿＿＿＿＿＿＿＿＿＿＿＿
法定代表人＿＿＿＿＿＿＿＿　职务＿＿＿＿＿＿＿＿＿＿＿
电话＿＿＿＿＿＿＿＿＿＿＿＿＿＿＿＿
答辩人于＿＿＿　年＿＿月＿＿日收到＿＿＿＿＿　人民法院交来上诉人因＿＿＿一案的上诉状副本，现答辩如下：
（答辩理由、意见）
此　致
＿＿＿＿＿＿＿＿＿＿＿＿＿＿＿人民法院
答辩人＿＿＿＿＿＿＿＿　（章）
年　月　日

5. 路政诉讼代理词

路政诉讼代理词是指路政管理机构的委托代理人根据法定的委托参加诉讼活动，行使法律规定的诉讼权利，在法定审理阶段所做的系统发言。

路政管理诉讼代理词的作用在于，系统阐明诉讼代理人对案件的看法和意见，是对其委托人之起诉意见或答辩意见的发挥与深化，也是为分析案情提供事实根据和法律依据，协助法庭能客观公正地处理案件。同时，还可分析当事人或案件的经验教训、成败得失，使人们受到深刻的法制教育。文书格式见表 4-5。

表 4-5　路政诉讼代理词

＿＿＿＿＿诉＿＿＿＿＿　案 代 理 词
审判长、审判员：
根据《中华人民共和国诉讼法》第 29 条规定，我受本案被告之委托担任其诉讼代理人，进行代理活动。
本代理人通过阅卷等代理活动全面了解本案案情，现发表代理意见如下：
综上所述
上述意见请法庭予以采纳。
代理人（签章）
年　月　日

6. 路政上诉状

路政上诉状是指诉讼当事人因不服人民法院对路政案件的第一审判决或裁定，依照法定程序在法定期限内，向上一级人民法院提出上诉，要求撤销、部分撤销或变更原审裁判的诉讼文书。它是保护路政诉讼当事人特别是败诉一方当事人合法权益的一种诉讼文书。

上诉状的针对性很强。因此，必须把矛头紧紧对准一审判决或裁定中所认定的事实、证据和运用的法律法规，否则，上诉就会失去意义。

注意上诉请求部分主要写明不服原审判决（或裁定），要求二审法院撤销、部分撤销或变更原审判决（或裁定）。这也是上诉所要达到的目的。上诉理由部分主要是针对原审判决（或裁定）的不当，采用驳论手法，在反驳中正面说理，阐述上诉的根据。文书格式见表 4-6。

表 4-6　路政上诉状

路 政 上 诉 状

上诉人（原审被告）______________

地址____________________________

法定代表人______________

职务__________

电话____________

被上诉人（原审原告）____________　　性别______

年龄________　　民族________

籍贯________　　职业________

住址____________________________

上诉人因________一案，不服________人民法院_____年__月__日

（　　）　字　第　号行政判决（或裁定）提出上诉，上诉请求和理由如下：

上诉请求：

上诉理由：

此致

____________人民法院转送

____________中级人民法院　　上诉人________（公章）

法定代表人____________（签章）

年　月　日

附注：1. 上诉状及副本___份

2. 证据____份

第四节　路政管理的实施

一、组织设置、人员要求及装备

1. 组织机构设置

高速公路路政管理机构是由高速公路主管部门授权，贯彻实施有关法律、法规，专门从事高速公路路政管理的分支机构。具有特定的政府职能，在法律上享有“执法主体”的资格。

高速公路路政管理机构按照提统一领导、分级管理的原则，结合高速公路的特殊性“集中、统一、高效、特管”进行设置。通常按管辖区域约每 50km 设置一个基本管理单位。也可以按照所属地管理划分设置路政管理单位。但无论如何，各级路政管理机构都应明确职责，分段负责，并有从上到下严格的隶属关系。在路政管理人员的配备数额上应根据各地实际情况、路政业务的大小、管辖里程的长短、所处环境和运转班次的差异等有所不同。一般应按 0.4～0.6 人/km 为宜。

2. 人员素质要求

高速公路路政管理机构是代表国家实施公路行政管理权的组织，任职于路政管理部门的管理人员是接受国家委托，执行一定的路政职务，行使路政管理权力，进行路政管理活动的人员。路政管理人员的素质和管理水平直接关系到高速公路的运营效益和国家机关在人民群众中的影响。因此，根据《路政管理》的规定应有以下要求：

（1）年龄在 20 周岁以上，一线路政执法人员的年龄不得超过 45 岁，身体健康，大专及以上文化程度，持有符合交通部规定的岗位培训考试合格证书。

（2）作风正派，廉洁奉公，有良好的业务素质和高度的责任感。

（3）掌握相关的专业知识，并具备一定的跨行业、跨学科的专业技能。

（4）掌握路政管理的法律、法规、规章等，并有一定的执法水平，能妥善处理路政管理中的案件和问题。

（5）善于自觉学习现代化管理技术，能够熟练使用相关的管理设备。

3. 路政管理装备

由于高速公路具有流量大、路线长、全封闭及出入口间距较大等特点，使路政管理在装备设备上与一般公路有较大区别。具体体现在以下 6 方面。

（1）路政巡查设备　为保证高速公路及其配套设施不受侵害，及时纠正路政违章以及路产路权案件的执法工作，并配合交通管理部门处理交通事故。需要对高速公路进行全天候的路政巡逻，因此需要配备专用的路政巡逻车、指挥旗（灯）等以保证该项工作及时和顺利开展。

（2）排障设备　为保证高速公路交通安全与畅通，保证有效使用宽度，减少交通延误，需要对高速公路上停放的故障车辆及时进行清理，及时解决因事故或其他灾害造成的交通阻塞。因此，需要配备专用的排障车辆。

（3）救援抢险设备　为保证高速公路事故车辆发生伤亡人员进行紧急救援，对突发事件及时进行处理，还需配备紧急救援车辆及救护设备。如消防设施、急救医疗用品及简单的汽车修理工具和配件等。也可与地方消防、救护等部门签定属地委托合同，共同做好此项工作

（4）勘察设备　为保证高速公路路产损坏现场取证和记录提供真实的现场状况，在路政管理机构中还需配备照相机、摄像机、附属照明设施以及现场勘察测量器具等，以作资料保存。

（5）各种作业标志　作业标志通常用于事故、清障现场的引导、隔离、指示等。如移动式灯光导向车、指向标志、限速标志、隔离装置、车道变化标志、锥形标等。

（6）现代化通信设备　为保证高速公路紧急救援和路政案件执法工作的及时，路政管理信息搜集与反馈系统的畅通，控制中心指挥系统与高速公路全线路信息、命令的正常传输，路政管理部门还需配备必要的现代化通信工具。通常有车载通信台、手执通信台和集群通信电话、移动电话等设备。

二、路政巡查

1. 巡查责任

（1）负责管辖范围路段内的路产及标志、标线的巡查。

（2）高速公路建筑控制红线内状况的巡查。

（3）行人上路和客车违章不按规定上下乘客的巡查。

（4）通报路旁故障车辆及事故情况的巡查。

（5）记录并及时向值班室汇报公路、公路用地和植被以及路上其他设施状况。

（6）向用户提供及时帮助。

（7）处理临时发生、发现的其他紧急事宜。

2. 出巡准备

高速公路巡查前应做好以下准备工作：

（1）路政巡逻人员在出巡前，应按规定着装，携带路政管理有关证件，

夜间巡查应加穿反光标志背心。

（2）应随身携带警笛、警棍、指挥旗（灯）、巡逻手册，并检查无线通信设备电源是否充足，是否将灵敏度与频率按值班室规定调整一致。

（3）检查随车携带的勘察用具、临时标志、灭火器具等的完好程度。

（4）检查巡查车车况及标志灯是否正常。

（5）确定巡查人员并做好安排。

3. 巡查方式

高速公路路政巡逻方式，包括定时巡查、临时巡查及异常情况下的紧急出动等。巡查间隔可根据车辆、人员配备情况及管辖范围合理确定，通常有首尾相接式和交叉滚动式两种。但无论何种方式，在目前条件下高速公路至少应保证同一地点每隔 1～2h 有一辆巡逻车通行，以发现问题及时通报为主旨，服从值班室指挥调度。遇有异常情况或特殊天气，要随时增加巡逻密度，夜间可适当加大巡逻间隔。

4. 巡查一般规定

路政巡查人员在执行任务时，要坚持着装整齐、举止端庄、文明执勤，热情为司乘人员服务。并应遵守以下规定：

（1）常规巡查一般为 3 人一组。巡查时车速一般不应超过 60km/h，且不能影响其他车辆正常行驶，夜间行车或通行条件较差时，应减速行驶并开启示警灯，巡查人员应穿反光标志背心。

（2）巡查人员处理紧急事务必须横穿高速公路时，应距通行车辆 240m 以上快步通过，夜间应有反光标志示意过往车辆。

（3）巡查中发现停靠车辆或有人拦截时，应距其 30m 以外，在硬路肩上停车，由一人下车处理，在问明情况做出初步处理前，汽车发动机不能关闭，驾驶员不能离开座位。

（4）巡查以发现问题及时通报为宗旨，服从值班室指挥调度，除紧急情况需立即就地处理外，一般不宜长时间在原地滞留。

（5）路政巡查要建立每日巡查登记制度，坚持天天巡逻，昼夜值班。特别是事故易发路段和重点部位及恶劣天气，要增加巡逻班次，加大巡逻密度，保证问题的及时发现和处理。同时巡查人员要开启移动电话，随时向值班室通报情况和自己的位置，接受值班室的调度，并详细记录巡查情况。

（6）路政巡察人员每班（次）巡逻后，由带班班长认真在巡逻手册上详尽记述巡逻结果，复杂事项还应于现场及时记载，并建立和履行交接班制度，每班交接前要认真填写交接记录，上班未了事宜，应在记录中注明，并向下一班做好交代，交接双方在交接记录上签字。路政队长要经常检查交班记录。

三、事故救援处理

交通事故的发生具有随机性和突发性，我们可以预防事故的发生，但不可能完全消除事故，更何况很多的交通事故是难以预防的。因此，在事故发生后采取及时而有效的紧急救援措施，降低事故所造成的（伤亡与经济）损失，预防第二次连锁事故的发生，将是我们必须做出研究、思考的又一交通问题着眼点。通常路政管理人员在接到事故报案后，应尽快赶赴现场救援，救援时应遵循以下次序：

（1）在事故现场摆放有关标志，以避免其他车辆重复发生事故。

（2）将滞留人员撤离危险区并抢救伤员，同时防止有毒、有害、易燃、易爆物的伤害。

（3）抢救贵重货物及乘客财产。

（4）保护路产。

以上抢救程序，体现了行车安全、生命至上、司乘人员财产至上的原则，把保护路产放在最后。

四、交通管制

当高速公路需要路上作业或恶劣气候条件时，通常要采取交通管制。很多省（市）的交通管制工作由路政管理部门负责。交通管制的主要目的是维护正常的通行秩序，保证作业人员及车辆通行的安全，减少运行过程中的停车次数，争取高速公路获得最大的交通量。需要实行交通管制的主要有以下几种情况：

（一）高速公路作业现场的交通管制

高速公路作业现场需要实行交通管制的情况通常有重大交通事故、大规模清障、养护施工等。这种交通管制主要是通过设置标志、改变某一区段的交通流、引导车流安全通过来达到管制目的。作业现场的交通管制通常分为警示区、前渐变区、缓冲区、作业区、后渐变区 5 个区段。

警告区长度不得少于 1 500m，每隔一定距离应设置警告标志，警告区内应设限速标志、前方施工标志、前方车道变窄标志或禁止通行标志等；渐变区一般分为前渐变区和后渐变区。当车行至前渐变区时，速度应小于 40km/h，该区长为 60～100m，在前渐变区前应设置禁止驶入标志，后渐变区的长度应大于 30m；缓冲区长度应为 80m，其与前渐变区之间应设置路障；作业区是养护作业人员活动和工作的地方，其长度应根据养护作用或施工需要而定。车道与作业区之间必须设隔离装置，作业区布置还应为工程车辆提供安全的进出口。终止区长度不应小于 30m，在终止区末端应解除所设限速标志。如图 4-1 所示。

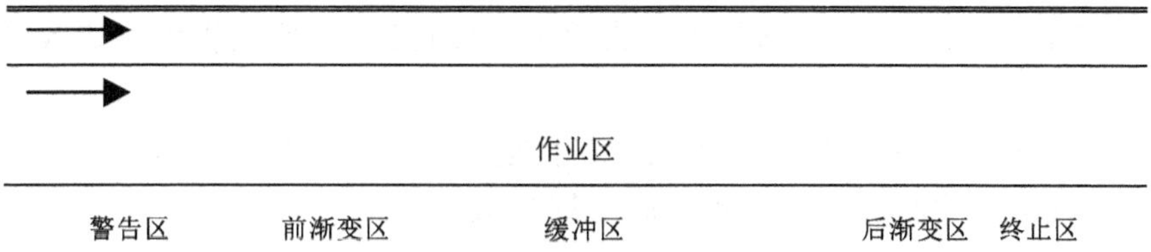

图 4-1　作业现场的交通管制图

（二）异常气候条件下的交通管制

高速公路是全封闭、全立交、无行人和非机动车干扰的公路，愈是恶劣天气，愈能充分体现高速公路的通行优越性。管制的关键是实行合理必要的交通管制，任何草率关闭高速公路的做法都是管理者缺乏调控能力的表现。因此，搞好异常气候条件下的交通管制，是充分发挥高速公路作用的关键。

（1）冰雪天气的交通管制　雪天能见度不足 100m 或道路结冰、积雪、滑溜时应关闭高速公路；不足以封路时，应设警告标志和限速标志，特别是应充分发挥可变情报板和可变标志的作用，及时发出行车指示。除雪时撒融雪剂的车辆除悬挂标志以外，其后还应配警示车辆。

（2）雾霜天气的交通管制　雾天能见度不足 100m 时应关闭高速公路。雾天的主要障碍是能见度低，视觉错觉也是影响高速公路行车安全的主要隐患之一，因此，雾天必须进行严格的交通管制。

由于雾况不同，所造成的光线反射、视力折减等均不同，因此，在不同雾况下对行车的交通管制也不同。

冬季的雾常伴有相邻路段雾况不同的现象，路政管理部门的任务就是积累经验，制定全线不同的雾况曲线。找出规律，并根据雾况及时设置标志，用可变情报板、限速标志向来车提出雾讯。多雾区的隧道口和大桥上应安装黄色照明灯，以增加能见度。同时应加强路上巡查，以便及时发现问题，防患于未然。

（3）风雨天气的交通管制　遇大暴风雨和与行车方向垂直的横风时，高速公路行车较为危险，但由于这些气候条件给予驾驶员的主观感受较为明显，所以，一般除典型地段可设提示性语言标志外，不再具体限制车速，由驾驶员依据情况自行把握。实践证明效果较好。

五、拖带清障

拖带清障是高速公路路政管理日常主要工作之一，是一项必须使用专门机械来完成的有偿服务项目。

（1）拖带　通常是指对高速公路上故障车辆的牵引，拖带工作中应注意以下几点：

1）拖带前应向当事人出示“拖带服务收费标准”，事先讲明收费数额，严禁乱收费。

2）一般简易拖带，路政管理人员在抵达现场后，应先安排专人摆放有关标志牌。移动作业时应有人持指挥旗（灯）疏导车流。

3）对占用车道时间较长、装载复杂的拖带，应实行作业现场的交通管制。管制方式可依实际情况，适当调整、简化。

4）无论何种情况，牵引拖带作业均不准逆行，软拖带，牵引车不准同时拖带一辆以上的车辆。

（2）清障系指清除因事故或其他原因滞留在高速公路上的损毁车辆和物资。工作中应注意以下几点：

1）对范围较广、规模较大的清障，首先应在作业现场根据实际需要摆放有关警示、指示等标志和设施，并进行交通管制。

2）对于规模较小的一般性清障因机动性强，应于现场前 500m 处开始设置第一级限速标志，200m 处设第二级限速标志，并进行交通渠化，在其后方 100m 处设解除限速标志。

3）遇有装载易燃、易爆、有毒物品的车辆，排障时必须采取必要的措施，确保人身安全。

4）清障完毕要将残留物品清除干净，及时撤除有关标志。

5）高速公路路政工作人员要作好清障记录。

六、路政索赔与处罚

路政处罚是指高速公路管理机构对违反国家有关高速公路规定的行为当时给予的行政处罚。路政处罚是以违反路政管理所规定的义务为前提，如破坏路面附属设施等行为。路政处罚由各级公路主管部门的专职路政人员根据行政管理法规的有关规定来作出决定。处罚的形式包括：

（1）恢复原状或归还原物　适用于对路产的侵害案件。在肇事方力所能及的条件下，允许其自行恢复或返还。

（2）警告　如果在禁止的范围内采掘沙石、施工作业，可通过教育、警告的形式，责令其停止作业，限期迁出。如无视警告，则视情节做进一步处罚。

（3）赔偿损失　违法者的行为给高速公路的财产造成损失时，应依法用违法者的财产补偿高速公路的经济损失。

（4）罚款　高速公路路政管理部门依照有关法律、法规、条例等对违法者，强制其在一定期限内缴纳一定款额的处罚形式。

（5）没收非法所得　没收其利用高速公路盈利的不合法收入或实物。

违法者的行为给高速公路路产造成损失的，应依法予以赔偿。赔偿标准要依据损坏情况，通过公路和物价部门制定和明确。路产赔偿项目可分类参见表 4-7。

表 4-7　高速公路路产赔偿项目可分类表

公路用地	挖掘公路用地、占用公路用地、边沟肩、边沟、在规定范围内、用地内取土、挖沙、采石
路面	损坏路面、占用路面、污染路面、挖掘路面、挖掘土路肩、损坏边沟、散落赃物、卸残土垃圾
桥涵	损坏桥头端柱、损坏护栏柱、损坏锥坡、损坏护轮带、损坏挡墙、损坏桥面、损坏照明设施、超载过桥、河道挖掘、堵塞
排水设施	损坏缘石、损坏集中泄水槽、损坏泄水井
交通工程设施	损坏里程碑、界桩、防撞护栏、防眩设施、限速和情报板、紧急电话及损坏高速公路标志
绿化	损坏树木、草坪、花卉、景区设施
收费设施	损坏收费亭和及收费设备
其他设施	损坏封闭隔离栅、围栅、通信设施、设置广告牌

七、路政管理事项审核

根据《路政管理规定》，除公路防护、养护外，占用、利用或者挖掘公路、公路用地、公路两侧建筑控制区，以及更新、砍伐公路用地上的树木，事先报经交通主管部门或者其设置的公路管理机构批准、同意。其审核的项目包括。

（1）因修建铁路、机场、电站、通信设施、水利工程和进行其他建设工程需要占用、挖掘公路或者使公路改线的，建设单位应当按照《公路法》第四十四条第二款的规定，事先向交通主管部门或者其设置的公路管理机构提交申请书和设计图。

（2）跨越、穿越公路，修建桥梁、渡槽或者架设、埋设管线等设施，以及在公路用地范围内架设、埋设管（杆）线、电缆等设施，应当按照《公路法》第四十五条的规定，事先向交通主管部门或者其设置的公路管理机构提交申请书和设计图。

（3）因抢险、防汛需要在大中型公路桥梁和渡口周围 200m 范围内修筑堤坝、压缩或者拓宽河床，应当按照《公路法》第四十七条第二款的规定，事先向交通主管部门提交申请书和设计图。

（4）铁轮车、履带车和其他可能损害公路路面的机具需要在公路上行驶的，应当按照《公路法》第四十八条的规定，事先向交通主管部门或者其设置的公路管理机构提交申请书和车辆或者机具的行驶证件。

（5）超过公路、公路桥梁、公路隧道或者汽车渡船的限载、限高、限宽、限长标准的车辆，确需在公路上行驶的，按照《公路法》第五十条和交通部制定的《超限运输车辆行驶公路管理规定》的规定办理。

（6）在公路用地范围内设置公路标志以外的其他标志，应当按照《公路法》第五十四条的规定，事先向交通主管部门或者其设置的公路管理机构提交申请书和设计图。

（7）在公路上增设平面交叉道口，应当按照《公路法》第五十五条的规定，事先向交通主管部门或者其设置的公路管理机构提交申请书和设计图或者平面布置图。

（8）在公路两侧的建筑控制区内埋设管（杆）线、电缆等设施，应当按照《公路法》第五十六条第一款的规定，事先向交通主管部门或者其设置的公路管理机构提交申请书和设计图。

（9）更新砍伐公路用地上的树木，应当依照《公路法》第四十二条第二款的规定，事先向交通主管部门或者其设置的公路管理机构提交申请书。

第五节　内部管理制度

一、值班室内部管理制度

（1）值班人员要按时上岗，坚守岗位。不得擅离职守，不做与值班无关的事项。

（2）熟悉业务，认真钻研，提高业务水平，能积极妥善地处理好职责范围内的一切业务。并应履行有如下职责：

1）确定路巡时间，控制路巡间隔。

2）负责路政巡逻的追询，填写查询记录。

3）回答路巡人员提出的问题并决定处理办法。

4）协调有关人员处理拖带、事故及排障。

5）了解路况信息，提出信息发布意见。

6）处理值班期间发生的其他路政事务。

7）遇有重大问题时负责向值班领导汇报。

8）有权拒绝与值班无关的其他指派。

（3）重大、紧急和超出职责范围内的业务，应及时地向上级主管领导汇报和请示，以便把工作做好。

（4）对上级领导的指示要及时办理，对群众反映的情况要及时处理。

（5）值班人员在岗期间严禁饮酒、打牌或从事与本职无关的活动。

（6）按规定时间交接班，不得迟到早退，并在交班前写好值班记录，以便分清责任。

二、路政人员培训制度

高速公路路政管理人员必须具备较高的政治觉悟、较丰富的业务知识、较强的操作技能，才能适应岗位要求。因此需要不断更新知识，进行反复培训。各单位应根据实际情况制定培训计划，无培训合格证不准上岗。培训的内容通常有：

（1）政治时事培训　国际国内形式、思想政治教育、经济发展状况的学习。

（2）政策法制培训　党的方针政策、有关的法律、法规、规章、文件的学习。

（3）业务知识培训　高速公路管理与养护的基础知识、国内外管理动态、路政管理业务知识教育。

（4）基本技能培训　延缓抢险救护、拖带清障、现场制图、交通管制、计算机操作等全面培训。

（5）举止仪态培训　军事化操作管理、着装要求、文明规范用语、职业道德等教育。

（6）执法培训　法律依据、量刑尺度、权限范围、各种执法文书的使用等内容的学习。

三、票据管理制度

（1）路政管理使用的票据要统一使用由财政和税务部门监印的专用发票。

（2）财务部门必须建立票据台账，交旧领新。指定专人负责，严格领用、收缴、核对、销号等手续，做到台账、票据、款额相符。

（3）票据库应设放火、防潮、防盗等装置，防止票据的丢失、短缺、毁损，保证票据的完整性。

（4）按月上报票据申领计划，发放中要注意控制发放人和发放量。

（5）领用要认真编号登记，按顺序使用，票据的填写要符合要求、准确规范。

（6）作废的票据要逐页全部加盖作废章；出现机构和人员变动时，必须办理相关的交接手续等。

四、装备器材管理

路政管理的装备器材包括专用车辆（汽车、摩托车、巡查车）、服装、勘察器材、照相机、录放像机、无线电对讲机、电脑储存器等。公路管理机构应根据实际情况，逐步配备并加强对这些装备的保养工作；要建立器材档案卡，落实专人保管、维护和使用，用于路政管理的交通、通讯及其他装备不得用于非路政管理活动。

五、档案管理制度

（1）各种路政档案要统一规范，归类成册，妥善保存。

（2）路政案件档案要求一案一档；法律文书、工作文书及相关资料齐全，其封面、工作文书由总队统一印制发放。

（3）路政管理审批档案要求一件一档，主要应有申请表、协议书、相关资料，同意或不同意的批文（函）等。

（4）公路产权档案应包括公路、公路用地、公路附属设施以及各类占用、利用、挖掘公路路产，设置非公路标志牌、平（立）交道口、砍伐公路行道树。

（5）路政管理人员档案资料应包括申请表、聘用表及考核评价情况。

（6）路政管理、装备档案资料应包括发放、使用、管理、台账。

（7）中断交通或管理秩序、超限运输、红线控制、违法建筑、等许可以及缴费情况、各类统计报表及分析说明应齐全完好。

（8）路政管理机构应制定路政管理档案调阅使用登记手续。

六、经费管理制度

（1）路政管理部门及其授权管理机构要遵守经费专项使用原则，实行财政“收支两条线”，不得截留、挪用，并按比例分配各项经费。

（2）罚款、占用费、赔偿费等要按规定逐级上交，不准以个人或部门的名义，采用存折方式存取，不准坐支、挪用、公款私存。上交后需要申请返还恢复或修建被损坏公路路产的，由各执收执罚机构提出使用计划，报经上级部门审核批准后，返还原执收执罚机构使用。

（3）凡属恢复路产的经费，必须及时全额用于路产恢复，年终不得有结余。

（4）弥补路政经费不足部分，应考虑本辖区具体情况，及时进行补助，市处一级路政管理部门年终不得余额。

七、统计图表制度

路政管理统计图表，是路政管理机构搜集统计资料的一种主要方法。它能准确、全面地反映路政管理机构开展工作的成果、各个时期的路政动态、路政活动的情况和需要解决的问题。进行路政统计时应做到以下几点。

（1）路政管理机构填写和上报统计报表必须按照上级政管理机关制订的统一格式，按当地路政管理上级机关规定的时间准时上报。

（2）按期填报路政信息可以是日报、月报及年报报表，也可以为统计图表，填报时必须做到分门别类。

（3）统计人员必须按照《统计法》及各地《实施细则》的要求，如实填报各项统计数字，不得虚报、瞒报、拒报、迟报。

（4）统计报表中的各项数字栏内不能出现空格，也不能有任何文字。某一数字和上面或相邻一格数字相同时，不得用“同上”、“同左”等词填写，应填出相同的数字。没有数字的，以“-”表示。

（5）统计报表中规定的计量单位，不得擅自更改，相对数指标小数点后保留两位。

（6）统计报表必须经单位负责人审核同意后才能报出，并注明报出日期。

第六节　建立现代化的高速公路路政管理模式

一、现代化高速公路路政管理的总体结构

（1）机构设置　随着我国经济实力的不断增强，现代化高速公路的建设规模也随之更加宏大，路政管理的机构设置在路政管理中的作用越来越重要。

从我国高速公路十几年的发展情况看，高速公路路政管理机构设置还存在着一定的问题。大量的高速公路路段是由企业来负责经营管理，其中包括路政管理。然而，根据国家行政法律法规，任何行政行为的作出，必须首先在行政主体资格合法的前提下依法进行的。《公路法》及《路政管理规定》明确规定：收费公路路政管理由县级以上地方人民政府交通主管部门或者公路管理机构的派出机构、人员行使。很显然，这些经营企业不具备路政执法资格。但由于各种原因，目前绝大部分地区都没有完成路政委派工作，路政管理模式极其混乱，并直接导致许多高速公路的路政执法主体不合法。这与我国现代化建设步伐是极不协调的。

高速公路的路政管理应该朝着更合法化、规范化，更有利于路产路权保护的方向发展。各级省政府要成立专业性执法队伍。省级公路路政设立执法总队，市级设立支队，县区设立大队，分路段设立中队。科学合理地确定路政执法人员编制，做到任务与人员相当，权力与责任并重。

（2）队伍建设　现代化高速公路路政管理工作必将是集高科技、大信息、多专业、多学科于一体的现代化管理机构。它对于维护高速公路路产路权，提高高速公路窗口形象，促进高速公路发展有着不可替代的作用。为此，加强高速公路路政管理队伍的建设应以“内强素质，外树形象，严格执法，快速反应”为重点。首先要把好入门关，强调执法队伍的整体素质，除具有较高的文化程度（大专以上学历）以外，还应加强思想政治教育，强化军事化

管理，加强安全生产管理，提高政治、文化、业务、职业道德素质，锤炼高速公路路政管理队伍高度的组织纪律性和快速反应能力。另外，要全方位、多层次开展业务培训和业务考核，提高高速公路路政管理人员的业务素质、执法水平、快速反应能力和处理突发事件的能力。塑造一支与时俱进、开拓创新的管理队伍，这样才能适应现代化高速公路路政管理的需要。

（3）法律依据　随着我国经济的发展和社会法制化进程的深入，公民、法人和其他组织均已明显增强了保护自己合法权益的意识。这就要求路政管理部门严格依法行政，建立各种监督机制，完善法律依据，并努力提高执法人员的执法水平。

我国对高速公路管理工作日趋重视，国家和地方颁布了一批法律、法规、规章，如《中华人民共和国公路法》、《高速公路交通管理办法》及各地方政府出台的管理办法和管理法规，都为高速公路的路政管理提供了必要的法律依据。

（4）管理内容　管理内容是高速公路路政管理总体结构中的主要部分，它在保护路产、维护路权、维持公路秩序和保护权益的基础上，涵盖了非常广泛的内容（第四章第一节已介绍），使路政管理方面的法律、法规具有了很强的可操作性。随着时代的进步，社会的发展，现代化高速公路路政管理将会在法律保障的前提下不断被赋予新的内容。

二、路政管理中应注意的事项

（1）《行政复议法》实施后，申请复议的一般期限由原来《路政复议条例》规定的“如不服本决定，可以在接到决定之日起 15 日内向上一级交通主管部门或地方人民政府申请复议申请”，改为 60 日。以前路政机关制作的《路政处罚决定书》中，在告知路政管理相对人的救济途径时的表述，基本上按国家 15 日的一般期限作废，连其他法律、法规所规定的少于 60 日的期限也一同作废，一律按 60 日执行。各种关于行政复议申请 15 日期限的规定，在 1999 年 10 月 1 日起均不再适用。在制作路政处罚处理决定和进行路政执法时，应统一按《行政复议法》第九条的规定制作和执行。

（2）《行政复议法》第二十四条规定：“行政复议过程中，被申请人不得自行向申请人和其他有关组织或者个人收集证据。”原来《行政复议法》没有此限制，但实践中经常发生被申请人违反“先取证，后裁决”原则，在复议过程中向申请人或其他人收集证据的现象。这种做法不仅给申请人造成压力，也不利于复议机关判断具体行政行为的合法性，是一种典型的程序违法行为。因此，作为路政主管部门，在处理路政案件过程中，在实施路政处罚或处理决定之前，就应充分收集有关证据材料，如果在证据材料尚未充分证明路政处理或处罚的合法性之前就匆忙作出行政处理、处罚决定，在复议期间再收集有关证据材料，其收集的证据材料不属于复议机关的复议审查对象，有可能会被复议机关撤销其具体行政行为。

（3）在路政执法活动中，应注意适用法律、法规要准确，引用的法律条文要具体到条、款、项。作出的行政处罚要有法律出处并符合法律规定，不然作出的具体路政行为无效，同时还会影响路政管理部门在人民群众中的威信。

（4）在路政管理活动中，行使各种权利必须在职权范围之内，注意防止越权行为。

（5）我们一切工作的宗旨都是为人民服务。所以，路政管理活动既是管理，也是服务，要本着方便群众，保障安全的原则，工作中注意做到文明执法、礼貌待人、态度热情，为司乘人员提供良好的行车条件。

【复习思考题】

1. 简述高速公路路政管理的含义及路政管理的意义。
2. 试述高速公路路政管理的内容、特点。
3. 试述路政管理的实施方法。
4. 简述路政管理的职权范围。
5. 简述高速公路路政复议。
6. 简述路政管理应注意的问题。

第五章　高速公路交通安全管理

【学习目的】

通过本章学习，学习高速公路交通流及其特征，交通管理的概念，交通管制的概念、特点，交通事故的定义和分类；理解交通管理的意义，交通管理的特点；熟悉交通管制内容，交通管理系统，高速公路交通事故的特点，高速公路救援系统；掌握高速公路交通控制的内容，高速公路交通事故的原因分析，交通管理的内容；具备高速公路事故处理的基本能力；了解高速公路上驾驶员特征。

交通管理是高速公路管理的一个重要组成部分。国内外大量的实践已经证明，只有科学地应用高速公路上一系列现代化的管理系统，集中、统一、高效地进行交通管理，才能充分发挥高速公路快速、方便、舒适、安全、经济的特点。高速公路行车速度高、通行能力大、设施完备，应建立一套完善的法规体系，成立集中、统一、高效的管理机构，进行现代化的交通管理。

第一节　概　　述

一、交通管理的意义

高速公路交通管理是对高速公路上的车流按有关规则和要求，合理地引导、限制和组织交通流，运用各种现代技术进行交通安全管理和事故处理，以保障交通快速、安全、舒适、畅通的总称。

随着高速公路通车公里数的增加并逐步形成网络，高速公路的交通管理已成为突出问题。当前我国高速公路的管理模式各不相同，常出现“一路两制”、“政出两门”、相互掣肘、相互推诿的现象，使高速公路效益不能充分发挥。特别是我国高速公路多由借贷、集资或吸引外资方式来建设，需要收取通行费偿还本息，有债务经济问题、管理人员工资开支问题、公路本身养护、维修问题，还有现代化交通控制与管理设施的开发使用等问题，如果负责集资建设公路的公路管理部门不管交通，就无法统一解决上述问题。而机构重叠，政出多门，更无法发挥先进设施的作用。随着高速公路逐步向联网方向发展，管理不顺将更加制约高速公路的使用和发展。因此，在认真总结国内外高速公路交通管理经验的基础上，应结合我国高速公路特点，开辟一条适合我国国情的“集中、统一、高效、特管”的高速公路交通管理体系。

高速公路的交通管理应有素质较高的各种专业人才，集中、统一、高效的管理体制，完善的规章、法规，先进的设施和手段。交通安全人员应以法规为手段进行管理，公路管理人员以先进的技术手段进行管理，养护、路政、交通安全部门相互配合，医院、消防、救援等部门大力协助，交通管理是一个多学科的系统工程。

二、高速公路交通管理的特点及任务

（一）高速公路交通管理的特点

高速公路的交通管理不同于一般公路及城市道路，主要区别有以下几点：

（1）高速公路采用现代化的通信、监控设施，实施系统管理。采用检测、微机处理手段收集车辆运行、道路状况等方面的数据，从而指挥事故处理，进行交通控制和管理。其技术密集、设施投资大，是一般公路和城市道路无法比拟的。

（2）高速公路交通管理的任务复杂、手段先进、要求快速是高速公路交通管理的又一特点。例如：事故排除速度对高速公路运营至关重要，不及时则可导致连锁反应，产生次生和重复事故。制止违章要在不影响交通安全的情况下才能做，不然可能导致其他车辆之间必然事故等，均不同于一般公路。

（3）管理体制及任务分工在归口上不一致。一般公路和城市道路是国家和各级政府投资，但我国目前高速公路多是集资、贷款或引进外资修建，按谁投资谁管理的市场经济原则，理应由负责高速公路筹资、还贷部门统一归口管理。从管理内容上看，也远非交通公安一家可以完成，必须多部门统一协调工作。

（二）高速公路交通管理的任务

（1）经常进行交通巡逻、检查，发现高速公路上出现问题，及时向中心控制室报告信息。

（2）当发生交通事故时，按中心控制室排除事故指令，及时赶赴现场疏导交通、处理交通事故。进行交通事故勘察、调查；和救援、救护、消防部门一起，进行救援、救护、救灾；配合路政部门清障保通，参与有关行政诉讼活动和结果处理，依法履行“治安管理处罚”职权。

（3）参与交通控制与管理。对不良气候条件的交通进行控制和限制；对交通拥挤问题，采取必要措施。

（4）纠正交通违章，负责交通执法，协助高速公路收费，协助通信、监控、收费等部门进行治安管理。

（5）对高速公路行车安全进行宣传、教育，对违章驾驶员进行培训和处罚。

三、高速公路交通流概念及特征

（一）有关概念

1. 交通量

单位时间内通过公路某横断面的车辆数称为交通量或流量，单位为辆/h。经常用的有小时交通量、小时最大交通量、平均日交通量或30h交通量。

2. 车辆速度

单位时间内车辆运行的距离称为速度，单位为m/s、km/h，它有时间平均速度（点速度）和区段平均速度（调和中项速度）两种。平均速度是定点观测到的速度的算术平均值，区段平均速度是表示平均行程时间的速度，为定点速度的调和中项。

3. 交通密度

指单位路段的车辆数，也可以用车道占用率表示。它可用路段上所有车辆的长度总和与路段长度的比率表示。现场多利用车辆检测器（感应线圈、磁力计、超声波反射仪和光电管等）占用时间总和与观测总时间的比率计算出交通密度和速度。

4. 交通量、密度和速度的关系

速度 V 和密度 K 的关系：$V = A - BK$　　式中：A、B为常数。

交通量 Q 和密度 K 的关系：$Q = AK - BK$

交通量 Q 和速度 V 的关系：$Q = V(A-1)/B = (AV-V)/B$

以上各种关系，都与实际交通状况略有出入。

（二）高速公路的交通流特征

从交通关系上分析，高速公路交通流具有以下特征：

1. 速度—密度—流量特征

（1）自由行驶状态　车速为（80～100）km/h，车辆密度不得大于每公里约25辆，车流量不得大于每分钟30辆。

（2）不稳定状态　车速为（40～80）km/h，车辆密度每公里为25～45辆，车流量每分钟约为30～40辆。

（3）拥挤阻塞状态　车速小于40km/h，密度不大于每公里45辆，车流量每分钟低于30辆。

2. 车辆跟踪特征

（1）当 Q=20辆/min时，约有一半的车辆车头间距不大于2s。

（2）当 $Q>30$ 辆/min 时，行驶在路上的 85%的车辆处于跟踪状态。

（3）当 $Q\geqslant 40$ 辆/min 时，车辆都处于跟踪行驶状态。

3. 车道分布特征

单向双车道平均每条车道的饱和状态流量为 1 950 辆/h，各方向为 3～4 条车道时，每车道的饱和流量为（1 750～1 850）辆/h。单向三车道是，关闭 1 条，通行能力下降 50%，关闭 2 条，通行能力为三车道的 31%。

4. 拥挤、阻塞

高速公路一般被视为车辆通行效率最高的一种公路。在高速公路上，车辆行驶速度较高，较为通畅，交通量也比一般道路大得多。但是，当交通需求超过通行能力时，则发生经常性阻塞、拥挤。当路上发生交通事故、车辆事故、货物掉落、不利气候条件或其他有害事件，则可引起非经常性阻塞。

在理想条件下，高速公路每车道的通行能力大约为 1 800 辆/h。当交通需求超过这一数值时，就会发展为瓶颈，而发生交通拥挤。

典型的交通拥挤现象为：行车速度低，停停走走的无规律行驶，行程时间无法预测，运行成本增大，事故频率提高，能源浪费、空气污染、以及其他不利情况。

另外，有时交通拥挤还与未限制出入有关，即进入匝道交通量与主线交通量相加导致合流路段交通量超过通行能力，使主线产生交通拥挤。还有由于道路几何上的缺陷，如车道减少、交织路段短、道路横断面窄、视线不良、互通式立交不合标准等引起几何瓶颈，造成交通拥挤。

要解决拥挤或阻塞，必须充分利用高速公路交通控制系统，借助交通管制手段，合理地分配、疏散、限制交通流。其中路口和匝道的控制是避免自然拥挤式阻塞的有利对策之一。

第二节　高速公路交通管理和控制

一、交通管制的概念、特点、内容

（一）概念

交通控制，即采用人工或电子技术，如信号监视、监控系统等科学方法和手段，对动态交通流实行控制。

交通管理是对道路上的车流，按交通法规和规则、要求，合理地引导、限制和组织交通流的总称。

现代交通的控制与管理，简称“管制”。交通管制的目的是使高速公路上运行的车辆获得最少的停车、最短的运行时间、最低的消耗、最大的交通量、最低的事故率。

（二）特点

（1）指导性　可以指导交通流重新分配。疏散拥挤，避免事故，调整已紊乱的交通秩序，改变交通管理被动局面。

（2）协调性　即通过各种方法协调人、车、路、环境关系，通过各种方法使其逐步达到一致，充分发挥公路网和道路设施的作用。例如，可以通过控制出行量以协调供需总量的矛盾，控制出行时间以协调供需关系在时间轴上的不平衡。

（3）较强技术性　高速公路采用各种现代化通讯、监视、监控技术手段，因而具有高科技、技术密集特点。

（4）强制性　高速公路的交通管制多以法规、制度形式出现，具有强化管理性质。

（5）教育性　各种法规和规章制度必须广泛宣传教育，并进行必要培训、考核，以教育大家自觉执行。

（6）协作性　高速公路中的交通管制，是要多部门相互配合的系统工程，不可能由一个部门单独处理高速公路交通管制中的所有问题，只能是各部门各司其职，按章执法，相互有机配合和协作。

（三）内容

1. 技术方面

（1）协助设置交通工程设施包括标志牌、路面标线、护栏、分隔带、安全岛、情报板等。

（2）协助设置监视、监控、通信系统包括信息收集、传递、处理、提供。

（3）实行车辆检测。

（4）临时划定专用车道、单向行驶、渠化交通和变向交通等。

（5）事故勘察与处理。

2. 法制方面

（1）监督执行有关交通管理条例或法规。

（2）建立和执行车辆登记、检验等管理章程和制度。

（3）组织交通管理职能机构。

3. 宣传教育方面

（1）加强对驾驶员的安全宣传教育，按规定严格培训和考核制度。

（2）加强对交通法制、法规宣传，严格执法，使全社会共同关心、重视高速公路交通管制。

二、管理系统的组成

从世界各国的管理系统看，不管管理体制如何不一，均大体由类似的若干个职能部门组成，一般包括中央控制室、公安、通信、路政、养护、救援、救护等部门。它由以下 4 个大部分组成。

（1）由设在公路上的终端设备组成的信息收集系统。

（2）设在管理中心的信息处理及控制系统。

（3）由设在公路上的终端设备组成的信息提供系统。

（4）中央控制室与终端之间的通信及信息传输系统。

信息采集系统、信息处理及控制系统、信息提供系统、通信及信息传输系统，均将在第七章详述。这里为了介绍交通管理，仅对有关部分概略介绍一下。

（一）中央控制室

设在高速公路管理部门的中央控制室是进行交通控制与管理的核心部分。它把终端设备收集来的信息进行处理、加工，然后再向终端设备发出工作指令，以实现交通控制及管理的目的。它相当于整个系统的总决策部、总指挥部。

中央控制室由计算机室、交通状况监测装置、操作台及其他业务设备组成。

1. 计算机室

计算机室一般配备有中央处理装置及操作系统、信息收集系统、信息显示系统等几个辅助处理装置。为防止因故障而中断，还配备有备用机，配备的数量由业务规模决定。

2. 交通状况监测装置

设置在中央控制室内的交通状况监测装置包括一块大型的沿线地图模拟监测板、交通数据监测板、监测电视及图像显示设备。

3. 操作台

管理人员通过操作台的各种键盘操作板实现交通控制，操纵可变情报板、监测电视与数据板，并将必要的数据输入、显示、存储、传输、打印。

4. 其他设备

随着电子技术的不断发展，中央控制室的设备也不断更新和增加。现在不少中央控制室都已配置了传真及数据通信设备，供管理中心之间交换数据用，各种办公自动化设备也在中央控制室得到广泛应用。

（二）信息采集系统

各种交通信息、道路信息、气象信息是中央控制室进行交通控制及管理的根据与基础，信息的内容和数量直接反映高速公路的控制与管理水平。

这些信息都是通过各类信息采集的终端设施提供给交通管理中心的。

1. 交通数据采集设施

交通量、车速、道路占有率等交通情况的数据是交通管理与控制的基本依据，这些数据是通过各类车辆检测器测定的。车辆检测器设置在高速公路的出入口及主线上，设置间隔根据道路的重要程度及交通量来选择。例如城市高速公路比较密时，500m 左右就设一处；城间高速公路比较稀时，有的相隔 2km 以上，还有的甚至只在互通式立体交叉出入口处设置。一般在交通密度大、易堵塞地段设置车辆检测器时应密一点。

车辆检测器的种类很多，有环形线圈检测器、磁性检测器、雷达检测器、超声波检测器、发光检测器、摩擦电检测器。

2. 紧急电话

紧急电话设置在高速公路两侧的土路肩上，主要供车辆发生事故或故障后与管理中心取得联系，请求指示或救援用。巡逻车及一般汽车也可利用紧急电话向管理中心报告交通情况。紧急电话一般每 1km 设置一部，而在城市高速公路上应设置得密一些（500m），它只需取下话筒或按一下按钮便可与管理中心通话，但它不直接与市内电话网相接。

3. 巡逻车

高速公路管理部门及交通安全部门都派有巡逻车在高速公路上不断巡回，以及时发现事故及道路设施损坏的情况，纠正违章驾驶、违章停车，并用无线电话或紧急电话向管理中心报告。巡逻车的数量一般按全天候巡逻，以每小时通过一辆为好，如车辆太少将失去作用。

4. 电视监视、气象检测器、轴重计及超重录像

（三）信息提供系统

交通控制与管理的最终目的是为汽车用户服务。服务的方式是向驾驶员提供交通信息或发出命令、指令，向驾驶员提供的交通信息有两个目的：

（1）促使驾驶员采用合理的行车方式及路线，以节约时间、降低成本、增加用户效益。

（2）促使驾驶员选择多种行车方式及路线，使道路交通量均匀分布，提

高道路利用率及整体社会效益。高速公路信息提供系统的组成，各高速公路可根据情况采用全部或其中一部分。

1. 标志牌

与一般公路及城市道路一样，固定式交通标志是高速公路提供信息的非常重要的手段。按我国《道路交通标志和标线》（GB5768—1999）的规定，高速公路标志分为主标志和辅助标志两大类。高速公路的主要标志按其作用分为以下 4 种：

（1）指示标志　指示车辆行进或停止和车道名的标志，采用圆形或矩形图案。

（2）警告标志　警告驾驶员注意高速公路设有各种有可能影响行车安全情况的标志，采用等边三角形图案。

（3）禁令标志　是禁止或限制车辆、行人行进的标志，如限制速度标志等，采用圆形、八角形、倒三角形。

（4）指路标志　是传递道路方向、地点、距离信息的标志。其中，立交出入口的预告标志、服务设施的内容标志是高速公路的两种最重要的标志。服务设施的内容采用各国通用的识别符号，英文字母 P 代表停车场，汤匙与叉子表示食堂或餐厅，加油柜表示加油站，扳手表示修理站，还可以用红十字或英文字母 SOS 表示卫生急救站，用床表示旅馆等。

为了使标志牌昼夜都清晰可见，标志都采用灯光标志或反光标志。反光标志利用玻璃微珠的回归定向反射性能，具有良好的可见性，且不需照明电源，使用最为普遍。

标志牌的文字与图案必须保证在高速情况下容易辨认。正常人读清楚标志牌的内容一般需 1～2s，以时速 100km 行驶 1.5s 计算，辨认距离约需 40m，驾驶员的视野不超过 15°。为使驾驶员对标志的内容有足够的反应时间，必须在距离标志牌 40m 前就辨认完毕。因此，标志牌的文字图案必须保证在距离 80m 前就看清楚。根据这个要求，重要地名的汉字应有 50cm 的高度，且应尽量采用笔划少的文字。

2. 路面标线

路面标线的作用是配合标志牌对交通作有效的管制并指引车辆的行驶线路，以达到交通顺畅及安全的目的。

在高速公路主线上，路面应标有车行道的路缘线（白实线）及车道分隔线（白虚线）。在出入口还应画出导流岛、斑马线以及变速车道线。

为了保证夜间及雨天标线清晰可见，高速公路的路面标线也宜采用玻璃微珠反光标线，油漆宜采用加热融化型，它与路面粘结力好、耐磨，比普通油漆线明亮耐久。

3. 可变情报板、可变标志

高速公路除了用标志牌、路面标线等信息向驾驶员提供信息外，最大的特点是可以用可变情报板、可变标志随时发出指令，向驾驶员提供关于交通事故、交通阻塞、道路维修施工或气象情况等随机情况。有可变情报板和可变标志。

4. 交通广播及路侧通信广播

利用汽车收音机提供信息是最直观的方式，它比利用视觉更方便，且不必分散精力去注意路边的标志或情报板。因此，不少国家的国营或私营广播电台都有专设的交通信息中心广播节目时间，用中波或调频（FM），定时播送高速公路及附近一般公路的交通情况。为了及时准确地广播，高速公路管理中心的中央控制室都附设有交通信息中心播音室，在交通节目时间里，所有广播电台都播送交通信息中心发出的同一内容。

但是，这种交通广播节目有它的局限性，并不能满足高速公路的需要。一是它只能在固定的时间里向大范围全域广播相同的内容，所以它不能随时提供重要信息，而重要信息的时间性是很重要的。二是缺乏针对性，大部分驾驶员将不得不收听与他毫不相干的内容。

为了解决这个矛盾，一些国家已开始采用路侧通信广播系统。它首先开辟在城市高速公路及城间高速公路的大城市近郊、互通式立交桥、冬天气候条件恶劣的地段。

路侧通信系统是利用设在路肩或中央分隔带上的感应天线进行广播，不用播音员，广播内容是中央控制室根据收集到的信息由计算机编辑加工并经过声音合成后发出的。由于它可以通过路段所设置的发射天线，对不同的路段、不同的车流方向播送不同的内容，播送的信息量大，内容随时间地点而变，有针对性和很大的自由度，因此是对可变情报板的重要补充。

（1）信息处理及编辑装置　将信息收集系统得到的交通信息不断编辑加工，按照优先程度选择应该提供的信息内容。

（2）声音合成装置　中央控制室或终端利用大容量的话音存储器实时地将所选择的信息转换成声音。

（3）监测装置　监测合成的声音，必要时可以由播音员直接播音。

（4）路侧广播装置　由天线及发送部组成，将中央装置的模拟话音信号变成高频振幅调制信号从天线发射出去，供汽车收音机收听。

（5）指示标志牌　在提供路侧通信的路段起始点前预告广播的频率。

5. 高速公路信息中心终端

在服务区、停车场等设立交通信息中心的集中服务大楼，已开始在一些国家出现，以便向用户提供大量的信息。这里提供的信息以交通为中心，扩大到金融、股票、商业流通、旅游、气象等各类信息，并提供行车路线优化选择服务。为了实现这一目的，服务大楼设置了包括图像通信、数据通信、电视数据、电视投影、传真等各种最先进的电子设备终端，供用户查询及办理各种业务。同时交通管理中心可利用终端发布集中的、大量的交通信息和指令。

6. 紧急情报提供系统

当发生地震或其他自然灾害、大规模汽车公害等紧急情况时，紧急情报提供系统将通过广播、情报板等一切可利用的手段，指导驾驶员，实行紧急疏散或采取其他措施。

（四）高速公路通信系统

中央控制室与信息收集、提供系统终端之间，需借助于通信系统进行联系。

高速公路通信系统的组成：

① 管理中心（或子中心）调度电话、业务电话、监测电视、业务电视、传真机、计算机；② 收费处传真机、业务电话；③ 公路养护部门；④ 紧急电话；⑤ 交通量监测器；⑥ 气象监测系统；⑦ 各种可变情报板；⑧ 公路广播系统、路侧通信广播；⑨ 移动无线通信；⑩ 速度限制标志牌；⑪ 电视摄像机；⑫ 隧道防灾设施、监测电视、火灾探测器；⑬ 服务区、停车场的交通信息中心终端；⑭ 中央控制室：计算机、交换机、声音合成装置等；⑮ 对称电缆；⑯ 光缆。

高速公路的通信系统的三种通信方式：

（1）电话通信　分为有线通信的紧急电话、业务电话、指令电话以及移动无线通信的车载电话。

（2）数据通信　传输各种检测器、可变情报板、路侧通信等数据。

（3）图像通信　传输监测用工业电视录制的图像。

传输线路采用普通的金属对称电缆及近年来迅速发展起来的光纤维电缆。

1. 高速公路电话通信系统

电话系统是高速公路控制与管理的最主要工具。例如，当事故、车辆故障、火灾等紧急情况发生时，高速公路采用电话通信联络系统。高速公路的电话系统包括紧急电话、调度电话、业务电话、移动无线电话、利用外线电话或热线电话。

紧急电话是在公路上发生交通事故等各种紧急情况时供当事人或过路车

向中央控制室报告联络用的电话。

调度电话是中央控制室向有关部门同时下达事故处理指令时使用的专用电话。

业务电话是管理中心业务部门互相联络用的内线电话。

除高速公路本部门的通信系统外，中央控制室还可以通过外线电话或热线电话与医院、民间救险部门保持联系。

移动无线电话是一种移动式通信系统，现在已广泛使用。它可以直接拨号与其他汽车或一般市内电话通话，甚至可以打国际电话。

2. 光纤通信系统

光纤通信是利用光沿着光导纤维传播的特性，用光缆作为传输媒质，并经过光电变换达到通信的目的。它除了比金属对称电缆经济外，还具有抗干扰性强、损耗小、中继距离长、传输容量大、线径细、质量轻、可绕性好、铺设容易等优点。高速公路的数据通信和图像通信要求具有宽频带特性，因而光纤通信特别适用。

三、高速公路交通控制

高速公路交通控制，是通过对当时监视系统收集到的交通流基本数据进行分析与处理，作出最适用当时具体交通情况的控制方案，并通过硬件设备显示给高速公路使用者必要的情报、信息、命令，为改善人和货物的运输安全而对高速公路交通进行调节、警告和诱导，从而实现充分合理地使用道路的目的。

根据交通流理论，当高速公路的交通量超过道路容量时，就会发生交通拥挤。人们将交通需求超过容量的那一段高速公路称为瓶颈。瓶颈的出现可能是由于交通需求超出容量，或者是由于容量下降到低于需求水平。高速公路的交通拥挤是控制系统要解决的主要问题，高速公路的瓶颈交通拥挤现象可以通过交通量密度及速度这些参数及它们之间的关系来描述。图 5-1 表示出交通量与交通密度之间的关系曲线。

由图 5-1 可知当交通密度从零增加到 K_1 时，交通量迅速增加，这时的交通流处于非拥挤状态；当交通密度 K_1 继续增大到 K_2 时，交通量仍随密度增加而增大，但趋势变缓，此时的交通量已接近道路的容量。K_2 称为最佳密度，它所对应的交通流量最大；当密度由 K_2 增加到 K_3，这时的交通量呈下降的趋势，同时，由于密度增大，发生交通拥挤与阻塞的可能性也增大；当交通流密度超过 K_3 进一步增大时，将引起交通量的急剧下降，并伴随着较严重的交通拥挤与延误。理论上当交通密度等于 K 时，道路的交通流量将等于零，称

K 为阻塞密度。因此，密度大于 K_2 时的交通流称为拥挤交通流。而 K_1 到 K_2 阶段，为交通拥挤与非拥挤的过渡。

由于拥挤期间伴随车速低、车辆时停时开的情况，将造成旅行时间的增加与较大的行车延误，直接导致交通运输成本增加。较低的交通流量表示高速公路使用效率的下降，影响高速公路系统效益的发挥。运输车辆时停时开的状态，将增加发生尾端冲撞事故的可能性，车流的低速度又会增加二氧化碳等有害气体的排放量，导致空气污染增大。由此可见，交通拥挤的控制是十分必要的。同样由图 5-1 可以看出，高速公路的交通拥挤、交通流量的下降及环境的交通污染，主要是由于交通流密度增大导致的结果。因此可以看出，控制高速公路交通流的密度是控制交通拥挤的关键所在。

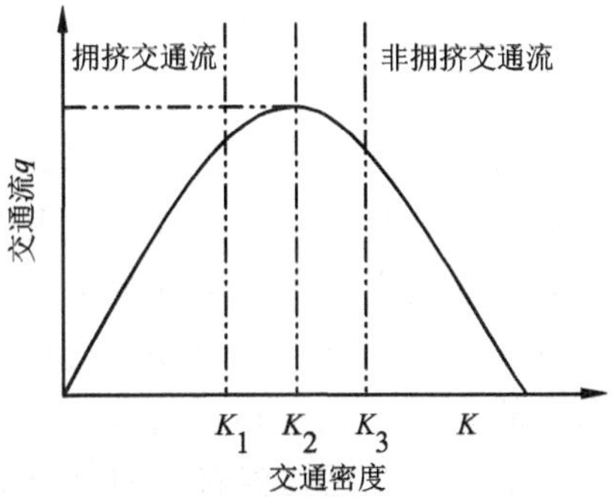

图 5-1　交通拥挤与交通量及交通密度之间关系

为满足超过道路容量的交通需求问题，可采取修建高速公路附加车道的方式解决。但用于高速公路加宽的费用很高，因此，从高速公路交通管理与控制入手，对交通需求进行调整，尽量防止超容量的情况发生。在目前经济实力有限的条件下，在道路超容量时，采用交通控制显得十分重要。

交通控制有以下两种方式对高速公路交通密度进行调节与控制：

（1）交通限制　即限制和调节驶入高速公路拥挤时间与拥挤路段的交通量。

（2）交通引导　即建议高速公路的车流速度、行驶路线、使用车道和时间。

目前高速公路上常用的交通控制方法有匝道控制、主线控制、通道控制，其中匝道控制应用最广。

第三节　高速公路交通安全管理

一、交通事故的定义和分类

1. 交通事故的定义

对于道路上发生的交通事故，人们称为车祸、交通肇事等。但是，如果要给道路交通事故下个定义，就会发现可以有很多种表述形式。这里按《道路交通事故处理办法》中第2条的规定，道路交通事故（简称交通事故），是指车辆驾驶人员、行人、乘车人以及其他在道路上进行与交通有关活动的人员，因违反《中华人民共和国道路交通管理条例》和其他道路交通管理法规、规章的行为、过失造成人身伤亡和财产损失的事故”。就是说，出了车祸不一定都是道路交通事故，能够构成“道路交通事故”的还须具备以下几方面的要素：

（1）有违章行为人员　人员是构成交通事故的主体，人员的违章行为是构成道路交通事故的必要条件。人员包括参与交通的人员或从事与交通有关活动的人员或法人。参与交通的人员是指车辆驾驶员、人和乘车人。驾驶员又分为机动车驾驶员和非机动车驾驶员，如骑自行车的人、赶畜力车和推、拉人力车的人员；从事与交通有关活动的人员是指那些在道路上施工养护、堆物、作业、违章摆摊经商、打场晒粮等占用道路的人员或电力、通信、管道、建筑等行业设置穿、跨道路的物体，有可能妨碍交通或造成事故的个人或法人。这些人员不是以道路交通为目的，但他们的活动却与道路交通有密切联系。例如某高速公路养护部门擅自断路进行养护，将上行车辆引入下行线，造成上、下行车辆剧烈相撞车毁人亡的重大事故。这些养护部门、施工人员和指派进行施工的具有法人资格的单位领导人，虽未参与交通也未受到事故伤害，但他们已成为了交通事故的当事人。需要指出的是，他们之所以能够成为交通事故的当事人，主要是这些人员违反了《中华人民共和国道路交通管理条例》，公安部发布的《中华人民共和国高速公路交通管理办法》，以及有关道路交通管理的部门规章，和各省、自治区、直辖市人民代表大会或政府规定的有关道路交通安全方面的国家技术标准等。如果参与交通或从事与交通有关活动的人员无违章行为，像遇到飓风、海啸、地震、洪水以及山体滑坡等人的主观意志之外的情况，造成参与交通或从事与交通有关活动的人员、车辆、财物的损害，就不能称之为道路交通事故。

（2）有运行中的车辆　车辆是构成交通事故的重要条件，如果说造成损害的各方当事人中任何一方都未驾驶车辆，比如行人与行人相撞就不能叫做交通事故。这里所说的车辆是指《中华人民共和国道路交通管理条例》第三条规定所列举的机动车和非机动车。其中，机动车指汽车、电车、电瓶车、摩托车、拖拉机、轮式专用机械车等以燃料、电力为动力的车辆；非机动车指畜力车、自行车、三轮车、人力车、残疾人专用车等以人力畜力为动力的车辆。根据交通事故的定义，这些车辆还必须是在运行过程中互撞或与行人、固定物发生碰撞，才能称为交通事故。如果行人碰撞处于停止状态的车辆上；乘车人从静止的车上跳下造成伤害是不能称它为交通事故的。

（3）在国家实施行政管辖的道路上　道路是构成交通和交通事故的空间条件，没有道路就谈不上交通事故。但是道路也与“人员”和“车辆”一样，有着自己的特定的含义和要求。《中华人民共和国道路交通管理条例》第2条为道路交通事故中的“道路”规定了范围：“道路，是指公路、城市街道和胡同（里巷）以及公共广场、公共停车场等供车辆、行人通行的地方”。人员和车辆在上述道路和地方通行，必须受到《中华人民共和国道路交通管理条例》的约束，接受公安交通管理部门的管理。但在其他的道路，如厂（场）区、机关、学校、单位院内、机场、港口、货场等不是供社会人员、车辆公共通行的道路上发生事故，比如机关院内的道路上汽车轧伤了行人，由于《中华人民共和国道路交通管理条例》不适用于机关院内，公安交通管理部门无法依据有关法规进行处理，因此该类事故只能由机关按照内部规定或由人民法院处理。

（4）有过失造成的损害　道路交通事故是指有人员伤亡或财物损害结果的事件，没有损害结果不能称其为事故，但又不是所有有损害结果的事件都是交通事故。如故意用车撞人、车制造车祸的就不可能作为交通事故处理，而是故意犯罪行为。道路交通事故造成的损害，均是由于行为人主观上过失造成的。所谓过失，表现为行为人过于自信或疏忽大意。

以上 4 个方面是道路交通事故的构成要素，缺一不可。缺少其中一个就不能称之为道路交通事故。

2. 交通事故的分类

（1）按后果严重程度分　道路交通事故等级划分标准是事故处理和统计工作中都涉及到的一个重要问题。我国有关部门在不同的历史阶段，多次对道路交通事故等级标准进行了修改。从1992年1月1日起在交通事故统计和处理中使用新的道路交通事故等级划分标准，具体等级划分如下：

1）轻微事故　是指一次造成轻伤 1～2 人，或者财产损失机动车事故不足1 000元，非机动车事故不足200元的事故。

2）一般事故　是指一次造成重伤 1～2 人，或者轻伤 3 人以上，或者财产损失不足3万元的事故。

重大事故，是指一次造成死亡 1～2 人，或者重伤 3 人以上 10 人以下，或者财产损失3万元以上不足6万元的事故。

3）特大事故　是指一次造成死亡3人以上；或者重伤11人以上；或者死亡 1 人，同时重伤 8 人以上；或者死亡 2 人，同时重伤 5 人以上；或者财产损失6万元以上事故。

这里死亡人数指交通事故发生后 7 日内死亡的人数。国外不同国家统计死亡人数的天数是不同的，如法国、日本是 6 天。轻伤、重伤的区别应按照最高人民法院、最高人民检察院、公安部、司法部发布的《人体轻伤鉴定标准（试行)》、《人体重伤鉴定标准》确定。对于财产损失，只统计交通事故造成的车辆财产直接损失折款，不含由交通事故引起的其他间接损失。在人员伤亡事故中，要计算现场抢救（险）费用，但不能计算因交通事故停工、停产、停业造成的间接损失。

（2）按交通事故的要素划分

1）人的因素　这里的人包括驾驶员、乘客、行人、作业人员和道路的管理人员。

2）车的因素　由于车辆的各种原因所造成的交通事故，这里的车包括机动车和非机动车。

3）道路的因素　由于道路的设计、施工、养护以及管理上的原因所造成的交通事故。道路可分为高速公路和非高速公路。

4）其他因素　由于气候环境等因素造成的交通事故。

在每次事故中有可能是由于单个因素所造成，同时也有可能是多个因素的共同结果。

（3）按交通工具分类

1）机动车事故　指在事故中当事方机动车负主要责任的事故。

2）非机动车事故　指畜力车、三轮车、自行车等非机动车负主要责任的事故。

二、高速公路交通事故的特点

我国高速公路交通事故有如下特点：

（1）车速较高，反应时间不足造成的事故所占比例大　高速公路车辆行驶速度较快，一般设计时速为 90～120km/h，有些车辆的速度甚至更高。在这样的速度下车辆的制动距离在 60～80m，再加上出现紧急情况时作出反应的距离约 30～60m，两者相加有 100m 左右，同时，由于高速时人的生理和心理状态变差，这样就比普通公路更容易发生意外。据宜（昌）黄（石）路武黄、车仙段统计，从开通至 1992 年底，超速行驶引发的交通事故达事故总数的 22%。

（2）特、重大交通事故多　高速公路虽然事故率低，但由于汽车行驶速度提高，一旦发生往往都是恶性事故，一次事故殃及的车辆多，死亡率也高。常常听到有关数十辆甚至上百辆汽车相撞的特大交通事故，多发生在高速公路上。我国较早建成的沈大高速公路 1990 年交通事故的致死率为 28%，而同期 202 国道交通事故的致死率仅为 16%。1994 年，全国仅有 1 555km 高速公路发车和行人上路，所以骑车人、行人引起高速公路交通事故极少，但也有高速公路运行之初，附近居民安全意识淡薄，仍有行人穿越、步行在高速公路上，任意上下车、玩耍而引发的车祸。发生交通事故 2 877 起，死亡 538 人，伤 1 157 人，事故死亡达 18.7%。

（3）驾驶员违章操作是诱发事故的主要因素　与普通公路不同，高速公路全封闭、全立交，禁止非机动车和行人上路，就成渝路上看：10 月 14 日简阳所路政制止行人 30 人，纠正违章占道 3 起，收缴自行车 2 辆。1995 年济青高速路上因行人发生事故 14 起，1996 年发生事故 15 起。但从高速公路事故的成因来看，驾驶员不合理操作是高速公路上交通事故的主要诱发因素。沈大高速公路事故成因分析表明，违章超车违章变更车道、违章停车及超速行驶造成的事故占总数的 64.3%。几次重大的追尾事故都是因为雾天能见度差，驾驶员仍然高速行驶，遇上突发事故未能及时避开而造成的。

（4）车辆故障与交通事故具有同等危险性　高速公路由于车流密度大，车流速度快，行驶中汽车出现故障，而又不能及时停靠或紧急停车，常常酿成追尾相撞的特大交通事故。在高速公路上行车，车辆故障，尤其是行车装置、操纵控制装置的故障与交通事故具有同等危险性。

（5）高速公路的事故多发路段　高速公路技术标准高，建设质量大都比较好，因此，完全因路而发生的交通事故所占比例不大，一般只有百分之几。但几乎每条高速公路都不同程度地存在事故多发路段。与普通公路不同，高速公路事故多发路段很少有直观反映为线型或路面为单一原因，一般为多种因素的综合影响。这既有道路设计施工中平纵横排水组合不当及因路面磨损摩擦系数下降的原因，也有与不良气候等自然条件的偶然巧合及驾驶员因疲劳或思想麻痹的原因。

（6）气候影响大　高速公路上汽车速度高，下雨天容易产生高速水膜滑行（水漂）现象，这时轮胎不是跟路面接触，而是托在水膜上滑行，轮胎的摩擦力几乎为零，制动失控、转向盘不灵，极易发生事故。另外因高速公路上车速高，雾天能见度低，冰雪天路面滑，均比一般公路易发生事故。

（7）碰撞是高速公路交通事故的主要形式　而追尾一般是由超速行驶引起，撞物、撞车主要由超速、超车、措施不当引起，翻车主要是由于雨、雾、雪天气的影响，加上不按限速行驶及措施不当引起的。其他高速公路事故形式均与此事故形式相似（成渝高速公路重庆段）。

（8）夜间事故率高　高速公路夜晚的交通事故率比白天高，且人员死亡率也比白天高。据资料介绍，夜间发生的事故约占 65%，夜间交通事故死亡人数占总死亡人数的 72%。夜间行车视线不好，长距离没有照明设施，行车参照物少，长时间高速匀速行驶极其单调，容易使驾驶员疲劳等客观因素是造成夜间事故率高的重要原因。另外，货运车辆装卸不标准，即未做到集装箱式运输，车厢也没有篷布遮盖，货车抛洒物严重影响后面车辆行驶；交通标志损坏、工程警示信号不预设、不醒目等人为的影响，使高速公路行车不畅也容易诱发交通事故。

目前，我国高速公路尚未建立起有效的救护体系，使得许多本不该死亡的伤员由于抢救不及时或抢救不当而死亡。这也是我国高速公路事故死亡率比发达国家高的一个重要原因。

三、高速公路交通事故的原因分析

（一）高速公路交通事故中人的因素

1. 驾驶员因素

高速公路交通事故有关人、车、路的关系中，人的因素至关重要。高速公路交通事故 80%以上都是由车辆驾驶员的原因引起的，由于高速公路全封闭、全立交，路况良好，路面环境变化小，车辆行驶时不需要驾驶员采取太多措施，导致驾驶员警惕性下降。对交通事故的分析表明，高速公路交通事故主要原因为。

（1）驾驶员的交通安全法规意识薄弱　公安部颁布的《高速公交通管理办法》对进入高速公路的车辆行驶速度、行驶车道、车间距离、系安全带、临时停靠、遇紧急情况临时设置交通标志等都有明确规定。但由于部分驾驶员的法律观念不强，违章超速、超车、超载、逆行、倒车，不按规定车道行驶，车辆高速行驶车间距离不足，高速公路上随意停车的现象较多，驾车时使用无线电话，影响注意力，遇急反应能力下降，引发交通事故。

（2）驾驶员缺乏高速行驶的经验　高速行驶时驾驶员动态视力下降，有效视野变窄，反应迟钝，对必要的信息可能发现过迟或根本发现不了，导致行驶中观察、判断失误的可能性增大，或对突发性危险惊慌失措，处理措施不当造成失误。从高速公路交通事故统计资料分析，驾驶员的失误是交通事故的主要原因，感知错误占 40%，判断错误占 36%，操作失误为 8%。

（3）驾驶员长时间疲劳驾驶　高速公路上驾驶易产生高速催眠现象，使驾驶员不自觉地产生瞌睡的意念，大意驾车，易造成交通事故。

（4）驾驶员缺乏高速公路交通常识　很多驾驶员习惯于将行驶一般公路的规则用于高速公路，出现了随意在高速公路停靠修车，故障车不按规定设置交通警示标志，或于车后摆放些东西，结果往往造成严重后果。有相当一部分驾驶员不明白高速公路交通标志、标线的含意，不会识别交通标志和信号标志。

2. 交通管理人员因素

由于交通管理人员素质不高、安全意识不强、业务不熟、管理不到位、管理方法不科学，从而，引发交通事故。

3. 乘车人因素

在货运机动车驾驶室以外的车厢违章载人，携带易燃易爆的危险品上车，或向车外抛杂物。在高速公路随意上下客。

4. 行人因素

违反高速公路交通法规，擅自进入高速公路上行走，或骑自行车上路；高速公路养护、维修施工路段的养护、施工人员未按规定穿反光衣、随意走动。

5. 高速公路上有关的作业人员因素

除去上述所讲人员之外，在高速公路上还存在由于各种需要所进行施工的工作人员。

他们包括：公路的施工养护作业人员以及电力、煤气、水利、铁路等等在高速公路范围内进行有关活动的人员。这些人中，有的由于缺乏安全法规意识，不严格按照安全的规章制度进行作业，从而引发交通事故。

（二）高速公路交通事故中车辆的因素

高速公路行驶的车辆要求车况良好，但有的驾驶员在高速公路上行驶前忽略了对车辆的维护和检查。车辆在高速行驶时，发动机、轮胎、制动系统及其他各分部机件都在高负荷下运转，燃料消耗显著增加，未检查的车辆发生机械故障比一般公路要大得多。车辆技术状况较差的表现主要为：① 制动性能差，制动力不足，延长制动距离；② 安全结构差，转向装置、车胎状况不良等；③ 操作稳定性差，车辆在高速公路上行驶过程中控制力不足。④ 车辆照明不良和随车携带的标志不齐。高速公路上常见的车辆故障中发动机过热占 35.3%，轮胎损伤占 19.0%，电气故障 13.6%，燃料用尽占 12.2%，发动机故障占 9.7%，其他为 10.2%。

高速公路上行驶时，车轮胎突然爆裂引起方向失控的情况较为严重。广东省广州至深圳高速公路 1997 年 1 至 11 月，发生的交通事故 1 024 宗，死亡 507 人，其中 48%是车辆爆胎引发的交通事故。

（三）高速公路交通事故中路的因素

道路交通系统是由道路（包括环境）、车辆和道路使用者（包括驾驶员和行人）三个基本要素所组成的系统。道路交通安全研究是从安全的角度对道路交通系统进行科学的研究，目的在于寻求减少道路交通事故或减轻事故程度的方法。

路的因素主要是指高速公路的线型设计、道路结构、行车环境等与交通安全有直接关系。

高速公路的线型设计与交通事故关系较大。设计上有缺陷的高速公路对高速行驶的车辆会产生不稳定的感觉，和对驾驶员容易产生视觉上的错误，有潜在不安全因素。主要存在问题：道路线型的曲率半径过小、直线路段太长、视觉距离过短、纵坡度过大、陡坡急弯、反向曲线；路肩宽度过窄、路面平整度或粗糙度不够等，都可能引发交通事故。

路面对于交通安全有特殊的作用。如抗滑性能好，可避免交通事故的发生或减轻事故发生后的损失。在限制车速的地段，把路面铺成搓板状，或将之铺筑成凹凸不同的颠簸路面，使车辆行驶在上面时产生强烈的颠簸，迫使驾驶员减速，以达到限制车速的目的。在不同的道路条件下，若使用不同的路面颜色，可以改善驾驶员的行车精神状态，提醒驾驶员安全行驶。

（四）高速公路立交、桥梁、隧道与交通安全

立体交叉对交通安全的影响，无法作出独立的、足够准确的评价，因为这常常是与道路的总体改善相配合的。欲分析立体交对提高交通安全的效果，可以通过比较老的道路与平行它修建的高速公路上的交通事故来获得，这时交通流一般已由老路上转移到新的高速公路上。在美国的道路上，100 万车公里的死亡事故数量资料的平均值：在高速公路为 2.13，在与其平行的其他公路上为 6.07。

桥梁对高速公路行车安全的影响主要在下面两个方面得到体现：桥梁与引道的相对宽度、桥头与道路的衔接。

桥头跳车现象也是诱发高速公路行车事故的原因之一，哈尔滨建筑大学和辽宁省高速公路管理局对沈大高速公路的交通事故规律进行了研究，根据 1994 年 1 月至 1995 年 6 月事故率指标排序确定的 35 处事多发点中，有两处均与存在较严重的桥头跳车现象有关（K173−K173+700 段和 K179−K180 +300 段）。

曲线隧道的自然通风条件一般不如直线隧道，有害气体较难排除；曲线隧道较直线隧道增加了施工和养护难度；曲线隧道的行车条件也不及直线隧道好。就较好的通风和光线，减少施工难度，改善养护人员、驾驶人员工作条件和乘客舒适要求以及提高行车速度来看，都是直线隧道比曲线隧道优越得多。因此，隧道内应尽量避免设置平曲线，如必须设置时，其半径不宜小于不设超高的平曲线半径，并应符合视距的要求。

长隧道内设计采用的纵坡宜缓和些，以利于汽车快速行驶，减少排气污染。通常在长隧道内最大纵坡限定为 2%，特殊情况下最好也不要超过 3%。同时，考虑排水的需要，隧道内的纵坡不宜小于 0.3%。在寒冷及严寒地区地下水发育的隧道，为减少冬季排水沟产生冻害，加大排水纵坡以增加流速对排水有利。

从明亮路段到黑暗路段迅速过渡的情况下，驾驶员的眼睛来不及适应明亮度的变化，有时甚至出现几乎不能分辨出道路的情况，因此，明亮与黑暗路段的分界处，常常是道路交通事故集中的地方。由于上面的原因，在隧道的入口处，白天应加强照明，以便保证从白天自然光过渡到人工照明的平顺性。

隧道内必须有良好的通风条件，及时消散车辆排出的废气，补充新鲜的空气，以防止车辆在长隧道内由于熄火停车而导致交通事故。

（五）高速公路交通安全设施与交通安全

交通安全设施是保证交通安全的重要手段，对于高速公路尤为重要。设施包括交通标志、交通标线、防护设施、禁入设施、反光道标和防眩设施等。

道路交通标志、标线是现代公路上最基本的安全设施之一，是无声的“道路语言”，作为组织和调节道路交通所采用的最广泛而必要的措施，道路标志、标线给予道路使用者以确切的道路交通信息，使道路交通达到畅通安全、节能和低公害的目的。

目前我们在高等级公路上投资设置完善的公路交通安全设施，其社会效益和运输的经济效益是相当可观的，是一项造福社会，造福人民的公益事业工程。但就目前来说，我国在交通标志上的投入与公路投资的百分比与国外很多地方相比还是很小，交通管理部门和设计部门要考虑提高交通标志的投资百分比，主要道路使用者提供更多信息。路政部门要针对交通标志、标线设置情况，设立交通安全设施管理档案，定期检查、督促维修、及时更换，保证“道路语言”正常发挥，减少事故发生率。因此建议：一是在高速公路和一般公路的收费站、防撞岛能够贴上高亮度的反光膜，及早提醒驾驶员注意保障收费员人身安全。二是要按国家新的标准加强路面养护施工现场的安全标志防护，反光锥、防撞栏、反光衣、反光标志牌都要用高亮度的材料制作，最大限度地保障路面施工安全。三是学习国外高速公路的安全设施经验，在高等级的主要公路旁竖立一些反光地名标志，并配以有当地名牌特色的图案，方便道路使用者对沿途地区的了解，协调地方关系，提高地方知名度。

（六）高速公路交通事故中的气候环境因素

在雨、雾、风、雪天气条件下，高速公路上行驶的车辆存在危险性较大，驾驶员的视线受影响，车辆难以控制。在异常气候条件下行驶高速公路，稍有疏忽，就可能导致交通事故发生。因此，行驶高速公路的驾驶员应掌握特殊气候条件下的驾驶特性，适应各种复杂气候条件下的道路环境。

1. 雾天驾驶

在高速公路上行驶的车辆，途经的地域不同，气候变化差异较大，在出进高山丘陵地区行驶时，随时会遇到大雾，因此，高速公路管理人员及汽车驾驶员都应采取安全措施。

雾天能见度下降，妨碍驾驶员的视觉。特别是浓雾天气，驾驶员的视力下降更多，影响驾驶员的观察和判断力，更容易发生交通事故。雾天除使视距变短外，还有空气湿度大而引起的玻璃透视率（透光度）下降和后视效果变差。

2. 雨天行车

雨天对安全行车十分不利，尤其是在高速公路行驶的车辆，存在危险因素较大。高速公路发展较早的一些国家事故统计表明，雨天的高速公路事故危险要比干燥路面时增大2～3倍。

（1）在雨天的高速公路上行驶，会产生“水滑”现象。机动车在高速公路行驶时，因轮胎与路面间的积水不能排除，水的压力使车轮上浮，形成汽车在积水路面上滑行的现象，称为“水滑”现象。在这种状态下，轮胎和路面间没有附着力，制动、转向都将失效。

（2）雨天路面变滑，轮胎与地面的附着系数明显下降，因此，使制动距离大大延长，一般增加2倍左右。车速越高，附着系数越低，在车辆制动时，车轮很容易抱死，发生侧滑和甩尾的可能性增加，使车辆失去控制，最终导致严重事故发生。

（3）在雨天行车，驾驶员的视线障碍较大，能见度大幅度下降，可视距离大大缩短。受水湿路面的光线反射作用，致使难以看清路面上划的标线，整体视野下降。

（4）遇大暴雨天气，要注意高速公路的边坡有滑坡危险，山区高填挖路段有落石危险。驾驶员在暴风雨天气出车，会本能地感觉到危险而控制车速，并集中精力握紧方向盘。而对普通雨天往往就放松警惕，认为与晴天行车没有什么差别，这正是雨天事故多的真正原因。降雨初期，因路面上的灰尘等刚沾上水分，使得汽车在该路面上特别打滑。事故也多集中于此时发生。如果雨继续下个不停，路面尘土随之流走以后，虽说也打滑，但其滑动性已稳定，所以反而较安全。

3. 雪天和路面结冰时的行车

冬天下雪时的雪花及雪后经碾压形成的冰雪路面，严重影响高速公路行车安全。下雪时飞舞的雪花阻碍了驾驶员的视线。当雪后晴天时，由于积雪对阳光的强烈反射作用，又十分耀眼，产生眩目，即雪盲现象，使驾驶员的视力下降，对行车安全极为不利。冰雪路面是北方冬季的自然气候形成的，一般有以下几种情形：冬季雪天形成的积雪路面；秋冬季转换时，雨水突然遇冷形成的冰路面；冬季早晨因寒冷形成的有霜花的路面。冰雪的路面比雨天的路面更滑，车辆制动、转向所受影响更大，操纵性难以保证，因此危险性也更大。冬季白天与夜晚温差较大，降雪在白天经气温回升而消融，入夜后又会被冻结，路面的附着系数下降到0.1～0.2。冰面的附着系数仅为0.07～0.1。在这样滑的路面上行驶，车轮上作用力（制动时的制动力，加速时的驱动力以及转向时的侧向力）的突然变化很容易破坏轮胎与路面的附着状态，使轮胎失去抵抗侧向力的能力，导致汽车侧滑、甩尾，失去控制，甚至发生事故。

四、高速公路救援系统

高速公路作为一种现代公路运输的基础设施，正在为我国的经济建设发挥着愈来愈重要的作用。但是，随着高速公路通车里程的延伸，高速公路交通安全管理中存在的各种问题都被暴露出来。特别是我国高速公路在修建和管理中忽略了交通事故紧急救援系统的建设工作，它已经给高速公路的正常运营、投资回收，以及高速公路的形象带来不良影响。

（一）道路交通事故现场救援状况

我国公路交通事故死亡人数逐年增加，1997 年已达 7 万多人。我国高速公路交通事故尤其京津塘、沈大路近几年接近国外水平。但我国高速公路交通事故死亡率与国外发达国家相比是很高的，如郑汴高速公路 81km，通车后的前 3 个月发生交通事故 60 余起，死亡 33 人。沈大高速公路 1993 年交通事故死亡率 28%，而同期 202 国道交通事故死亡率仅 16%。1995 年全国高速公路 1 555km，发生交通事故 2 877 起，死亡 538 人，伤 1 157 人，事故死亡率为 18.7%。1998 年开通的福厦高速公路约 100 km，1998 年 3 至 6 月发生交通事故 161 起，死亡 16 人，受伤 35 人，直接经济损失 281 万元。我国高速公路交通事故死亡率为什么高?究其原因是无救护、求援的准备，正在重蹈国外高速公路发展的覆辙。例如：1995 年 1 月 8 日，京石高速公路发生 63 辆汽车高速相撞的惨剧，在几公里的路段内，几十辆事故车辆首尾相接，支离破碎。闻讯而来的交通干警因缺乏必要的工具，只能眼看伤员在变形的车辆中呼救而无能为力，有一名伤员因失血过多而丧生，京石公路关闭 48h。1995 年 1 月 31 日，北京郊区某高速公路发生一起车祸。事故车辆严重变形，驾驶员的双腿被紧紧卡在座位与变形的车体之间，丝毫动弹不得。由于耽误了救援时间和救援人员未经过专业培训，致使伤员的双腿未能保住，造成了终身残疾。

总之，我国高速公路过多的交通死亡事故极大地损害了我国高速公路的安全形象。根据大量的对交通死亡事故的调查表明，死亡人员中除少数人事故当场立即死亡外，大多数是重伤无法得到救护而死亡的。究其原因，一是事故当事人无法及时报警，巡警人员巡查时间间隔不可能在1h以内；二是巡警人员无救护能力，无必需的快速专用工具，未准备必备的药品等；三是附近的服务区与医院没有急救的各种有效准备。

根据法国民防部门统计，同样伤势的重伤员，在30min内获救，其生存率为80%，在60min内获救，生存率为40%，在90min内获救，其生存率仅为10%以下。据卫生部提供的一份资料表明：在1 000例交通事故伤害者中，只有14.3%是乘救护车到达医院。另外，在我国车祸死亡者中只有大约40%是当场死亡，60%的人死于医院或送往医院途中。其中约30%的受伤者因抢救不及时而死亡。据统计，仅在事故现场实施及时正确的抢救这一项就可使10%以上的受伤者得以生还和康复。由此可见，事故发生后的尽快施救，缩短被困伤员的获救时间，是减少事故死亡率的关键。但目前，绝大多数的事故现场救护仍是靠当事者的自救和互救，或者是路过车辆的司乘人员的帮助。这些自发的救护，确实挽救了不少人的生命，也使人们意识到现场救护是减少交通事故所造成的人员伤亡的一个有效途径。

国内外高速公路交通事故统计分析的结果表明，一般情况下，高速公路比普通公路事故率低，但事故死亡率高。尽管如此，也不是说高速公路的事故死亡率就无法降低，根据发达国家的经验，只要重视交通安全管理，制定交通安全目标和对策，投入资金，保证对策实施就一定会收到效果。英国、法国的交通事故率保持逐年降低的趋势，1990年英国全国所有道路死亡5 217人。德国事故死亡率保持逐年快速下降，到1991年，全年所有道路死亡人数只有7 906人。日本的3个五年交通安全规划的实施，保证了日本交通事故率、死亡人数呈下降趋势的例子就是最好的例证。而这些国家都是把普及现场救护和正确实施交通事故现场救护作为降低交通事故死亡率和致残率的一个重要手段大力普及。且同时开展有关交通事故紧急救援理论方法的研究，加强用于救援的设备的开发与装备。

有鉴于此，各级管理部门应将救援的重点放在交通事故受伤人员的救援上。

（二）道路交通事故现场救护的常识

1. 现场救护的原则

在判明情况的前提下，先抢救危重伤员，后护理一般伤员；先处理危及生命的严重损伤，后处理一般损伤；在不加重可能是隐蔽伤的条件下，进行明显损伤的处理和伤员的翻动、搬运。

2. 现场救护的步骤

（1）应控制和制止大出血和疏通呼吸道　这是保住伤者生命的首要环节。

（2）固定伤肢　这是控制减轻疼痛、避免骨折、损伤血管神经、防止伤情加重的首要环节。

（3）其他处理　如包扎、心肺复苏等。

3. 现场救护基本动作

发生交通事故时，伤员的生死往往取决于几个简单的动作。动作不当，可加重伤员的损伤，造成伤员立即死亡或终生残疾。

（1）保持冷静，阻止目击者采取一些危险或不必要的动作；尽量少挪动伤员，必需挪动时，应注意头部、颈部和躯干保持在一条直线上，防止受伤脊柱的伤情加剧。

（2）让伤员处于侧卧安全状态，以防吸进血液或呕吐而窒息。

（3）确定伤员是否存在阻碍呼吸的情况，观察嘴内是否有异物（如糖果、假牙、血场块）等，如不能呼吸，应进行口对口人工呼吸。

（4）避免给伤员吃喝东西，如出现伤员休克时，在确定伤员消化道没有损伤时，可给予食盐的饮料，少量饮用。

（5）不应当把骑摩托车伤员的安全头盔脱掉，除非有呕吐现象或呼吸停止。

（6）保护现场。设置安全警告标志。对出事车辆应熄火停机，不应抽烟，排除在原现场再次出现车祸或因车辆溢油而发生火灾等二次事故。

（7）绝对避免把似乎已死亡的伤员丢下不管。

（8）传呼急救报警。

现场救护人员实施正确的搬运和急救，能减少伤者继发损伤。

4. 损伤和急救

（1）损伤性窒息　突如其来的撞击使受害人的胸腔压力骤然增加，心脏收缩力减弱，以致胸部血液回流受阻，往往容易使人昏迷和休克。

急救：将伤者平放，头部偏低，使血液流人脑部，敞开衣襟，使呼吸轻松。当出现昏迷或休克时，应施行口对口人工呼吸或心脏按压。

（2）颅脑损伤　在交通事故中，颅脑损伤发生率很高，也是伤者致残或致死的主要损伤类型之一。颅脑损伤轻则表现为脑震荡，重则表现为脑挫裂伤、脑干损伤、颅内出血及血肿等。

急救：这一类型损伤后果多为严重，一般情况，应尽快护送医院。护送途中，应注意保持其受伤姿势或处于侧卧安全状态。

（3）骨折　骨关节受到损伤时往往会造成骨骼变形，使受伤肢体的功能降低或受到破坏，反应失常。常伴有骨骼碎裂的声响。

急救：首先应使受伤者的关节避免活动，其次是固定伤肢。固定伤肢时，可用特制的夹板或就地取材，如木板、木棍、汽车遮阳板、树枝等，及早进行，固定时不要轻易做骨折整复术。同时，松紧度要适当，并注意观察肢体远端的血液循环变化和感觉。

（4）出血　血管受到损伤时，会导致出血。出血过多，会使受害人休克，甚至死亡。

急救：止血。静、动脉出血，一般可用止血绑带扎在干净衣服外面加压包扎即可止住。如不能完全止住，可再将肘关节或膝关节捆扎于屈曲部位。毛细血管出血时，一般能自行凝固。若是低凝血液，也可采用止血带包扎。止血带不要皱成一堆，其松紧度应以不流血为宜。此外，止血带捆扎的时间不宜过长，否则会造成肢体麻木。一般情况下，每隔 1h 松开 5min。如出血停止或大大减少后可取下止血带，用绷带将伤口包扎好；如继续出血，5min 后将伤口重新用止血带扎好。

开展事故现场救护培训，使更多的人了解和掌握现场救护知识已迫在眉睫。特别是对交通警察来说，学会现场救护知识，也不是“份外”之事。因为一旦发生事故损伤，救护工作就不再只是医务工作人员的专长和义务，所有社会公民都应及时而科学地伸出救援之手。

（三）建立道路交通事故紧急救护、救援体系

1. 高等级公路紧急救援系统的任务

（1）及时获取发生交通事故的信息，协调有关各方面迅速采取紧急救援行动。

（2）交通事故发生后，提供紧急服务，包括消防、救护、环保、车辆牵引起吊、供应燃油等，并进行现场事故处理。

（3）车辆发生故障时，提供维修服务，帮助陷入困境的汽车摆脱困境。

（4）可立刻改变有关匝道的控制，疏导车流，以便处理事故。

（5）在交通事故可能影响的范围内，为行车的驾驶员和乘客提供情报服务等。

2. 高等级公路交通事故的监视方法

监视高等级公路交通事故，主要是利用监控系统和其他辅助方法来实现。

交通事故监视常用的有以下方法：

（1）电子监视。

（2）闭路电视。

（3）航空监视。

（4）救援装置和紧急电话。

（5）驾驶员互助救护系统。

（6）民用频道无线电。

（7）巡逻车。

事故监视是迅速排除高等级公路交通事故，减少事故对交通流影响的基础。因此，事故监测必须提供准确有效的实时情报，且详细地描述事故的性质及程度，以便选择和综合各种适当的措施救援与处理事故。

根据目前我国的经济实力，道路建设情况，在近期内采用闭路电视、救援装置和紧急电话、驾驶员互助系统、公安和公路巡逻车等方法监视事故发生更为经济有效。

3. 高等级公路交通事故的排除

排除高等级公路的交通事故，需要一支由许多机构配合默契的管理队伍，即包括高等级公路管理局和公路经营者、交通警察、公路养路队、医疗、消防、环卫、救援组织等有关方面。控制中心根据事故监视信息，利用各种通信设备，制定排除交通事故的措施。

排除高等级公路交通事故的措施一般包括：

（1）提供紧急救援（安全、防护、消防和救护等）服务。

（2）维修和牵引事故车辆。

（3）改变交通管制方案。

（4）提供交通事故情报等。

一旦事故被监视到，那么排除事故的速度以及减少事故对交通流的影响程度就取决于有效地协调各机构的行动。

目前，我国尚未形成高等级公路紧急救援系统，特别是高等级公路远离城市，更增加了利用城市医疗、急救、消防和环卫系统救援的难度。因此，应研究适合于我国国情的高等级公路紧急救援体系。

高等级公路紧急救援系统对于确保道路的“安全、畅通、高效”有着举足轻重的作用，因此，紧急救援体系的管理是否科学合理就十分重要和关键。

紧急救援系统内各个方面的协调努力是圆满处理各种事故的基本条件。在控制中心，控制决策者与值班警察紧密配合，协调工作，获得事故信息后，双方立即互通情况，统一指挥。紧急救援队伍按指令快速抵达现场并及时将有关信息反馈给控制室，并对现场实行必要的交通管制。控制中心根据反馈信息立即改变管理方案并向附近的驾驶员提供有关交通事故的情报。

事故现场勘察处理完毕后，迅速解除紧急状况下的交通管制，恢复正常交通。采用此种救援体制，使有关各方职责明确，管理统一，满足我国高等级公路管理的交通安全需要。

4. 交通事故紧急救护、救援体制的建立

根据我国目前的经济实力以及高速公路建设和管理的情况，建立交通事故紧急救援体系并非高不可及。只要利用现有的闭路电视监控系统，报警设备，加强互助系统和公路巡逻系统，将这系统有效地配合使用，互为补充，装备一些先进的紧急救援破拆设备，科学地进行管理，完全能够适应我国高速公路的交通安全管理需要。

（1）建立、健全高速公路交通事故紧急救援体系的重点

1）通过立法明确救援工作的主管部门。高速公路交通事故紧急救援体制应采取立法的方式予以确认。

2）研究救援理论，建立专门的救援队，协调各方面关系。在专业救援理论方面应结合我国目前的实际情况，借鉴公路建设发达国家的救援理论，参考目前各地救援方面的经验，总结出一套适用于我国的理论。

同时，各高速公路应尽快成立交通事故救援队，并以立法的形式确定高速公路紧急救援巡逻体系、明确每个救援队的巡逻范围，并定期或不定期对救援队培训、考核、演练。

对高速公路交通事故的救援，重要的是拥有一支管理队伍。其中包括高速公路管理局、公路经营者、交通警察、医疗、消防、救援组织、保险公司理赔和社会福利机构等诸多方面。

3）加大力量配置专用设备。高速公路交通事故紧急救援体系的中心是有一支具备快速反应能力，救援破拆设备装备齐全的专业救援队伍。而我们目前缺少的正是救援破拆设备。破拆救援工具是专门解救伤亡人员的设备，在国外早已广泛使用。这种设备体积小巧、便于携带、工作性能可靠、机动性强，利用其特殊的扩张、剪切、支撑、托举等功能在几分钟内将严重变形的事故车辆解体，救出车内被困的人员及物品，降低事故损失，减少人员伤亡。

4）与保险公司等新生的经济机制合作，共同分担事故的损失和压力。高速公路的有关管理部门应当建立与保险公司的密切合作关系，共同开发一些包括安全抢险救援、公路工程设施等方面的新兴保险业务，利用保险公司在经济实力、防险专业知识等方面的优势，缓解各方面的压力。

（2）目前高速公路交通事故紧急救护、救援的对策

1）对交通安全事故巡警进行安全事故救护培训；

2）在巡逻上装备最低限度的医疗急救药品与器件，以及破拆专用工具；

3）与匝道出人口附近的医院联系设立急救服务项目，公安与公路部门适当给予补助；

4）加强高速公路上紧急电话的装备和维护；

5）针对死亡事故多发地段，时间段合理安排巡逻车值班间隔；

6）对驾驶员进行交通事故自救、互救、宣传、培训。

五、我国高速公路交通安全管理对策

（一）我国高速公路交通安全管理的特征

众所周知，我国高速公路通车里程已达 4 735km，普通一、二级公路通车里程达约 2 万 km。由于我国经济还不发达，但又必须修建高速公路，促进国民经济的发展。所以，目前国内的普通一、二级公路的安全设施、信号、标志还很不完善。更没有针对性的交通安全管理对策，以减少这些道路上的交通事故，增加行车的安全感。实质上是把它们视同为三、四级公路一起管理。即使是修建的汽车高速公路（包括汽车专用的一、二级公路），除沈大、京津、济青、广深等少数高速公路有紧急电话、少量的可变信息板外，其余的高速公路大多无紧急电话、可变信息板。尽管有些高速公路上设置了调频广播，或部分路段设有监控系统，但都未充分地利用，未达到设置的目的。特别是我国修建的各条高速公路，尽管与之配套的安全设施，甚至部分路面施工等还未到位，但在各方的压力下都开通投入运营，因此，造成了我国每条高速公路开通初期交通安全管理混乱的局面。

另外，高速公路穿过许多经济不发达的地区，在这些地区的驾驶员几乎无高速公路行车的知识、经验；车辆技术状况较差；不懂法的群众破坏隔离网，上高速公路出行。其次是高速公路的运营管理部门、交通安全管理部门没有很好配合，解决好通车后的收尾工程的安全施工问题。再者是高速公路开通初期，作为其交通安全管理的新机构，不仅本身缺乏高速公路交通安全管理的经验，而且每位执法人员也未接受过较正规的培训，其交通安全管理的意识还停留在一般公路交通安全管理的模式。

通过前面几章的讨论可知，目前我国高速公路正在快速地不断延伸，不断有新的高速公路开通。根据我国开通的高速公路交通事故的分析研究，发现它们都存在一些共性，一些规律性、普遍性的问题。为了防止今后开通的高速公路在交通安全管理上重蹈覆辙，提高社会效益与经济效益，（如把开通初期的事故率、事故死伤率控制在目前国内几条主要高速公路的水平，那么减少的人民生命、财产损失将是极其巨大的），希望国家有关部门重视下述及后面提出的我国高速公路开通初期交通安全管理特征和对策，制定出适应我国国情的高速公路交通安全管理的目标和可以操作的有效的管理办法。

我国高速公路开通初期交通安全管理特征：

（1）驾驶员缺乏高速公路行车常识与技术，交通安全意识淡薄。

对新驾驶员要加强有关高速公路安全行车的培训。对新开通高速公路地区的驾驶员可通过更换驾驶证强制高速公路交通安全行车的教育。

（2）上路运行车辆技术状况差。

公安部与交通部的有关职能部门应联合制定管理措施，保证在用车辆的技术状况，保证汽车维修质量和汽车安全年审的质量。

（3）重视事故多发路段的预测。

每条新开通的高速公路（包括普通一、二级公路）都因设计、修筑方面的问题，存在事故多发路段、危险路段，而且随着道路使用磨损、气候等变化还会出现新的事故多发路段。因此，应特别重视交通事故的分析研究，发现并治理事故多发路段。

（4）交通安全管理的人员素质不高，缺乏有效地培训；交通安全管理部门缺少目标化、系统化、层次化的管理对策、方法及理论研究；重执法、轻管理；管理体制不科学。

（5）高速公路的管理部门无论是运营管理还是交通安全管理部门都不重视交通事故救护、救援系统的计划与实施工作。实际上按下章的建议是可以在不花很多钱的条件下改进目前救护、救援状况，提高救护、救援水平，大幅降低交通事故死亡率的。

（二）交通安全教育

人，是交通运输的参与者，也是交通肇事的主要因素。在现代社会，交通与每一个人都有密切的关系。因此，各国、各地都将普及安全教育与严格培训驾驶员，作为治理道路交通安全的主要对策之一。

高速公路在我国只有10年的历史，是个新生事物，广大交通参与者对高速公路还比较陌生，对高速公路交通法规、行走常识还不甚了解。提高广大群众和交通参与者的高速公路法制观念和交通安全意识，是搞好交通管理的基础工作，也是预防交通事故的有效措施，是十分必要和迫切的任务，也是一个长期性基础性工作。

在我国，根据各交通参与者在高速公路交通安全中所起的不同作用，可以将教育对象分为普通群众、公路沿线居民、驾驶员及交通管理人员。不同的对象有不同的教育侧重点。下面根据我国现阶段高速公路交通事故的特点对此进行阐述。

1. 普及高速公路交通安全知识，提高全民交通安全意识

交通安全管理是一个社会问题，必须通过深入、持久的舆论宣传，增加全社会的交通安全意识，才能使预防事故的工作形成广泛的群众基础。在这方面，不少国家都把交通安全纳入社会经济发展战略计划，并形成了一整套交通安全教育体系，从而使交通安全管理工作有了重大的进展，交通事故得到遏制。

据介绍，在我国最近的一次百万人道路交通安全意识调查中，有 15.7%的人不知道高速公路有专门的管理部门，34%的人不知道有《高速公路交通管理办法》，55%的人不知道高速公路与普通公路在使用与管理上的区别。可见，普及高速公路交通安全知识，加强对国民的高速公路安全教育是值得重视的。

教育的对象是全民，从幼儿到不适应新交通环境的老人。教育的内容除《中华人民共和国道路交通管理条例》和公安及交通部门有关法规外，应增设高速公路基本知识和高速公路运输安全知识及《高速公路交通管理办法》有关安全的规定。教育乘客在汽车行驶中不得在车中站立，也不得向外吐痰和甩抛物品，并按规定系安全带等。教育货主及有关人士，不要强迫驾驶员超载，除驾驶室外不得客货混装，装载货物必须均衡平稳，捆扎牢固，禁止往下散落物品，并不得超长、超宽、超高等。

这种教育应从幼儿抓起。除在家庭内应进行幼儿的交通安全教育外，对保育人员应进行安全教育。关于这种教育，英国较好。在英国很多俱乐部主办幼儿的集体安全训练，并发行儿童用交通安全画报。

对中小学生的安全教育，应纳入教学计划，由有关部门编制含有高速公路交通安全知识的交通安全课本，统一学时，定期集中培训教师。教育方式要灵活多样，要适应中小学生的特点，如通过幻灯、影视、模拟演习等教学方式，举办交通安全夏令营等活动，使之形成自幼重视安全、遵守交通法规的良好习惯。

对成人的安全教育，除了通过广播、电视、报纸等各种宣传工具宣传有关交通安全知识外，有关部门还应编印一些通俗易懂、图文并茂的交通安全小册子，使之家喻户晓。

当前，在高速公路交通安全普及教育方面，可借鉴铁路运输的一些做法，在汽车驶出车站后，由乘务员向乘客宣讲高速公路的基本知识和安全旅行常识，包括什么是高速公路，它与普通公路有何区别，它对国家经济建设和人民生活的重要作用，高速公路设施与道路标志、交通规则、高速公路施行安全注意事项及安全救护常识等。目前，我国高速公路安全施行知识尚不普及的情况下，建议有关部门将这种宣讲作为一种制度规定下来，要求参与高速

公路客运服务的运输公司必须做到。

2. 加强公路沿线居民的安全教育，杜绝行人交通事故

与普通公路不同，高速公路全封闭，禁止非机动车、摩托车、农用车和行人上路。但从全国已建成通车的高速公路来看，都不同程度地存在行人和禁止上路车辆引发的交通事故。在一些路段，高速公路防护栏和隔离网遭到严重破坏，行人任意穿越、步行在高速公路上，任意上下车甚至在高速公路上玩耍、骑自行车和摩托车。这种现象在高速公路运行初期尤为严重。近几年，京石高速公路由此引发的交通事故达50多起，死亡50多人。经过对“行人违章上路的专项治理”，情况有好转，但不能从根本上解决问题。高速公路沿线两侧的防护网损坏严重，破损缺口最长的达100多m，损坏达87处，几乎全路段所有村庄两侧已成为行人上路的便道，使巡逻交警防不胜防。

行人和非机动车上路，是高速公路交通安全的一大隐患。对此，应引起政府有关部门的高度重视。为了杜绝行人交通事故，应加强对高速公路沿线居民的安全教育。

这种教育，应从高速公路的建设期开始进行。建成运行初期是安全教育的重点时期，应通过各种方式和手段强化沿线居民的安全意识和安全常识。以后应定期或不定期有侧重点地进行教育。

通过教育，应使沿线居民认识到，高速公路不同于普通公路，在高速公路上穿越或行走，由于车速极高，自己和驾驶员都会出现严重的判断误差，从而造成一些在普通公路上可能不会发生的严重车祸，既祸害自己，又殃及他人。同时，还应知道，高速公路是国家花巨资建成的经济大动脉，它不仅对国家经济建设有重要促进作用，而且还能带动沿线经济大发展。因此，沿线居民有责任，有义务维护公路设施，保证公路安全畅通。

3. 严格把好培训关，强化驾驶员的安全意识

统计表明，无论是普通公路运输还是高速公路运输，至少有70%～80%的交通事故属于驾驶员违章或判断操作错误所引起。由于许多驾驶员不懂得高速公路的行车特点和驾驶技巧，相对普通公路而言，驾驶员责任事故所占比例更高。因此，在交通安全教育中，对驾驶员的培训教育是核心。

有关研究指出，未受过正规训练的驾驶员，其肇事次数是受过正规训练的2倍左右。所以，把好驾驶员培训关是减少交通事故的关键，尤其是在控制高速公路交通事故方面，其作用更大。

全国现行驾驶员培训考试制度，是针对普通公路制定的。由于高速公路运输的迅速兴起和发展，它已露出明显的不适应性。这种不适应性主要表现在。

（1）对报考驾驶员的人缺乏心理和生理素质的要求。现行驾驶员培训考核办法，仅对报考者的年龄、文化程度、身体和政治条件等作了规定，对报考者的心理和生理应有素质则未作要求，而这恰恰是高速公路行车所应具备的。近几年交通心理学家研究表明有相当一部分人由于心理、生理固有素质不适宜从事驾驶工作，如反映过分迟钝、性格严重暴躁、情绪常常不稳定等，如果本人不能自觉进行心理调节，发生交通事故的可能性要大得多。高速公路由于车速高，车流量大，对驾驶员的心理素质要求更高。

（2）培训内容缺乏高速公路驾驶技能和安全行车基本知识。现在我国普遍实行了驾驶员的正规培训，学习驾驶一定要在驾驶学校或培训中心，根据教学大纲的要求集中统一培训，这是我国驾驶员培训制度取得的重大成就。但由于长期以来我国均只有普通公路，因而在培训内容上未反映出高速公路上行车的特殊要求。

（3）考试的重点仅放在一般道路如何驾驶汽车的技术上，缺乏有关高速公路安全方面的考核。目前，我国汽车驾驶证考试内容主要有交通法规及安全驾驶常识、机械常识、场内驾驶和道路驾驶。由于培训内容中缺乏高速公路驾车知识，因而在考核时也仅是针对一般道路进行的。

上述缺点已在高速公路交通事故成因中得到了反映，如许多驾驶员对高速公路行驶速度的错误认识而一味追求高速度，遇紧急情况不能正确处置，故障车不按规定停放并设置警示标志等都与此有直接关系。因此，随着我国高速公路的迅猛发展，搞好适应高速公路安全驾驶需要的驾驶员教育培训工作应引起有关方面的高度重视。

根据我国高速公路的发展现状，结合现行驾驶员培训考试办法，目前可考虑从以下两方面来加强驾驶员的培训考试，以适应高速公路的需要。

1）从驾驶员报考条件、培训和考试内容上增加心理和生理素质要求、高速公路基本知识和安全行车知识及驾驶技能、高速公路对行驶车辆的要求等内容。严格把好报考条件、培训和考试这 3 关，同时应特别注意加强心理训练和对突发情况的应变能力的培训，以及驾驶员的安全意识和职业道德教育。对现有驾驶员，应分期分批再培训，补上这一课。

2）改进现行驾驶执照制度。目前的单一驾驶执照制度，只要取得驾驶资格，就可以上路行车，这就使得那些不懂得高速公路安全驾车知识和技能，或不适合高速公路驾驶的驾驶员上了高速公路，从而给安全埋下隐患。为此，提出一种改进办法，实行通用驾驶证和普通驾驶证制度。持通用驾驶证的驾驶员，既可在普通公路上行驶，也可在高速公路上驾车。这就要求报考者必须参加含有高速公路内容的培训和考试。现阶段由于高速公路尚不普及，对于那些暂时无条件上高速公路的驾驶员，或不适合在高速公路上行车的驾驶员，可不增加高速公路考试内容，但其所持驾驶证为普通驾驶证，不能在高速公路上行车。普通驾驶证作为一种过渡，在我国高速公路运输发展到适当时期，可予以取消，实行统一的通用驾驶证。

驾驶员虽经培训考试，取得了驾驶机动车的资格，但由于驾驶机动车的工作具有流动分散、不便管理的特点，因而一些人的安全意识就逐渐淡薄了，总认为自己是行家，对什么事情都无所谓，所以违章现象时有发生。事实上，有很多驾驶员法纪观念不强，有规不依，有章不循，丝毫没有安全观念。要解决这个问题，只有坚持平时不断的安全教育，增强遵守交通法规的自觉性，养成良好的安全意识、职业道德和行动习惯，避免发生可能危及交通安全的行为。

对已经取得驾驶资格的驾驶员的安全教育，除可通过广播、电视、报纸等新闻媒介或利用各种文艺形式宣传交通法规和安全行车知识外，还可在有车单位内部，特别是通过安全组织和驾驶员协会等定期召开事故分析会、安全行车经验交流会，学习借鉴别人的经验，增长自已的见识和能力。对于那些经常违章或发生交通事故的“惯犯”驾驶员，除给予必要的处罚外，可专门为他们开设驾驶执照后训练课程，以强化其安全意识，提高其驾驶技能。

当前，对在高速公路上行车的驾驶员，着重应作好以下几方面的教育工作。

（1）长途行车后，不要立即进入高速公路，应适当休息并对车辆进行检查后再上路。

（2）保持相应车速下的恰当的车间距离，当车速为 100km/h 时，前车车尾和后车车头之间应保持 100m 的车间距离，如车速为 80km/h 则应保持 80m 的间距。

（3）超车时要注意平行行驶车辆，采用大弯道变更车道超车，绝对禁止急转弯和紧急制动。

（4）隧道内开车要开车灯，必须遵照隧道入口情报板要求行车，且必须调整车速。

（5）夜间行车，高速行车应尽早亮灯，注意前车尾灯。

（6）雨天行车速度应比晴天行车速度减两成，注意在潮湿路而上汽车的制动距离要增加两倍。

（7）不能在高速公路上调头。

（8）任何情况下不准在车行道上停车，发生故障必须停车时，应将车停在紧急停车带或路肩上，并在车后 50～100m 处设置紧急停车标志；如需寻求帮助，可在路边打紧急电话，切不可在行车道上招呼其他车辆停车。

4. 建设一支高素质的高速公路交通管理队伍

交通管理是对道路上车流和人流，按有关规则和要求，执行交通法规，合理引导，限制和组织交通流的总称。由于高速公路自身的诸多特点，因而在交通管理方面，与一般公路有显著的差异，其要求高得多。高速公路只有在科学严格的管理下，才能充分发挥其快速、方便、舒适、安全、经济的运输效益。由于高速公路交通管理的特殊性，对交通管理人员提出了更高的要求，因而提高高速公路交通管理人员的素质，对于确保道路安全畅通是至关重要的。管理人员的素质主要体现在两个方面，一是思想政治素质，二是业务能力。提高管理人员的素质，可以从人员选拔，教育培训以及法规制度等方面着手进行。这项工作应从高速公路规划建设期开始进行。这样，就可保证在高速公路建成通车之时，就有一支思想好、技术精、纪律严、作风硬、素质强、严格执法、热情服务的交通管理队伍上路，使高速公路一开始运行，就在科学严格的管理之下。对于运行中的高速公路，除了对交通管理人员进行经常性的思想教育和业务培训外，还应定期或不定期地进行专门教育和培训，使这支队伍始终保持高素质的水准。

（三）高等级公路驾车技术要领

前面，从人、车、路、环境阐述了影响交通事故的因素与原理，显然驾驶员这个因素是决定性的。驾驶员除了应加强安全意识，学习交通规章，在汽车出车前，除应对车况、各轮胎气压是否正常均匀、是否是高速胎、装载等例行检查外，还应熟悉掌握高等级公路特殊的驾驶知识技术，这是最关键的。这里根据文献整理出一些最重要的方面，供参考。

1. 驾驶技术要点

（1）保持车速在道路限制的范围内，不超速行驶。

（2）保持恰当的车距。一般情况下，两车之间的行车车距数值应大于自身车速的数值。例如，车速 100km/h，则安全车距应当大于 100m。这是因为一般正常制动距离与车速的平方成正比。

（3）超车时要注意前方 500m 以内的车辆行驶状况，以及确认后方超车道与主车道上有无欲超越本车的车辆。打算超车时，应比普通公路提前打开转弯灯，提前平缓驶入超车道以防止追尾事故的发生。超车后不可马上驶回主车道，应比普通公路以更平缓的操作驶入主车道。

（4）高速行驶中绝对不可急转转向盘。高速公路上高速行驶与低速行驶相比，高速行驶时汽车转向显得十分灵敏，一般车速度增加 1 倍，方向操纵的转角为原车速的 1/2～1/3。因此，高速行驶遇到小障碍或发生制动侧滑时，一定不能急转转向盘。

（5）高速公路上不能紧急制动。是因为车轮抱死拖滑时，其横向摩擦系数接近零，必然产生制动侧滑，引起汽车横转、翻车。

（6）进入隧道前应减速，在距隧道入口100m处应开启前照灯，增强进入隧道时的暗适应性。

（7）雨天要减速行驶，雨天车速应比晴天车速降两成。特别是下坡转弯处不能高速行驶，若要制动减速也必须是连续点制动操作。雨天制动距离是晴天的两倍左右。

（8）雾天能见度低，雾大地面湿润，摩擦系数减小。行车时应将雾灯、前照灯打开，不超车。控制行驶速度，根据视距，将车速降至最低限度，当视距降为50m左右，应将车停在路肩或紧急停车带上，并打开车上警告灯。

（9）汽车因故障或其他原因不能行驶时，必须把车停放在路肩或停车港、紧急停车带上，无论白天黑夜都应开启车上警告灯，并在车后100m处合理放置警告标志，以防止后面来车的碰撞。

（10）冰雪天行车必须控制车速。减速时必须是点制动。

（11）夜间行车车辆前后灯光必须齐全、有效，必须控制车速。不仅可以防止碰撞前方的障碍，而且也可以防止后面来车的碰撞。

（12）绝对不能抱侥幸心理，在酗酒、服用镇静、安眠等药物后驾车，必须休息后再驾车，不能疲劳驾车。否则会导致严重的后果。

2. 应急驾车要领

（1）应急处理原则

1）沉着、清醒　遇到紧急情况，要保持沉着的心态，清醒的头脑，切勿惊慌失措。在短暂的瞬间作出正确判断，采取果断措施。

2）重减速，轻方向　遇到紧急情况，首先是减速，只有当减速后仍然不可避免地要相撞时，才利用打方向避让的措施。高速时直接打方向，尤其是急打方向，往往使本可避免的事故无法避免，却使自车撞到防护栏上。只有当速度降低后打方向才更能实现有效避让。

3）先人后物，先人后己　当危及人员伤亡时应优先考虑保护人员。当自车和他车有可能发生危险时，应为对方便当的避让措施提供条件，把危险的避让措施留给自己。

4）减少损失　危急关头，如何能避免重大事故、重大损失，就如何处置，可以不受交通法规限制。

（2）车辆碰撞应急　车辆碰撞多发生于前车突然减速或突然改变行驶方向时。其损失的程度主要决定于撞击速度和部位。

1）当车辆有发生侧碰撞可能时，首先应控制方向，顺前车方向极力改侧撞为刮撞，以减轻损伤程度。同时驾驶员身体向右侧倾斜，双手应握紧转向盘，后背尽量靠住座椅靠背，稳住身体，避免被甩出车外。

2）即使已采取制动措施，车辆也不可避免地要发生正面碰撞或追尾相撞时，还应判断撞击方位和力度。若主要方位不在驾驶员一侧，则驾驶员应双臂稍曲，紧握转向盘，以免肘关节脱位。同时，双腿向前挺直，身体向后紧靠座椅靠背，使身体定位较稳，不致使头部前倾撞击挡风玻璃或胸部前倾撞击转向盘。若判断车辆撞击方位正在驾驶员一侧，或撞击力相当大时，则应毫不犹豫地抬起两腿，双手放弃转向盘，身体侧卧于侧座上，避免身体被转向盘抵压受伤。

（3）车辆爆胎应急　当轮胎急剧泄气和爆破时，车身将立即倾斜，转向盘随之以极大的力量自行向该方向急转。很容易发生碰撞事故。此时应注意：

1）抬起加速踏板，双手紧握转向盘，尽力逆向抵住转向盘的自转，极力控制车辆直线行驶。当速度降到适当的时候，将车驶往道侧路肩停车。

2）切忌向相反方向急转转向盘或急踩制动。否则，车辆会发生蛇行或侧滑，造成心情更加慌乱，势必造成翻车或撞击等重大事故。

（4）车辆倾翻应急　车辆倾翻一般都有先兆预感。当感到驾驶车辆不可避免地将要倾翻，其应急措施包括：

1）双手紧握转向盘，双脚钩往踏板，背部挺靠座椅靠背，尽力稳住身体随车辆一起翻转。若车辆连续滚翻，则应尽量使身体往座位下躲缩，避免身体在车内滚动。

2）有可能时，也可跳车，跳车的方位应向翻车相反方向或运行的后方。切不可顺着翻车方向跳出，否则跳出车外后反而会被车辆压碾。

3）当翻车时，感到不可避免地要被甩出车外，应当毫不犹豫地在甩出的瞬间，猛蹬双腿，助势跳出车外。落地前双手抱头、缩腿、顺势滚动，自然停止。不要伸展手、脚去强行阻止滚动，否则更加剧损伤。

（5）车辆制动失效应急　车辆制动失效，意味着速度失控。为此，应设法降低车速。

1）将档位迅速换入低档。

2）逐渐地、均匀地拉驻车制动器。不在万不得已时，不要一次就拉得过紧，以防驻车制动装置失效、损坏。

3）控制行驶方向，将车辆靠向路边，逐渐减速停车。

4）紧急时，适度地使车辆右侧靠向防护栏使其摩擦产生阻力，强制车辆减速，但切忌贴靠过度造成翻车。

（6）车辆方向失控应急　当发现转向失控，应立即采取有效的应急措施：

1）立即松抬加速踏板，将档位换入低档。

2）逐渐均匀地拉紧驻车制动器。

3）当车速降至适当的时候，再踩下制动踏板减速、停车。

（四）违章驾车的治理对策

每一次违章不一定会造成交通事故，但每一次交通事故都与违章有关。高速公路由于车速高、车流量大，任何不经意的违章都可能带来严重的后果。因此，对驾驶员的违章进行有效治理是高速公路交通安全管理的重要内容。

超速行驶是高速公路上最多和最严重的违章行为。此外，占道、压线行驶，在超车道上持续行驶，违章停车、倒车和调头，违章超车、逆向行驶以及酒后、无证和疲劳开车等都常有发生。如何治理驾驶员违章，长期以来一直是各国交通安全管理研究的重点。现根据我国高速公路驾驶员的违章特点，结合一些高速公路治理违章的实践经验，提出几点治理措施。

（1）加强对广大驾驶员的交通安全宣传工作　作为高速公路交通安全管理者，其宣传工作应起到两个作用：一是通过宣传增强驾驶员参与高速运输的安全意识，使之自觉遵守有关法规；二是通过宣传使驾驶员了解高速公路及其行车特点，熟悉高速公路交通规则和各种标志、信号及服务设施功能，掌握高速公路驾车要领。可以通过各种新闻媒体进行宣传，亦可采用宣传板、挂图、录像等宣传方式，还可以通过在收费口散发宣传品进行宣传。对辖区内的运输大户，可上门宣传。同时，不定期地编印一些诸如“高速公路交通安全快讯”之类的印刷品，及时向驾驶员通报辖区内的交通安全动态、典型案例、经验教训等。

（2）建立、健全各种安全标识　现在，有些高速公路对设置安全标识极不重视，甚至连限速标识也没有，这也是导致驾驶员违章的一个原因。为此，各路应根据自身的特点，设立必要的安全指示标识。限速标识除在公路沿线固定设置外，在公路各入口显眼处，应有可变的电子或人工限速板。同时，可根据需要在入口和一些路段上设置自动检测和显示系统，使司机及早知道前方路段的情况，如设置浓雾检测系统、冰冻检测仪，通过与传感器、电路标志板、闪光灯相连，显示各种警告信息。设置反光标志，协助驾驶员导向、超车和变更车道。夜间和浓雾天应启用一定间隔的照明设施，提高能见度等。在某些事故多发路段，通过设立交通警察塑像，也能收到很好的警示效果。

（3）加强交通巡逻检查　高速公路不同于普通公路，需 24h 检查巡逻，按照“有违则纠，无违则巡”的原则，强化路面秩序管理。这也是高速公路交通安全管理的一大特点。通过路面检查，及时发现、纠正和查处各种违章行为及事故隐患。现在各路尽管有交通巡逻车，但大多巡逻间隔时间过长，有的一昼夜只巡逻 3～4 次，路面大部分时间处于失控状态。

为了确保路面 24h 不失控，有关部门应根据所辖路段的特点，把大部分警力放到路面上，加大巡逻密度，最好实行双向巡逻。特别是在交通流量高峰期，事故多发时路段以及雨、雪、雾和路面结冰等条件下，应加强巡逻，巡逻间隔最好在 30min 以内。对夜间事故严重的，应适当增加夜间巡逻，重点治理夜间违章停车、灯光不全及疲劳驾驶等违章行为。巡逻应采取动静结合，以动为主的方式。也就是巡逻车流动巡逻与定点设岗和流动巡逻车定点执勤相结合，以流动巡逻为主。流动巡逻重点纠正压线及占道行驶、逆向行驶、违章超车和变更车道，以及严重超速等动态违章。定点执勤重点纠正违章装载、违章停车、不系安全带、酒后及无照驾车、灯光不全等违章行为。

（4）加强事故的统计分析　及时掌握辖区内交通事故发生的规律和特征，以便及早预防和有针对性地加以治理。目前，交通安全管理各基层单位的事故统计分析基本上还处于空白。

因此，为了能迅速及时地对交通事故做出分析，各基层单位均应建立交通事故信息系统。

（5）根据不同时期的违章特点，有针对性地进行重点专项治理　例如高速公路开通初期，因超速严重对超速进行专项治理；对故障车停放进行专项治理等。在进行专项治理中，要处理好与日常管理工作的关系，做到两不误。

这里需要特别指出，对超速的治理，突击性的短期治理可以收到明显效果，但会立即反弹。因此，在高速公路开通初期一般应坚持一年左右的治理，使驾驶员适应高速公路的行车速度要求。此外，在限速值的规定上，不分车型一律规定同一值的做法是不合理的。事实上，高速公路的最高限速值已经接近或超过一些车辆的设计最高速度。这样即使这些车以最高速度行驶，可能没有超速，但这却是非常危险的。为此，可以采用国外的惯用做法，分车型限速。即根据大、中、小不同车辆的几何尺寸及制动、转向等机械性能的差异，确定相应的不同限速值。

（6）加强对违章的监测与控制　如：用雷达测速仪定点和装在巡逻车上流动测速，及时对超速者进行教育和处罚。关于定点测速，除了在有标识的雷达测速区里进行外，还应有选择地在其他路段上进行。此外，可在重点路段设置摄像监控装置，对付那些违章逃逸者；采用酒精测试仪，对付那些“酒鬼司机”。总之，尽可能地应用现代高科技手段，把违章降到最低限度。

（7）加大对违章的处罚力度　交通违章就是违法行为，违法就应该受到惩罚。因此，交警在执勤过程中，一定要依法执勤，严格执法。不能因此次违章未造成事故就不予处罚或减轻处罚。当然，处罚不是目的，仅仅是一种警戒违章的手段，对于那些屡教不改、屡罚不改者，应强制其参加执照后再训练，直至吊销其驾驶执照。要知道，这样做既是对国家和人民的生命财产负责，也是对违章者本人负责。

治理交通违章，是一项长期性、经常性的工作，需要投入大量的人力、财力和物力，更需要坚持不懈地努力。那种期望一个早晨就能创造奇迹的想法是不现实的。唯有持之以恒，常抓不懈，方能有所成。

（五）我国高等级公路未来交通安全管理的方向

1. 交通安全管理应适应社会发展的动向

21 世纪的社会发展动向可归纳为以下 5 个方面：

（1）汽车向大型化、智能化、高性能、安全化发展；自行车、摩托车、环保绿色汽车增加。

（2）驾驶人员中女性、高龄、外国人比例增加；汽车保有量增加；持照人员数增加。

（3）汽车准点运送；夜间、周末交通量增加；汽车运行半径增大；停车需求增加。

（4）国民意识变化，如价值观、生活方式的变化。

（5）发达国家积极发展智能交通系统，我国汽车卫星定位系统正逐步推广应用。

2. 我国交通安全管理的课题

（1）全民交通安全教育规划的制定与实施。

（2）建立作为国家基础信息的较全面的交通事故数据库，联网向社会开放。

（3）研究符合交通事故规律、特征的统计分析模型、方法。

（4）研究制定地区高等级公路网交通安全管理目标、对策的方法，以及评价交通安全管理对策效果的方法。

（5）超速驾车，酒后驾车的监测治理技术开发。

（6）高速公路交通安全管理理论的研究。

（六）高等级公路交通事故信息系统

在现代社会中，信息是现代化管理的重要资源。利用计算机信息系统对相关信息进行及时的收集、整理、加工、分析、统计、运用，把管理人员从繁忙、低效率的手工劳动中解脱出来，把大量时间和精力真正用于管理工作。迅速、准确地收集、处理数据，从离散的数据中分析出正确的结论，为领导和管理人员正确决策提供有力的依据，实现办公自动化，以获得良好的经济效益和社会效益。

随着国内经济的迅速发展，人们对公路运输的需求增大，全国兴起修建公路的热潮。高速公路在国内也应运而生，但高速公路在国内还是新兴事物，与一般的公路有很大的差异。如何用现代化的手段加强管理，减少交通事故发生，全面提高高速公路的使用效益，是高速公路管理中的一个重要问题。尽管公安部以前有一个事故数据库软件，但不是针对高速公路，且分析统计报表不针对各个交管部门，使用不很方便，所以重庆市高速公路管理处和重庆交通学院共同开发《重庆市高速公路事故处理系统》，旨在通过对交通事故的数据进行收集、处理，得出引发事故的主要原因，有针对性地制定出改进措施，提高管理的水平。

开发此系统时，考虑到当时的计算机一般都是386档次的，486机正在逐步增加，从实用与适当超前的观点出发，采用了Foxpro2.5 for Dos作主要开发工具，辅助UCDOS SDK for Foxpro，在DOS环境下实现Windows的图形界面，并具备强大的图形图像处理能力和系统的容错能力。

1. 系统功能简介

系统由数据管理、报表打印、统计分析、系统维护、系统信息 5 个模块组成。主要功能如下。

（1）数据管理　数据管理模块包括 3 个功能子模块，分别为现场数据管理、肇事者数据管理、伤亡者数据管理。3个模块都包含相应数据的录入、删除、修改、查询、浏览及计算功能。现场数据管理可以收集交通事故现场的事故原因、道路状况、照明状况、事故地点、事故时间等三十几项信息；肇事者数据管理可以收集肇事者的姓名、年龄、驾龄、所属单位等三十几项信息。伤亡者数据管理可以收集伤亡者的姓名、性别、出行目的等信息。其中，数据查询可以用数据库的任意字段作为条件，条件之间可以任意用“与”、“或”、“非”组合，在一次查询中可以输入250个条件。

（2）报表打印　报表打印包括行车事故统计报表和行车事故年度表两项功能。行车事故年度报表能按月统计任意年度事故的次数、损失情况，各种不同的道路、天气的事故次数等，方便年终报表形成。

（3）统计分析　统计分析部分根据用户输入的条件进行相关的统计，并绘制出各种图形。包括综合统计分析几个模块，其中综合统计分析中又包括各基层部门的综合统计、事故次数统计、人员伤亡统计、损失折款统计。统计模块可以根据事故中的各种因素，生成相应的分布图形及报表。根据研究分析的目的，通过对有关因素的单一、综合分析，能方便地找出你所研究的事故问题的主要原因，为制定针对性的改进措施提供科学依据。

（4）系统维护　系统维护模块主要包括网络上报、软盘上报、数据备份、数据恢复、删除数据等几项功能，为系统日常运行提供方便快捷的工具。

（5）系统信息　系统信息包括系统状态查看、计算器和退出 3 个功能。

2. 系统开发策略

以实用性为主要原则，采用结构化和模块化的设计方法，充分考虑系统的可用性和可扩展性。用户界面友好，美观大方，层次分明，操作方式简单，减少用户输入数据时间的快速输入方法。

（1）实用性原则　充分考虑用户目前拥有设备的档次，选用相应的开发工具，提高程序运行速度，以提高工作效率。

（2）统一性原则　在程序设计过程中，做到操作界面统一，使用颜色统一，给用户操作提供方便。在掌握一个模块的操作方法后，迅速掌握其他模块的操作方法。颜色统一，让用户操作过程中遇到不同情况时，有一个直观的感受。

（3）可靠性原则　系统设计中强调系统的容错能力，保护数据库在系统运行中不受损害，利用加密程序对数据进行加密保护。

【复习思考题】

1. 简述高速公路交通流及其特征。
2. 简述交通管制的概念及特点。
3. 简述交通事故的定义和分类。
4. 简述交通管制内容。
5. 简述高速公路交通事故的特点。
6. 简述高速公路交通控制的内容。
7. 试论高速公路交通事故的原因。
8. 试分析高速公路上驾驶员特征。

第六章　高速公路养护维修管理

【学习目的】

通过本章学习，掌握高速公路的养护与维修作业内容，养护与维修时的交通组织及安全措施；熟悉路基及路面养护管理系统，桥梁养护管理系统，隧道养护管理系统，养护与维修作业的人员素质要求和日常检查制度，高速公路防灾体制与措施。

高速公路在使用过程中，其路面及桥梁设施、交通工程设施、监控设施、通信设施、服务设施，会因行车荷载及环境因素的作用而逐渐损坏，这将造成高速公路服务水平的逐步下降。因此，在高速公路交付使用后，仍需继续投入大量的资金对各种设施进行维护，使它们各自保持一定的使用性能，以使高速公路提供可接受的服务水平。当资金充足时，可以对所有不满足可接受服务水平性能要求的设施进行养护、维修直至改造和更新。但是，通常资金是不足的，这就需要考虑怎样把有限的资金分配到最需养护并对保持、提高高速公路服务水平效果最佳的设施上。因此必须对高速公路的养护与维修进行有效的管理。

第一节　概　　述

一、高速公路养护维修的目的与特点

高速公路交通量大、快速、安全、舒适、畅通的特点要求高速公路管理部门应对高速公路及其附属设施进行经常性、及时性、周期性和预防性的养护与维修。即高速公路养护维修的目的是能够保证高速公路上的各种工程及设施，如路基、路面、桥梁、隧道、挡土墙、护坡、边沟以及护栏、照明、标志、监控设施等经常处于良好的技术状态，从而保证高速公路具有其可接受的服务水平。

从上述目的出发，高速公路养护维修的主要任务有。

1）经常保持公路的完好状态，及时修复损坏部分，保证行车安全、畅通、舒适，以提高运输经济效益和社会效益。

2）逐步采用现代化、科学化的管理措施与养护技术，提高管理养护水平。

3）采用正确合理的劳动与技术组织措施。推广运用养路新方法、新工艺、新技术、新材料、新设备，尽量不阻车或缩短阻车时间，以节约成本，减少养护开支，提高公路使用率。

4）建设一支能适应高速公路养护管理工作的队伍。

高速公路的养护维修工作不同于一般公路，它具有如下特点。

1）养护工作的经常性、及时性。

2）养护工作必须是快速的，且施工中的安全保障措施尤为关键。

3）尽可能地采用机械化养护。

4）尽可能地采用新材料、新设备、新技术、新工艺。

因此，高速公路的养护管理应符合下列要求。

1）除不可抗拒的自然灾害外，在任何情况下应保持畅通。

2）通过通信、监控等系统，及时掌握高速公路的信息，作出预测，采取必要的预防性措施。

3）为确保高速公路及其附属设施迅速得到养护与维修，应以机械化养护为主。

4）在高速公路上和高速公路用地范围内，作业人员必须着标志服，夜间为反光标志服；作业机械必须按标准涂以桔黄色，且按标准安装黄色示警灯。

二、高速公路养护与维修的作业内容

为保持高速公路及其设施的正常使用性能，恢复其原设计状态，需进行经常性的养护作业。

（1）根据高速公路的特点，高速公路养护工作划分为维修保养、专项工程和大修工程3类。具体工作内容见表6-1。

表6-1 高速公路养护维修工程分类

项目＼内容	养护维修保养内容	专项工程内容	大修工程内容
路基	1．整修路肩、边坡，修剪路肩杂草，清除挡墙、护坡、护栏、集水井和边沟内的杂物 2．疏通边沟和修理路缘石 3．小段开挖、铺砌边沟 4．清除路基塌方，填补缺口 5．局部整修挡墙、护坡、泄水槽、边沟 6．加固路肩	1．全面修理挡墙、护坡、泄水槽，铺砌边沟和路缘石 2．清除大塌方、处治大面积翻浆 3．整段增设边沟、截水沟 4．局部软土地基处理	1．拆除、重建或增建较大的挡土墙、护坡等防护工程 2．重大水毁路基的恢复 3．整段软土地基处理

（续）

内容 项目	养护维修保养内容	专项工程内容	大修工程内容
路面	1．路面上的一切杂物 2．排除积水、积雪、积冰，铺防滑、防冻材料 3．水泥混凝土路面接缝的正常养护 4．处理沥青路面和水泥混凝土路面的局部轻微病害 5．日常巡视和定期检查	1．处理路面严重病害 2．沥青路面整段罩面 3．处理桥头跳车	1. 周期性或预防性的整段路面改善工程 2. 黑色路面整段加铺面层 3. 水泥混凝土路面板整段更换或改善 4. 重大自然灾害造成的路面损坏的修复
桥涵、隧道及交叉工程	1．保持结构物的整洁 2．疏通排水系统 3．日常巡视和定期检查 4．伸缩缝清理修整、泄水槽疏通、部分栏杆油漆 5．栏杆、扶手的局部更换 6．局部修理泄水槽、伸缩缝、支座和桥面 7．涵洞整修及清淤 8．维修防护工程	1．桥梁河床铺砌和调治构造物的修复 2．桥墩、桥台及隧道衬砌局部修理 3．更换伸缩缝和支座 4．排水设施的整段修理或更新 5．金属构件全面除锈、油漆 6．承载能力检测	1. 增建小型立体交叉或通道 2．整段改善大、中桥梁 3．隧道衬砌全面改善
绿化	路树花草的抚育管理和补植	1．更新树种、花木、草皮 2．开辟苗圃 3．增设公路绿化景观	
沿线设施	1．标志、标线和集水井等设施的正常养护和定期检查 2．路面标线的局部添补 3．护栏、隔离栏栅和标志局部油漆和更换	1．全面修理护栏、隔离栏栅和各种标志 2．通信、监控设施的修理 3．整段路面标线的重划	整段更换沿线设施

1）维修维护　为保持高速公路及其附属设施的正常使用功能，而安排的经常性养护和修补其轻微损坏部分的作业。

2）专项工程　对高速公路及其附属设施的一般性磨损和局部损坏进行修理、加固、更新和完善的作业。

3）大修工程　高速公路及其附属设施已达到其服务周期，必须进行应急性、预防性、周期性的综合修理，使之全面恢复原设计的状态。对由于水毁、地震、交通事故、风暴、冰雪等造成的高速公路及其附属设施的重大损坏及时进行修复，保证其正常使用的作业。

（2）为确保高速公路良好的运作条件，提高管理水平，应加强信息管理工作。

1）高速公路管理人员应搜集、掌握下列信息。

① 路况信息：包括动态信息和静态信息。动态信息指有关公路设施的损坏、受灾等信息；静态信息指公路、桥梁、隧道等构造物的形状、尺寸等信息。

② 气象信息：有关雨、雪、雾、风、冰冻等信息。

③ 交通信息：有关交通量、行驶速度、交通阻塞等信息。

（3）高速公路管理人员应传送下列信息给公路使用者。

1）限制通行信息　由于灾害、工程施工、事故等原因而施行限制通行的信息，包括提供限制通行的地点、原因、时间、绕道等内容。

2）交通阻塞信息　指有无交通阻塞以及阻塞的时间、原因、程度、区间等内容的信息。

3）气象信息　有关雨、雪、雾、风、冰冻等信息。

（4）高速公路养护维修作业应重点配备巡视、清扫、路面维修、排障、检测、通信、除冰雪等设备（机械）。

三、高速公路养护管理和养护管理系统

一般说来，高速公路养护管理是协调和控制同各种设施有关的各种活动。其目的是使管理部门在养护管理过程中有效地使用包括资金、劳力、机具设备、材料及新技术新成果的各种资源，以使资源消耗最低，使高速公路在经营期内具有符合要求的服务水平。

高速公路养护管理系统则是通过应用系统分析方法，综合考虑技术、经济、社会和政治等各种因素，协调优化各项养护管理活动，使高速公路养护管理过程系统化。它为高速公路管理部门的决策人提供了分析问题的工具和方法，分析比较各种可能的养护管理对策和方案，定量的评价和预估各项对策和方案的后效，在确定的标准和约束下，作出费用—效益最佳的决策。因此，高速公路养护管理系统的建立和实施，对减少和延缓各种设施的损坏，充分发挥和利用各种设施的功能，维护和提高高速公路的服务水平，以及养护资金的合理投向和决策的科学化具有重要意义。

高速公路养护管理对象包括高速公路路面、桥梁、交通工程设施、监控设施、服务设施以及养护、维修机械设备等硬件设施。养护管理的内容可分为日常养护、维修维护、专项工程、大修工程等几个层次。对各种设施建立养护管理系统的步骤和方法都是大体一致的。有鉴于此，并考虑到高速公路养护管理工作的重点及资金投向主要在路面与桥梁方面，所以，这里重点介绍高速公路路面与桥梁养护管理系统。

第二节　高速公路路面养护管理系统

路面养护管理系统是近20余年在道路工程界出现的一个新研究领域。它运用现代管理科学的理论、系统分析的方法和计算机运算手段，为路面工程各管理部门提供科学的分析工具和方法，以使有限的资源，提供足够服务水

平。经过20余年的发展，路面养护管理系统已从一个概念变为在许多国家实际运转的系统，成为路面养护决策中一个受欢迎的现代化辅助决策工具。

我国路面养护管理系统的理论水平已接近或达到发达国家的水平，但在实用上，尚有大量工作有待进行，这包括提高认识，改善数据采集手段，投资上予以倾斜等。高速公路在我国的历史很短，尚未建立针对高速公路的路面养护管理系统，因此，建立高速公路路面养护管理系统并推广应用取得实效，是各高速公路管理单位面临的一项十分艰巨的任务。

一、路面养护管理系统的模块结构

路面养护管理系统的结构特点是利用路面调查数据，对路面进行定量评价、预测、效益分析、优先排序、优化决策、输出对策。每一步都以前一步分析结果为基础增加新的分析而组成，各步相互独立，层层相扣，因此，可以采用模块结构分段建立和实施，每一个模块相当于一个可区分的发展阶段，都有独立的分析结果输出，可独立地交付使用。依次建立和应用各个模块，可使系统不断扩大其功能，达到不同的发展阶段，直至形成一个完整的路面养护管理系统。路面养护管理系统的模块结构见表6-2。

表6-2　路面养护管理系统的模块结构

模　块	主　要　内　容	典　型　输　出　结　果
数据库管理	路段划分、几何尺寸、路面结构、交通量、路面使用性能、路面历史	路面现状报告（报表、图等形式），路面历史状况报告
养护和改建需要的分析	使用性能最低可接受水平，决策标准，使用性能预估模型	目前需要养护和改建路段，今后需要养护和改建路段，路面使用性能曲线
养护计划	典型养护措施和单价，养护政策（养护对策的决策标准），养护预算水平对路况的影响分析	各路段的养护措施，养护计划，不同养护预算水平的分析报告
改建计划	典型改建措施和单价，改建政策（改建对策的决策标准），优序原则或优化分析（费用最小或效益最大）	各路段的改建方案，优先计划（按年份、道路等级、地区等）、预算水平分析，财务计划（按特定使用性能水平要求）
养护和改建综合计划	按总预算水平协调养护和改建计划	各路段的养护和改建措施，养护和改建综合计划
项目及分析	路面弯沉和材料性质测定，改建路面结构设计，寿命周期费用分析	结构分析报告改建方案分析报告

二、路面养护管理系统必需的数据和数据库

数据是进行系统分析和养护决策的基本条件，有了数据才能进行路面评价、预测和费用分析。在路面养护管理系统中，数据都存放在数据库中，数据库包含进行各种分析和为决策者提供报告所需要的所有数据。

在路面养护管理系统模块化设计的初期，数据库设计与研究被视为系统

的中心内容。其基本指导思想就是把相关数据系统化并集中组织起来，实现对于数据定义、操作、查询以至维护管理各过程的规范化、标准化处理，以保证数据的可靠性、一致性和安全性，为用户提供最大限度的数据共享和开发运行界面。一般具有下述功能：

1）输出各种路面状况与统计数据。

2）进行信息查询和检索。

3）为项目级和网络级路面养护管理系统提供决策依据。

4）进行数据通信与信息交换。

数据库的功能与计算机硬件和软件的关系密切。目前微机上多采用FOXBASE关系数据库语言。

一般建立数据库时按数据的性质和作用分为下述几个数据文件。

1）道路属性和几何结构数据　路线编号、路线名称、桩号、里程、车道数、地区、路面宽度、路肩宽度等。

2）路面设计数据　修建时间、修建方法、路面结构组合与结构厚度、路基类型及强度、路面材料特性、路面设计指标与标准、分层验收数据等。

3）交通量数据　各种车型交通量、承载能力交通量、通行能力、交通量增长系数、车道划分与标线等。

4）路面状况数据　裂缝率、修补率、车辙、平整度、摩擦因数、渗水系数、错台量、露骨率、填缝料、损坏、弯沉等。

5）处治历史数据　处治年度、方法、厚度、长度、费用、处治前路况、处治后路况等。

6）桥梁数据　室内档案中的部分数据、桥梁的动态数据等。

7）经济数据　处治单价、燃料价格、运输费用、轮胎损耗、养路费收支、贴现率、物价指数等。

上述数据文件，有些是与时间无关的，有些是有关的。与时间无关的数据文件经1次输入后可永久享用，与时间有关的数据文件需经常更新，更新频率随数据的性质和系统的需求而变，一般为1年。

三、路面状况调查

（一）路面状况调查项目

各国对路面状况调查项目的划分基本上是一致的，大体如下。

1. 平整度调查

路面平整度可定义为路面表面诱使行驶车辆出现振动的高程变化。由于路面不平整而引起车辆振动，将对行驶舒适性、路面损坏率、交通安全性、车辆磨损、燃油消耗等产生直接影响。特别是在高速公路上，平整度是度量路面使用性能的一项重用指标，这在世界各国已成为共识。

造成路面不平整的原因是多种多样的，主要有两类：一是施工过程中造成的不平整；另一个是路面使用过程中由于材料感温性对结构承载能力不足造成的过度变形而引起的。必须重视施工过程中的平整度控制，否则只靠选择优质材料或加强结构是徒劳的。

2. 路面损坏状况调查

路面在使用过程中经常发生各种各样的损坏。损坏不但影响路面的结构性使用性能和结构承载力，也会影响路面的功能性使用性能。因此，根据损坏发生的原因及程度，有针对性的采取维修改建措施，是路面养护管理系统的重要内容。

路面损坏的原因和表现形态是多种多样的，不同的调查者可能会对同一处、同种损坏判别为不同的损坏类型，或赋予不同的名称。这给路面养护管理系统中相应数据文件的生成及养护对策的确定造成极大困难。因此，必须根据损坏的形态、特征和原因，对各种损坏进行统一分类。目前对于沥青混凝土路面和水泥混凝土路面的损坏分类分别见表 6-3 和表 6-4。

表 6-3　沥青混凝土路面损坏类型

损坏名称	主要损坏特征	主导损坏原因
横向裂缝	与道路中线近于垂直的裂缝，有时伴有少量支缝	半填半挖路基或路面加宽山沉降产生，施工缝，以及水泥路面加铺层纵缝
龟　裂	多边形小块组成的网，形如鳄鱼皮状，块的尺寸小于 50cm	荷载疲劳裂缝以及低温收缩裂缝，路基与基层强度不足
块状裂缝	纵向和横向交错而使路面分裂成许多多边形大块，块的尺寸在 50～300cm 之间	低温收缩及沥青老化，路基与基层强度不足
车　辙	路表面沿轮迹的纵向凹陷	压实不佳及材料高温稳定性不足
波　浪	路面有规律的纵向起伏	材料抗剪能力差，施工质量差
沉　陷	路表面的局部凹陷	路基沉陷或局部开挖回填后压实不良
隆　起	路表面的局部凸起	冻胀、盐胀、膨胀土胀起及路面材料推移
泛　油	路表面形成一层光滑的沥青薄膜	沥青含量多，混合料剩余空隙过小及高温稳定性差，集料偏细
松　散	集料和沥青逐渐从路面脱开并散失	沥青含量少，粘结力低及沥青老化
露　骨	失去沥青的集料外露	沥青粘结力差，集料耐磨耗能力不足
坑　槽	路面中出现的碗状坑洞	松散、龟裂的路面材料被车轮带走后形成
磨　光	集料棱角被磨成圆滑或平滑状	集料耐磨耗能力不足
修　补	已采取过修理措施的路面面积	历史损坏所引起

表 6-4 水泥混凝土路面损坏类型

损坏名称	主要损坏特征	主导损坏原因
纵向、横向、斜向缝裂	面板断裂成 2～3 块	荷载疲劳、胀缩应力，翘曲应力、地基脱空等
板角断裂	从角隅到裂缝两端的距离小于边长的一半，否则，属斜向裂缝	重载疲劳，温湿翘曲应力、地基脱空、唧泥及接缝传荷能力差
交叉裂缝和破碎板	面板纵横交叉分割成 4 块以上	由于超载和地基软弱，前述所有裂缝的进一步发展
沉　陷	面板局部范围内的下陷	地基土地沉降或固结，局部压实不足
隆　起	面板局部范围内的上升	冻胀或路基上膨胀
唧　泥	泥浆从接缝或裂缝处唧出	填缝料失效水下渗，局部脱空，基层材料冲刷能力差综合引起
错　台	接缝或裂缝两侧面板出现高程差	与唧泥相同
填缝料损坏	填缝料挤出、散失、老化、剥离、无填缝料等	变形能力差、粘结力不足、感温性强
接缝破碎	离接缝 60cm 范围内，混凝土开裂，断裂或成碎块	接缝膨胀受阻，压应力很大促使块失稳
拱　起	横缝处板块向上拱起，一块板爬到另一块板上	板膨胀受阻，传力杆设置不当，施工质量差及荷载疲劳
发裂和起皮	混凝土板表面的细裂纹，以及表面 3～13mm 深度内混凝土脱落	水泥泌水能力差，过度抹画，碱性集料反应等
修　补	已采取过修理措施的路面面积	历史损坏所引起

3. 结构承载能力调查

路面结构既是一个功能体，又是一个结构体。路面结构具有足够承载能力是它作为结构体的前提，是保证路面实现预定功能的基础，因此，结构承载能力不但是路面结构设计的主要内容，也是确定路面养护管理对策的主要依据。

目前，路面结构承载能力调查可分为无损检测和破损检测两类。破损检测是从结构层内钻取试件，在室内进行物理—力学性能试验，确定各项技术参数，通过适宜的路面力学分析确定结构承载力。这是一种辅助方法。无损检测主要是测定路面的最大弯沉和弯沉盆，以确定结构承载力。这是路面养护管理系统中常用的方法。

4. 抗滑能力调查

抗滑能力是影响行车安全的主要路面因素。抗滑能力可分为路面抗滑能力和出现水面漂滑的可能性两方面。路面抗滑能力是指轮胎受制动时沿表面滑移所产生的力，主要受路表面特性的影响。可通过选择集料，调整级配，增加构造深度来增加抗滑能力。一般的，当路面积滞的水深达 5mm 以上，而行车速度又较高时可出现漂滑现象。由于高速公路行车速度较高，一般路表透水不良，所以，雨天极易发生漂滑现象；改善路表排水能力是解决问题的根本出路。目前，国外采用的透水表层兼有排水与抗滑功能，是值得重视的发展方向。

5. 车辙调查

车辙是沥青混凝土路面在重载渠化交通下发生的一种损坏形式。由于重载渠化交通是高速公路的交通特征，所以高速公路车辙问题比一般公路更为突出。在发达国家车辙是高速公路的主要损坏形式，因此在路面养护管理系统中，车辙作为影响路面使用性能的主要指标之一。

四、路面使用性能评价

路面修建和养护的终极目标是在设计使用期内为行车提供一个快速、安全、经济、舒适、耐久的运营环境。路面的使用性能即为路面满足上述要求的能力和程度，可分为功能性使用性能和结构性使用性能。功能性使用性能包括平整度、抗滑能力、路面景观；结构性使用性能包括结构承载力和路面损坏状况。路面的使用性能是否满足既定的要求，是决定路面养护改建对策的依据。因此，科学地评价路面的使用性能，是建立路面管理系统的重要环节。

评价的科学性源于量化的准确性，其前提是提出表征路面使用性能的可量化指标。下面分别进行叙述。

（一）路面功能性作用性能指标

1. 平整度指标

平整度测定方法和仪器很多，相应采用的指标也各不相同。为了使采用不同的方法和仪器测定的结果可以相互比较，需要寻找一个通用的平整度指标，它同其他平整度指标之间有良好的相关性。在路面养护管理系统当中，此通用指标为国际平整度指数 IRI。它是世界银行于 1982 年组织了巴西、美、英、法等国家的专家组成的研究小组，在巴西进行了大规模的平整度测试之后提出的。IRI 与通过其他方法得到的平整度指标具有良好的相关性。例如北京市 1990 年得到的 IRI 与车载式颠簸累积仪 VBI，3m 直尺测定值σ 的相关关系如下：

$$\text{IRI}=1.75+0.0017\text{VBI}，相关系数\ 0.9985$$

$$\text{IRI}=1.157+1.452\sigma，相关系数\ 0.9917$$

2. 抗滑指标

测定抗滑能力的方法很多，但目前在路面养护管理系统当中，仍以摆式仪为主，所以，可以用摆式仪测得的摆值（BPN）或横向力系数（SFC）作为评价指标，见表6-5。

表6-5 路面抗滑能力评价标准

评价标准＼等级	优	良	中	次	差
摆值（BPN）	≥42	≥37，<42	≥32，<37	≥27，<32	<27
横向力系数（SFC）	≥50	≥40，<50	≥30，<40	≥20，<30	<20

3. 景观指标

景观指标主要反映路段对司机和乘客视觉特性的影响。影响路面景观的因素很多，如路面状况、标线、交通标志、环境景观等。目前，景观指标以主观评价为主，尚难以量化，在建立路面养护管理系统时只作为参考。

（二）结构性使用性能指标

1. 结构承载力指标

结构承载力常用强度系数指标表征，即：

$$SI=L_s/L_r$$

式中 SI —— 强度系数；

Ls —— 实际弯沉；

Lr —— 容许弯沉。

2. 路况指标

在路面养护管理系统中，常以路况指数 PCI 作为表征路况的指数。

$$PCI=100-\sum\sum DP_{ij}k\ W_{ij}$$

式中 i，j —— 相应为损坏类型数（共 n 种）和重要程度等级数（共 m 种）；

$DP_{ij}k$ —— i 种损坏、j 级程度和 k 范围的扣分值；

W_{ij} —— 多种损坏类型和严重程度的权函值。

（三）路面使用性能综合指标

上述指标，从某一侧面反映了路面的使用性能，可以直观地识别路面的损坏程度并采用合理的处治措施。但是，处治对策的提出，往往在对各种性能各种要求综合分析的结果上，更需要掌握各路段的综合服务水平，因此也可引进现时服务能力指数 PSI、FI 指标、CSI 指标、R 指标来反映路面使用性能综合指标。

（四）路面使用性能评价

上面分别论述了表征路面使用性能的指标，它们都可根据从路上采集的客观数据进行定量计算，得到量化结果，如何根据这些量化结果对路面的使用性能作出科学的、客观的评价，是路面管理系统面临的重要问题。

对路面使用性能的评价，可定义为对路面使用性能的分组。对有些使用性能指标，如结构承载力，具有客观标准（如容许弯沉），所以，其评级具有客观性。对另外一些指标，如行驶质量、损坏状况等的评价，并没有严格的客观标准，还和人的主观认识有关，所以，其评级应采用主客观相结合的方法进行，即通过数据采集，计算出使用性能指标的客观值，同时组织有经验、有代表性人员组成评分小组，按照共同的标准进行主观评分，综合这两方面的结果即可得到使用性能指标的评级。

使用性能指标的等级划分既不能太粗，使得难以区分不同的数值；又不能太细，使得主观评分时难以确定等级归属。在路面养护管理系统当中，常分为“优、良、中、次、差”五个等级。

五、路面使用性能预测

上述各分项指标和综合指标均指现在状态的路面使用性能。路面在使用过程中，随时间的增长和行车载荷作用次数的增加，其使用性能会逐步变坏。当损坏达到某一特定标准时，就应采取维修改建措施以恢复和提高其使用性能。因此，预测路面使用性能随时间或行车荷载作用次数的变化而变动，是建立路面养护管理系统的重要环节。在路面养护管理系统中，常用的预测方法有回归分析法、灰色预测和马尔科夫转移概率法等。

六、路面维修保养对策

1. 小修保养对策

路面状况指数（*PCI*）评价为优、良，综合服务能力指数（*CSI*）也评价为优、良路段，以日常养护为主，并对局部路面破损进行小修。

2. 中修对策

路面状况指数（*PCI*）评价为中，或综合服务能力指数（*CSI*）评价为中的路段，应进行小修或中修。

3. 大修对策

对于强度不满足要求的路段（高速公路强度指数 *SI* 小于 0.8）则应进行大修补强。

4. 抗滑处理

高速公路的路面行驶质量、路面破损状况和强度均满足要求，但抗滑能力不足（$SFC<0.4$）的路段，应加铺抗滑磨耗层。

5. 改建对策

因路面不适应现有交通量或载重的需要，应提高现有路面的等级，或通过加宽等措施提高道路的通行能力。

6. 专项养护

因自然灾害致使路面遭受严重的损坏，可申请专款对路面进行修复。

第三节　高速公路桥梁养护管理系统

当今世界，交通运输日趋发达，连接公路的枢纽——桥梁，对公路运输至关重要。尤其是高速公路上的桥梁，其通过能力和承载能力直接影响公路运输的效益。然而，同任何土木结构一样，从桥梁交付使用开始，也就开始了承载能力、使用功能的逐步下降过程。因此，维持和提高桥梁的承载能力，保持和改善桥梁的使用功能，是高速公路管理部门的重要职责，完成这项职责的手段就是建立和施行桥梁养护管理系统。

在发达国家，由于交通量增大，吨位增加，桥梁病害增多，使用功能下降，桥梁的维修、改造、加固越来越重要，高速公路桥梁已进入养护管理为主的新时代。与路面相比，桥梁每延米的养护管理费用耗资巨大。美国州际公路和州公路有近 30 万座桥梁，其中低于标准的占 30%，每年用于更新和维护的费用达 500 亿美元。日本高速公路桥梁有 1.44 万座，其每年的维修养护投资需约 3 050 万美元。随着我国高速公路的不断发展，高速公路桥梁的数量增多，服役期变长，因此，旧桥加固和养护维修的工作也将越来越重要。

与路面养护管理比较，由于桥梁的初期投资大，服役期长，养护资金投入集中，所以，如何科学地分配庞大的维修改建资金，特别是在资金普遍不足，养护需求得不到全部满足的情况下，如何把资金投到最需要、最重要的地方，将显得更加重要。这项工作可由桥梁养护管理系统完成。

由于桥梁结构的变异性较之路面结构要小，其结构承载能力和使用性能的变化规律相对简单些，所以，桥梁养护管理系统的模块结构较之路面养护管理系统要简单一些，且二者之间可互为参考。桥梁养护管理系统的模块结构主要包括数据库模块、评价模块和决策模块，下面分别介绍。

一、桥梁数据库

要掌握桥梁情况，研究对策，其基础是收集和存贮必要的数据。便于供桥梁养护管理系统使用这些数据，了解现状，预测未来执行决策，在计算机时代，就需把数据建立数据库。

桥梁数据库包括两方面的内容，一是每座桥已有的室内档案中的数据库，包括设计、施工及已有养护数据等。这部分数据在建立数据库时，为历史数据，相对固定，输入一次后就可长久保存。二是桥梁的动态数据，特别是桥梁的结构状况和功能程度的数据，这部分数据主要包括桥梁各部位的损伤程度及功能、标准、程度等，随时间不断变化，可不断补充完善。这部分数据一般是根据桥梁管理规范，通过对桥梁进行定期检查或特殊详细的检查取得的。为使所采集的桥梁数据系统、准确和完善，必须有完备的管理体制，高素质的桥梁检测人员和足够的资金投入。

二、桥梁结构检测评价系统

（一）桥梁检测的主要功能

（1）尽早发现桥梁各部位的缺陷，及时清除隐患，从而节省维护保养所需费用。

（2）预防桥梁坍塌，确保桥梁安全使用。

（3）建立制度化的检测法规。

（二）混凝土桥的检测种类、目的和方法

1. 日常检查

以目视或放大镜检查桥梁各部位，以便早期发现混凝土裂缝、剥落损伤及其他异常现象，并对易发生变化的部位作重点检查。

2. 定期检查

使用桥梁检查车和各种仪器全面检测桥梁各部位，并对车行道、河道、公共设施和桥周围环境进行检查。检查方式有：① 目视检查桥梁是否有缺陷和异常现象；② 敲打检查，用铁锤敲打混凝土的缺陷，看混凝土构件是否有空洞和分离现象；③ 照相检查构件变化情况，从而评估变化原因和程度；④ 非破坏检查，目视检查和敲打检查后发现缺陷时，再利用各种仪器检测或钻芯取样分析。这种检查以一年或两年进行一次为宜。

3. 临时检查

在发现桥梁有异常情况时，应作临时检查。针对特定部位检查，了解构件受影响的范围及程度。检查方法与定期检查一样。发现地区性地震、台风、火灾、暴雨或桥梁被碰撞时，应及时做临时检查。

4. 跟踪检查

凡发现桥梁构件出现裂缝、倾斜、变位或地基下沉以及环境对桥梁构件

影响的变化，均应做跟踪检查。使用的检测仪器与定期检查相同。

5. 特殊检测

上述各种检查发现缺陷，但又无法确定是否需要修补，或无法确定用哪种方法修补时，应做进一步详细检测。检测方法有：① 混凝土强度试验及其他非破坏性试验；② 钢筋锈蚀试验；③ 钻芯取样试验；④ 加载重压试验。

（三）桥梁检测仪器的种类

1. 混凝土强度试验锤

这种锤的冲击能量为2.25N • m。仪器上装有记录仪，能够做连续试验。利用该锤可对制成的构件进行混凝土质量非破坏性试验，可测定构件抗压强度。

2. 混凝土孔隙及裂缝探测器

使用超声波方法可测定混凝土、钢筋混凝土和预应力混凝土的质量。根据测定的声波速度可探测混凝土的孔隙及裂缝。

3. 钢筋探测器

测定混凝土中的钢筋位置、尺寸及混凝土层额厚度。

4. 钢筋锈蚀探测仪

利用仪器内的控制程序测定混凝土内钢筋的电位值，以便确定锈蚀程度，从而评估需要改善的措施。

（四）桥梁结构评价

桥梁结构承受车辆荷载及环境因素作用，对其结构性能、功能性能、耐久性能都有一定要求。为了对桥梁结构各方面性能进行定量评价，首先必须建立反映这些性能的指标。

美国最早开始桥梁评价工作，已有20余年的历史。所确定的评价指标为适应度 SR（包括结构缺损度、载重足够度、桥面收缩度），这是反映结构质量、功能性、安全性以及重要性的综合指标。目前，国内外大都沿用这一指标，作为对桥梁结构评价的依据，以此进行综合判断，以对整个路网的桥梁的使用性能和综合服务水平有一个全面的了解，为桥梁维修改建的先后次序和资金投向提供依据。

三、桥梁加固技术

通过对桥梁适应度的评价，就会提出对桥梁的维修改建对策。在桥梁的维修改建活动中，桥梁加固是一项重要技术，无论发达国家还是发展中国家，都是如此。

由于公路桥梁以钢筋混凝土桥梁为主，下面重点介绍钢筋混凝土桥梁的加固技术。钢筋混凝土桥梁的损坏原因很多，包括氧化物侵蚀，混凝土碳化，支座受力状态改变、伸缩缝失效、墩台位移、地基不均匀沉降等物理、力学、化学方面的原因。桥梁加固就是针对这些原因的损坏发展起来的桥梁养护技术。

1. 提高桥梁承载能力加固技术

（1）聚合物加固　利用聚合物对钢筋和混凝土极强的粘结作用，可保证加固部位的稳定性和耐久性。可用于修补桥梁的各种结构缺陷。该法无需破坏被加固的结构，无需配备技术熟练的专家，加固后交付使用时间短，不增加结构的几何尺寸，可以完整地保存结构的艺术特点。该法应用简便，只需把树脂类聚合物注入或粘贴在需加固部位即可。

（2）喷射混凝土加固　该法最早由前苏联道路科学研究院提出。它用气动喷射细粒混凝土修补混凝土表面，喷涂厚度：薄层为 1～2cm，厚层为 3～5cm，应用同一套设备，即可完成小修养护，也可消除大面积但深度不够的缺点。

（3）改变结构体系加固　因结构损坏后，原结构受力图示已经改变，可采取措施改变其原有的受力图示。如我国采用简支梁桥改变为撑架式结构，连续梁或连续桥面等，或拱式桥改为简支梁或其他无推力结构，取得了较好的效果。

（4）施加预应力加固　对梁式桥体外增加预应力钢筋，增强承载能力；对拱桥采用钢拉杆，控制拱圈变形，抑制裂缝发展，得以恢复和提高承载能力。

（5）增大断面加固　对于梁式桥可以增厚桥面板，增大主梁断面或增加拦梁数量。对拱式桥可以增大拱肋尺寸，增加拱肋数量等。

（6）增加结构整体性加固　从桥面上采取措施，浇注钢纤维混凝土桥面或聚合物混凝土桥面或钢纤维—聚合物—硅灰复合材料混凝土桥面。此外，还可增加横向联系，如增加横隔梁等。

2. 桥面加固

（1）防护薄膜修补法　先消除已损坏的桥面混凝土，去掉钢筋上的锈，涂上环氧树脂，用聚合物水泥混凝土在整个桥面上预先或现铺薄膜，再铺一层沥青混凝土罩面。

（2）改性沥青混凝土修补法　用玻璃纤维或聚合物改性沥青，以这种改性沥青混凝土罩面，可消除常规沥青混凝土的裂缝、车辙等病害。

（3）聚合物水泥混凝土修补法　聚合物水泥混凝土与常规混凝土比较，

抗弯强度提高，韧性提高，因此，可采用较薄的罩面层厚度，减轻自重，提高承载能力。

3. 裂缝加固

（1）伸缩缝加固　伸缩缝加固的要点是选择粘结力高、变形能力大、感温性小、泊松比低的填缝材料。橡胶沥青玛缔脂及聚胺脂类材料可优先考虑。另外，尚需注意填缝料的约束条件，底部自由时易于发挥填缝料的变形能力。

（2）结构裂缝修补　对钢筋混凝土梁式桥剪切裂缝的修补，美国采用的方法是，无用硅橡胶密封大梁的裂缝，然后从桥面下钻 45° 角的孔，横穿裂缝面，用泵送环氧树脂填塞孔及裂缝，迅速把钢筋插入孔中，这些钢筋需穿过裂缝。此时，环氧树脂将钢筋与孔壁粘结在一起，并填满了裂缝，达到了加固开裂的目的。

四、桥梁维修改建的决策

当对桥梁的适应度进行评价并提出维修改建对策以后，如果资金足够，就可按所拟对策进行维修改建工作。但实际上，资金往往是不足的，因此，并不能按评价结果直接进行维修改建工作。如何根据资金约束情况选择急需的重要的项目进行维修，是必须首先解决的问题。对于管理部门来讲，往往管辖多座桥梁，如何把有限的资金投到最需要的桥梁，也是必须面对的问题。这个问题的解决，可由桥梁养护管理系统中的决策系统来完成。

桥梁养护管理系统决策的主要目的，是提供有关最佳养护和改建对策及最佳资金分配方案的分析，以便决策者选择最经济合理的方案，合理地分配和使用有限的资金，这必须通过优化方法来解决。

一般情况下，桥梁养护管理系统的决策过程包括下述几个步骤：

（1）获取对各个桥梁适应度评价结果及对策方案数据。

（2）桥梁适应度随时间变化规律的预测。

（3）进行寿命周期费用分析。

（4）用优化方法（如决策树方法）对桥梁进行优先排序，得到养护改建对策的决策。

第四节　路基及附属设施的养护与维修

一、路基养护维修与排水

（一）路基养护维修

路基的坚实和稳定直接影响路面的平整和强度，因此必须做好路基的养护维修工作，以保证路基坚实稳定，排水性能良好，各部分尺寸和坡度符合原设计要求，加固及时，消除不稳定因素，保持路基处于良好的技术状态。

1. 路基养护的工作范围

（1）维修、路肩及边坡。

（2）疏通、改善、铺砌排水系统。

（3）维护、修理各种防护构造物及透水路堤，保护两旁公路用地。

（4）清除坍方，处理塌陷，检查险情，预防水毁。

（5）观察、预防、处理翻浆、滑坡、泥石流崩塌、塌方及其他病害。

2. 路基养护的基本要求

（1）路肩无坑洼、隆起、沉陷、缺口，横坡适度，边缘顺直，表面平整清洁。

（2）边坡稳定、平顺无冲沟，坡度合乎规定；表面平格。

（3）边沟、截水沟、排水沟保持无高草、无淤塞，纵坡适度，水流畅通，进出口良好。

（4）挡土墙、护坡及防雪、防沙等设施保持完整无损坏，砌体伸缩缝填料完好，泄水孔无堵塞。

（5）对翻浆路段应及时治理，尽快恢复到原有的路况，对坍方、滑坡、泥石流等病害做好防护抢修，尽力缩短阻车时间。

（二）边坡的养护维修

高速公路边坡坡面应保证稳定、坚实。根据边坡类型的不同，其养护维修方法也不同。

1. 植被边坡的维修

植被边坡有自然边坡、铺草皮边坡、喷播草种边坡、栽植边坡等。

自然边坡不用人力特别加工，是靠自然植被生长的边坡，也是发生灾害实例较多的边坡。对于这种边坡，要考虑它的土崩、坡面坡度、植被的状况等，并要掌握有关降雨量和边坡稳定的相关关系，需要制定出包括行驶规定在内的各项措施。

草皮边坡分为条形草皮和方块草皮，无论哪一种，都应使草皮繁殖良好。因此，每年需除草 2 次以上，必须防止其他草类繁衍。除草修剪由人工或机械完成。

2. 边坡、挡墙的维修

构造物边坡是用挡土墙、砌石、铺混凝土块、花格砌体等构成的边坡，要定期检查这些构造物有无裂缝、腹部隆起、滑动、倾覆等现象，如发生异常时，必须采取补强措施。

类似构造物的边坡还有落石防护网、落石护栏、透水式桩、排水丁坝等，这些构造物如有损坏应更换，并排除里面积存的土砂，保持构造物应有的功能。

（三）排水设施的养护维修

水是造成高速公路损坏的重要因素，因此，养护时要注意对排水设施的检查和维修，使其排水功能正常发挥，最大限度地减轻水对公路的危害。

1. 加快地表水的排除

（1）适度的路拱、畅通的边沟和稳定密实的边坡是保证地表水排除的关键因素。在日常养护中，要对这些因素定期检测和进行有效的控制。当路画出现裂缝和局部沉陷时，要及时修复，明沟要及时除草和疏通淤积。盖板沟（或管道排水）内杂物要定期排除，沟壁坍塌或出现裂缝，必须在雨季前修复完毕。

（2）为了减轻坡面对公路的冲刷，应将截水沟内的水引到坡外，以免水分下渗造成坡面坍塌。截水沟的清扫和维修与边沟要求相同。

（3）当斜坡过陡时，应进行加固或设支挡工程。

（4）原排水系统若排水不足时，应考虑改建或增建排水设施。

2. 排除地下水

（1）加深加大边沟是减轻地下水对公路危害的有效措施。

（2）当路面出现裂缝并伴有潮湿斑点、冒泥或排除地下水设施的出水口流量发生显著变化时，都是排水设施功能降低或失效的表现，要查明原因，采取相应措施。

（3）当盲沟与原隔水层失效时，可在路面翻修时一并处理。地下排水设施的排水口暴露在外，易被杂物堵塞，要定期检查和清除杂草及粉尘等杂物，或更换新的粗大硬质粒料，确保排水畅通。

（4）经实践证明排水能力不足时，宜增建新的排水设施。

3. 其他排水

（1）修建高速公路时的取土坑若距公路较近，坑内的积水要排至远离公路的低洼处，以免软化路基。

（2）进出高速公路的匝道处多形成封闭式的洼池，此处不宜积水，要使排水通道顺畅，排走地表水。

（3）立交桥处的所有排水设施要定期检查与维修，确保性能良好；电机、水管和水泵等应有备用量，供电线路要能安全供电且线号与电负荷相符。此外，还应备有全套的发电设备，以保证非常情况排水的需要。

（4）高速公路中央分隔带的泄水口和其他排水通道要及时清淤和维修，充分发挥这些设施的作用。

（5）所有从排水设施中排出的水，不得冲毁农田和其他建筑物，且应注意不得污染环境。

4. 排水设施的清扫

（1）排水设施的清扫是防止排水设施性能降低和对沿线居民卫生有益的一项作业。

（2）在汛期前后，应对排水设施进行清扫（疏浚），以确保排水畅通。由于全国各地的降雨量和高速公路沿线条件差异较大，以及交通量和排水设施的种类不同，现列出几种主要排水设施的清扫（疏浚）频度，见表 6-6。

表 6-6　几种主要排水设施的清扫（疏浚）频度

排水设施种类	清扫（疏浚）频度	备　注
边沟	每年 2 次	汛期前后各 1 次
集水井	每年 2 次	汛期中及汛后各 1 次
排水管	每年 1 次	汛期后
泵站沉淀池	每年 2 次	排污时间视情况而定

（3）清扫作业采用人工清扫与机械清扫相结合，以机械清扫为主。对有盖而不能拆卸的边沟内的淤泥用真空吸入式边沟清扫车处理；也可从边沟盖的开口部分穿过带扒斗的钢丝绳，用缆车操纵扒泥的办法清理，或用高压水冲洗。严禁清扫人员不带安全设施进入封闭很严的边沟内进行作业，以防中毒。对于边沟盖能拆卸及无盖边沟，其沟内的砂土及其他硬块杂物，可用人工清理，用卡车及时运走。

集水井的清扫宜采用真空吸入式（鼓风机）边沟清扫车或抽吸式（真空罐式）吸泥车进行作业。一个集水井清扫结束后，清扫车要及时开走，以免影响交通，同时将井盖复原。

排水管的清扫与管径粗细、管内砂土的堆积量和固结状态有关。当管径小于 400mm 且管内堆积砂土又没固结时，一般可用排水管清扫车处理；若管径较细和管内砂土又已固结，清扫时宜用螺旋钻式除垢器疏通清除污物；当排水管较粗不适用喷水清理或管内砂土固结比较严重的情况下，可用挖掘机清除；在不得已的情况下，对于作业人员能够下去的排水管，也可用人工挖除管内砂土污物，但必须有防毒措施。

泵站沉淀池内的污物，用泥浆泵及时排除，泥浆泵与清水泵交替进行作业，务必在泥浆固结前将池内沉淀物全部排清。

二、附属设施的养护维修

（一）护栏的养护维修

高速公路设置护栏的目的是防止运行中失控的车辆驶出路外，进入对向车道或路肩以外，造成严重安全事故。根据《高速公路交通安全设施设计及施工技术规范》（JTJ074—1994）的规定，根据护栏使用材料性质的不同可分为刚性护栏、半刚性护栏、柔性护栏 3 种。根据设置位置及作用的不同又分为路侧护栏、中央分隔带护栏、桥梁护栏 3 种。不同护栏的适用范围及设计要求列于表 6-7 和表 6-8。

表 6-7　设置于路基上护栏适用范围及设计要求

设置地点	防撞等级	适用范围	设计条件					
			车辆碰撞速度/（km/h）	车辆的质量/t	碰撞角度/（°）	车辆加速度/g	最大冲入距离/m	
							立柱埋于土中	立柱埋于混凝土中
路侧护栏	A	高速公路、一级公路	60	10	15	<4g	<1.2	<0.3
	S	路侧特别危险需要加强保护的路段	80					
中央分隔带护栏	Am	高速公路、一级公路	60	10	15	<4g	<1.2	<0.3
	Sm	中间带内有重要构造物，需加强保护的路段	80	10	15	<4g	<1.2	<0.3

注：$g=9.8m/s^2$

表 6-8　设置于桥梁上护栏适用范围及设计要求

设置地点	防撞等级	适用范围	设计条件				
			车辆碰撞速度/（km/h）	车辆的质量/t	碰撞角度/（°）	碰撞力/kN	
						Z=0m	Z=0.3～0.6m
路侧中内分隔带	PL_1	一般公路跨越高速公路、一级公路	80	2.0	20	120	85～70
			50	10.0	15		
	PL_2	高速公路、一级公路	70	10.0	15	200	160～125
	PL_3	桥外特别危险需要重点保护的特大桥	80	14.0	15	360	280～230

注：z 是桥梁护栏的容许变量。

护栏的养护维修工作内容有：

1．日常检查工作

除了在通常巡逻时检查护栏有无异常情况外，还需要隔一定时间进行定期检查。检查的周期最好两个月左右 1 次，检查时特别需要注意的要点如下：

（1）立柱与水平构件的固定状况。

（2）立柱的下沉、倾斜、弯曲状况。

（3）污染的程度及油漆情况。

（4）护栏及管式护栏水平构件的变形及损坏情况。

（5）箱梁式护栏的接头部位及粘结的损坏情况。

（6）拉索的松弛程度。

（7）缓冲式护栏混凝土有无裂缝及下缘边的状况。

2．修复工作

由于事故及灾害造成护栏变形或损坏或者通过检查发现不能充分发挥护栏作用的地点，应该事先将其损坏的范围及部位、损坏地点的道路情况、原因等记录下来，马上修复，使护栏能够经常充分发挥作用。

被交通事故所损坏的道路附属构造物当中，护栏占的比例很大。根据《公路法》的规定，损坏的道路构造物应由肇事者负担其修理费用，即索赔，养护部门应马上采取必要的措施尽快修复。对不能及时将损坏的部位修复，而又对一般交通危害比较大的地点，最好采用现成的应急材料临时修复，护栏原则上按原有的形式及种类进行修复。

3．油漆、清扫、修补等保养工作

护栏因擦伤致使油漆剥落或因生锈致使漆膜脱落严重时，应马上涂漆。油漆不仅对保持护栏的功能很重要，而且从恢复护栏引导视线的功能及美观性来看也是极为重要的。

另外，对于混凝土护栏也要根据需要涂刷建筑涂料，个别损坏处及时加以修复。

被尘埃和汽车废气附着而造成污损的护栏，不仅影响其引导视线的功能及外观，而且还会造成腐蚀，每年至少要清扫 1～2 次。

隔离栅及隔离墩有污损时，应及时清扫与修复，保持其完整洁净。花坛内有残叶、纸屑等杂物时，要定期清扫，增加高速公路的路容美和景观。

（二）标志、路面标线的养护维修

道路标志应清扫得使人一目了然，且应清除障碍物。对由于事故损伤或超过耐用年限而失效的道路标志必须采取更新措施。路面标线必须采取定期的重复措施。交叉点附近等的标线，尤其容易消失，应有计划地在规定周期内补画完整。积雪地区在融雪期间，应该提前准备，及时把标线复原。

标志的牌面受到污染后，使其辨认性下降，宜用洗涤剂溶液每年清扫 1 次；标志若达不到完整鲜明的要求，则须修复或刷漆。

（三）照明设施的养护维修

道路照明的养护维修分为检查、清扫、替换灯具、更新等。检查必须在夜间进行，定期实施为宜。清扫分成灯柱和灯具，各自定期进行。灯具替换有定期实施方法和灯坏了再换的方法。前一方法能确保一定的照度，而且是理想的方法。更新虽在灯具损伤时进行，但应事先做好早期实施的安排。

高速公路上的照明设施（如进出收费口处和过街路段等处）会受到尘埃、汽车排出的废气污损，影响照明效果，宜根据污损程度每年进行 1～2 次清扫（擦拭）和检修。

第五节　养护维修时的交通组织及安全措施

在高速公路的养护维修管理中，除了通过养护维修管理系统做好预测、决策外，在高速公路上进行养护维修时，还必须特别注意做好交通组织和安全防护措施，以保证驾乘人员和养护维修人员的安全。

一、高速公路养护维修的风险度

由于高速公路的养护维修作业往往是在保证车辆通行的情况下进行的，因此具有较高的风险性。根据上海市公路管理处与同济大学道路交通系共同组织进行的“高速公路养护安全防护标准的研究”课题分析，高速公路养护的人员死亡风险度指标和风险指标见表 6-9。

表 6-9　高速公路养护人员死亡风险度指标和风险指标

指标名称	风险度指标/（死亡人数/万辆·km）	风险指标 Dp/（死亡人数/年）
指标值	3.75×10^{-5}	0.29

二、高速公路养护维修时的交通组织及安全措施

（一）交通控制区的布置

交通控制区的布置，既要考虑作业人员的安全，又要考虑车辆通过的便利性，为此，在进行交通控制区的布置时，应以安全的防范措施同正确合理的交通疏导相结合为原则。大规模养护维修作业交通控制区分为 6 个部分，

即警告区、上游过渡区、作业区、缓冲区、下游过渡区、终止区等。

1. 警告区

对所有的交通控制来说，前面的警告区是最重要的。按规范规定，警告区长度不得小于1 500m，且每隔一定距离应设置有关标志。

2. 过渡区

当作业包含了一条或多条车道时，就需要关闭作业区所包含的车道。为了防止车流在改变车道时发生突变，需要设置一个改变车道的过渡区，以使车流变化缓和平滑。

3. 缓冲区

缓冲区是过渡区到作业区之间的一段空间，缓冲空间的设置主要考虑到假设行车驾驶员判断失误，有可能直接从过渡区闯入作业区，那么缓冲空间就可以提供一个缓冲路段，在车辆到达作业区之前采取制动措施，避免发生事故。因此，在缓冲空间内一般不准堆放东西，也不准养护作业人员在其中活动或工作。

缓冲区长度与限制车速有关，缓冲区的长度（以米计）宜为限制车速的2倍（以米计），当限制车速为40km/h时，缓冲区的长度为80m，缓冲区与上游过渡区之间应设路障。

4. 作业区的布置

作业区是养护作业的地方，也是养护作业人员工作、堆放筑路材料、停放施工机械或车辆的地方。为了保证安全，在作业区与开放交通的车道之间要有明确的隔离装置。作业区的长度一般根据养护作业或施工的需要而定。作业区的布置，还要考虑为工程车辆提供安全的进口和出口。

（二）在非车道上养护维修作业时的安全生产

实际经验表明，在非车道上，车辆失控造成事故的可能性已大为降低，导致事故发生的原因已转化为作业人员是否遵守安全操作规程为主。因此，首先要制定合理的安全操作规程或标准，要求养护作业人员严格按操作规程进行工作；其次，应当有专门的安全检查人员，检查安全防护措施，观察交通情况。一旦养护作业环境接近于“在车道上”的情况时，必须采用相应的交通控制方式。

（三）在有雪和雾时养护维修作业的安全防护

在雾天时，养护作业人员严禁上高速公路工作；下雪天时，养护作业人员上路除雪时，原则上应封闭交通，或严格控制交通。

三、养护维修作业人员的安全防护准则

在高速公路上进行养护维修作业时，除了对交通进行安全控制外，还必须对操作人员加强安全教育，建立必要的安全防护准则。高速公路安全防护准则的主要内容有：

（1）训练与教育。对于在高速公路上进行养护的人员，要进行专门的安全教育和养护作业操作规程的训练，分析事故隐患。

（2）标志服和安全帽。每个进入高速公路上养护作业工地的人都必须身穿标志服和头戴安全帽。安全标志服和安全帽为鲜艳的桔黄色，具有反光功能。

（3）养护作业人员不得走出作业区，不得将任何施工机具伸到或放到作业区外。

（4）严禁养护人员在路上拦截、搭乘其他过往车辆。

（5）在车道以外的地方进行养护作业时，作业人员不得随意进入车道范围。作业人员在养护期间，在不实行交通管制的地方严禁违反交通规则。

（6）作业人员不准随意变更交通控制区或扩大作业区。

（7）交通安全管理人员在高速公路上执行任务时必须自觉遵守有关规定，穿着反光标志服。

（8）交通安全管理人员在处理违章肇事车辆和人员时，应在紧急停车带内进行，并监督肇事车辆停放位置和人员的安全。

第六节　高速公路防灾体制与措施

一、高速公路的防灾体制

为了应付突发性灾难，防止在异常气候时对高速公路交通造成危险，应事先健全各级防灾组织，并规定各自的职责。我国目前各省（市）的防灾体制不很统一，但一般都包括以下几种体制：

1. 预报体制

这是根据异常气象等条件估计可能出现灾害时所采取的信息收集与联络体制。根据情况在采取联络等措施的同时，还要安排联络人员，以便需要时能够召集人员、准备材料等。

2. 警戒体制

即气象条件更加恶化、发生灾难的危险性增加、或局部地区已发生灾害、或由于这些原因造成交通混乱时应预先设置的体制。在分部及总部安排必要

的职员，并让担任指挥的负责人常驻总部。另外，必要时在现场也要配备人员和材料等，以便能够适应情况的变化。

3. 紧急体制

在出现严重灾害或发生混乱时所采用的应急体制。该体制本身一方面要处理这些问题，同时需要时还要依赖于各方面的援助。为此分部或总部各组织的负责人要担任常驻指挥。

二、高速公路排障与清理

（一）排障与清理的组织与任务

排障、清理作业组主要有下列任务：

（1）全天候做好出动准备，即24h不分节、假日随时待命。

（2）全天候不间断收集、分析、处理各种信息。

（3）保证各种机械、设备处于完好状态，储备各种所需材料。

（4）制定各种排障、清理方案、作业程序和紧急措施。

（二）排障与清理机械备置

一般需要排障牵引车、吊车、平板车、巡逻车、排障车。

（三）自然灾害造成障碍的排除与清理

在自然灾害如洪水、台风、龙卷风等过后，高速公路管理部门应迅速组织人力、物力、机械设备，对路障予以清除。视灾情情况，如非高速公路管理部门所能完成，应与地方有关部门合作清理。对此，应借鉴已发生的各种自然灾害，结合本地区的实际情况作出排障与清理的实施方案。

三、路面扫雪与防冻结措施

（一）路面扫雪准备工作

冬季除要根据气象资料、路面结构、沿线条件、降雪量、积雪深度、气温、危害交通范围等条件制定出除雪工作计划外，同时要做好除雪机械设备的准备。

（二）路面扫雪作业

在冬季，雪、雾等恶劣天气是影响正常交通的主要因素。因此，如不及时清除积雪、进行必要的交通管制，则将降低高速公路的服务水平。路面除雪的具体操作要点如下。

1. 下雪中清雪方法

（1）当雪厚大于1cm时即应开始清雪工作。主要方法是采用推雪铲，推除行车道上的积雪，以保证雪中行车道的正常使用。清雪方向与行车方向相同。

（2）在大、中桥等构筑物和桥头两侧引道纵坡大于2.5%的范围，以及匝道转弯处半径小于500m的平曲线范围内，用万能车撒盐或盐砂混合料化雪，保证行车安全。撒布的盐及盐砂混合料待雪停后与积雪一同铲除干净。所用的盐必须采用细盐（粉状或细粒状），盐的撒布量为$30kg/1\,000m^2$；盐砂混合料中盐砂的质量百分比为1:500（即$1m^3$砂中掺盐30kg），盐砂混合料的撒布量为$1m^3/1\,000m^2$。

（3）在铲雪过程中要始终贯彻执行人机配合的指导思想，做到主线段以机为主，人、机配合，匝道段以人清为主。在机车作业后，由人工清除所有遗留积雪，以保证铲雪速度和铲雪质量，注意在清雪中不要损坏行车道钉等路面交通标志。

2. 雪停后清雪工作要求

雪停后清雪工作的指导思想是保证道路通行，逐步扩大战果，做到铲雪、扫雪相结合，全部清除积雪。对主要道路采用两辆清雪车同步进行，前后车铲车迹搭30～100cm，以不留雪埝为宜，两车相距为100～150m，行车速度采用40km/h，当风向不利飞雪影响驾驶员视线时，司机适当减速。

3. 扬雪机使用操作要领

（1）当降雪量较大，铲雪机无法正常工作，或第一铲过后，后铲不能完全跟进，在这种情况下，可使用扬雪机。

（2）当积雪堆入路肩一侧，铲车不能将积雪全部清出路面时，可使用扬雪机将积雪扬至边坡。

（3）在桥涵等构造物处，因铲车不能将积雪清出桥面时，可使用扬雪机。

（4）当降雪量特别大，在降雪中为清除车行道积雪，也可使用扬雪机。

（5）使用扬雪机注意事项：

1）出雪方向调整　正向行驶时，出雪口调整至与车辆前进方向偏右30°～80°为宜，具体角度可视行车速度和风向来调节，以保证驾驶员视线和扬雪效果。

2）如因受出雪位置限制或风向限制，必要时可在路政人员配合下进行扬雪（封闭交通时除外）。

3）无风扬雪时，适当控制车速，避免涡风使所扬积雪回位，保证扬雪效果。

4. 在正负温度下，清雪工作操作要点

在降雪量很小时，清雪质量受温度影响较大。当雪停天转晴后，如室外

温度为正温度，机械清除覆盖层后，随着地表温度的增高，残留积雪不断融化，要抓住有利时机，人机配合，迅速清除残雪和雪水，防止夜晚温度降低后形成冰面，影响行车。

当室外温度为负温度时，机械清除覆盖层后，人工及时配合清扫。对难以扫净的桥面、纵坡大于 2.5%的路段、匝道等处要及时喷洒低浓度的盐水或撒布小颗粒的固体盐或盐砂混合料，用量同前。

在下雪过程中，高低温度下的铲雪措施：

（1）正温度时　当有必要清雪时，一般以铲为主，还可使用淡水溶雪以增强铲雪效果，但时间一般控制在上午 10:00 至下午 2:00 之间，对洒水清雪段积雪必须清除干净。

（2）负温度时　要铲除车道雪层，避免积雪压死板结。桥梁纵坡大于 2.5%的路段及匝道处及时撒砂盐混合料或固体小颗粒盐以防冻结，用量同前。

（三）路面防冻结防滑措施

1．防冻计划

（1）路面防冻原因　路面冻结的原因很多，如被车辆压实的雪由于温度低冻结在路面上；融化后的雪由于温度下降再次造成冻结；降雨后温度下降引起的冻结等等。

（2）防冻措施　路面的防冻防滑措施有下述两种：

1）使路面保持干燥，以增大摩擦系数。

2）在路面的冰层上撒上防滑材料等，增加摩擦系数。

（3）防冻防滑施行时间　路面防冻剂最有效的洒布时间，可以一开始下雪就撒布，或者在估计出现冻结前 1～2h 撒布。但是，随着时间的加长，撒布的药剂由于吸收水分会逐渐被稀释，药效下降，有时会产生再次冻结的危险。另外，有的药剂速效性差，所以，应该根据药效的特性，慎重地确定药剂撒布时间。

（4）施行防冻防滑路段措施的路段　一定要抓住时机切实地进行防冻防滑作业，为此，最好事先研究施行防冻措施的路段。

施行撒布药剂的路段，应该主要是易于造成局部冻结的路段，并要尽量保证均匀一致的路面条件。

2．药剂洒布

（1）所用的药剂　为了防止路面冻结，采用的药剂浓度至少要使路面水分保持在 0℃以下不发生冻结。一般说来药剂浓度越高冰点越低，但是，效果最好的是尽量用低浓度、低冰点的药剂。

（2）撒布方法　撒布方法有人工撒布及机械撒布。但是，作为一般注意事项，还要考虑通行车辆轮胎引起的扩散效果，以便撒布效果均匀一致。

机械撒布可由卡车或专用车辆完成。按机械撒布方法装置的撒布量，有的可按车速调整，有的不能按车速调整，所以事先需要确定平均撒布量。

（3）撒布时的注意事项　撒布药剂造成的副作用很多，需待今后研究。但目前在选择药剂时应注意以下几点：

1）损伤路面。

2）对汽车、护栏等产生腐蚀作用。

3）对植物的影响。

四、高速公路防雾

雾天在高速公路上行驶是最易发生事故的，因此，如何做好雾天能见度的测定，从而限制车辆行驶速度，防止事故发生，保障道路畅通，这是高速公路防雾的主要课题。

雾天能见度的测定装置，也称测雾装置，国外已有多类产品，如芬兰维萨拉公司的FD12雾检测器，这类产品在机场、高速公路、港口码头都有应用。能见度低必须降低车速，以保证高速公路在雾天也能行驶。

第七节　高速公路养护管理体制改革

我国现行高速公路养护管理体制存在以下问题，一是养护资金投入不足，甚至严重短缺。尤其是在转让经营权的高速公路上，由于高速公路经营公司以赢利为主要目的，舍不得在公路养护上投入足够的资金。以某条高速公路为例，在经营权转让之前，国家每年投入养护资金 300 多万元，而现在公路经营公司每年投入的养护资金只有 100 多万元。二是机构设置不合理。原体制在省局（总公司）设养护处，线路设养护科，管理所下设养护股，负责养护管理，造成业务庞杂，人员设备分散，使养护管理的专业化、机械化、规范化和科学化进程受到限制。三是养护管理模式跟不上高速公路养护的需要。这就使得我国目前的高速公路养护管理模式处于被动养护的状态，即哪里出现病害就去那里修补，表面上看养护目的明确，但事实上，该养护管理模式是被路面的破损状况牵着鼻子走，是一种毫无计划的模式，最终导致养护资金得不到充分利用。四是在养护管理过程中仍然存在责、权、利不相一致的情况，这极大地打击了养护员工的积极性。五是由于养护资金短缺，使得养护部门的养护计划不能实现，路面病害得不到及时治理。针对上述问题，我们提出以下改革思路。

一、建立符合现代企业制度的高速公路经营管理体制

高速公路经营管理体制按照现代企业制度的要求，组建高速公路经营公司，实行企业化管理。高速公路经营公司根据高速公路的数量设立，注意规模经营、规模效益和建设还贷能力。高速公路经营公司的主要任务是根据公路建设规划、负责高速公路的资金筹集、建设管理、收费还贷、保养维护以及其他经营管理活动，调动社会各方面的力量，发展高速公路事业。

二、改革高速公路的养护体制，提高高速公路的养护质量和效益

养护体制的改革要贯彻事企分开、提高质量和效益相统一的原则。当前主要解决以下问题：一是实行政企分开、分离公路管理机构中所附属的生产性单位，使其转变为自主经营、自负盈亏、自我发展，自我约束的法人实体，进入市场，参与竞争。二是高速公路养护要逐步向社会化、专业化、机械化方向发展。如各地要结合本地高速公路具体情况，对现有的养护道班（股）进行调整改组，实行大道班管理。改变过于分散，效率低下的状况。实行限编人员，提高养护机械化程度，提高高速公路养护效率。三是改革现行养护经费按计划安排的办法，推行养护工程招标制度。

三、建立养护市场准入制度，明确进入养护市场的条件

在完善法律、法规的基础上，严格按照法定程序办理进入高速公路养护市场的手续。严肃养护市场纪律，在开放的基础上，政府作为养护市场的管理者和监督者，应当制定养护市场竞争和交易规则，保证市场的主体按照统一的市场价格去获取生产要素，真正实现公平竞争。同时政府还应当行使其监督职能，即运用行政、法律等多种手段对养护企业的各项经济活动进行政策指导，计划调节，行政管理，监督服务，渗入养护行业的经济运行管理，组织协调养护市场的运转，为养护企业提供各种信息服务。

四、建立科学、规范化的养护质量检测、监督系统

这是高速公路养护质量保证体系的重要环节。可以在局（总公司）一级设立质量检测中心和中心实验室，配备养护质量管理人员，严把养护质量关。

五、设立高速公路养护基金，确保养护资金足额投放

高速公路养护基金是根据养护预算费用而要求高速公路经营企业缴纳的资金，养护基金是为确保经营性公路在使用期限内保持良好的技术状态，并在经营期满后公路完好、畅通、平整而设立的专项基金。经营性公路所在地区的公路管理部门作为基金的管理者，依据有关政策、制度，依法筹集和使用养护基金，努力做好经营性公路养护基金的计划、控制、核算、分析考核等工作，并如实反映经营性公路养护基金的收支情况；严格遵守财经纪律，以确保经营性公路养护基金的合理使用。在这里，经营性公路养护基金体现了政府部门是通过对基金进行管理、监督和协调的。在基金制度中所涉及的主要是 3 方即政府、高速公路经营企业、养护企业的关系。另外需要说明的是，经营性公路养护基金是针对每条经营性公路而分别设立的专项基金。

【复习思考题】

1．简述高速公路养护与维修的目的与特点。

2．简述高速公路的养护与维修作业内容。

3．简述养护与维修时的交通组织及安全措施。

4．简述路基及路面养护管理系统，桥梁养护管理系统，隧道养护管理系统。

5．试述高速公路防灾体制与措施。

第七章　高速公路监控通信管理

【学习目的】

通过本章学习，熟悉信息采集系统，信息处理系统，信息显示系统，隧道监控系统；掌握监控系统的管理，通信系统的基本构成以及通信系统的管理；具备一定的系统分析和调试能力。

世界上由于每个国家的国情不同，高速公路的重要程度及功能不同，高速公路的管理体制不可能采用相同的模式，但从交通控制系统构成看，每条高速公路不管控制方法、手段、设备是否先进、完善，其控制系统组成基本相同。

第一节　监控系统及其管理

一、高速公路交通控制系统的构成

一般包括：中央控制系统、信息收集系统、信息提供系统和通信系统四部分组成。如图 7-1 所示为典型的交通控制系统组成。

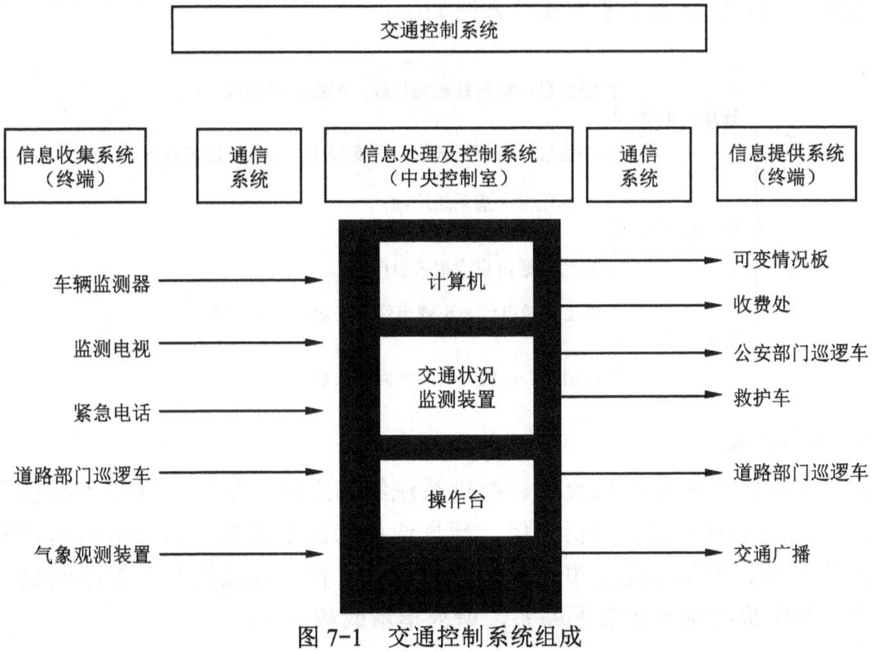

图 7-1　交通控制系统组成

1. 中央控制系统

中央控制系统是进行交通管理控制的核心部分。它把终端设备收集来的信息进行加工处理然后再向终端设备发出工作指令，以实现交通控制的目的，其相当于整个系统的总指挥部，主要由计算机、交通状况监测装置等组成。

交通监控系统系统是高速公路系统的重要设施。该系统的目标为：监视高速公路上的交通状况，收集并处理交通信息，及时发现可能引起高速公路交通拥挤的问题，采取适当的措施控制和诱导交通流，以减少高速公路上的交通拥挤，保证交通安全，达到最合理利用高速公路通行能力的目的。

2. 信息收集系统

各种交通信息、道路信息、气象信息是中央控制系统进行交通控制的依据和基础，信息收集系统即通过车辆监测器、监视电视、紧急电话、巡逻车及气象观测装置等，提供高速公路各有关信息。信息的内容和数量将直接反映高速公路交通控制与管理的水平。

3. 信息提供系统

交通控制的最终目的还是为汽车用户服务，服务的方式便是向驾驶员提供交通信息、发出指令，促使驾驶员采取合理的行车方式或路线，节约时间，降低成本，提高运输效益。同时，也可为驾驶员提供多种行车方式及路线，使道路交通流量均匀分布，提高道路利用率，增加社会效益。驾驶员从信息提供系统中获取信息的主要方式、方法如下：

信息提供系统
- 驾驶员视觉
  - 静信息：道路标志与标线，如指路标志等
  - 动信息：可变情况板、可变标志，如可变限速标志等
- 驾驶员听觉
  - 路侧通信广播系统广播
  - 电台交通信息广播节目广播
- 驾驶员查询
  - 通过无线电台、车载电话、路边电话向交通
  - 控制中心、驾驶员等询问有关情况

4. 通信系统

在中央控制系统与信息收集、提供系统终端之间，借助于通信系统进行联系。常见的通信方式有电话通信、数据通信和图像通信，其中电话通信是最主要的工具。当车辆发生事故、出现故障时，都可以通过设在道路两侧的紧急电话与中央控制系统取得联系，请求指示或救援等。

二、高速公路交通控制的主要内容

高速公路交通控制系统通过对有关道路交通运行状况、气象环境条件和自身设备工作状况等方面信息进行实时采集和有效处理，及时确定出相应的控制策略，从而对交通流进行调节、警告和诱导。

1. 交通控制的重点

根据交通流的理论，道路上车流、速度、密度如果维持在一定的量值关系上，就会获得最短的旅行时间、最少的延误以及最少的环境污染，安全性也能大大提高。如果破坏了这一量值关系，就会在道路上形成时走时停的不稳定车流，浪费道路客量，使车与人的延误增加，并容易造成大的环境污染与交通事故。因而高速公路控制的重点是通过主线及出入口的调节控制，保持车速—密度—流量的最佳组合。

2. 高速公路的交通控制方法

控制高速公路立体交叉匝道上交通流量的方法。主要是在高峰期间使用设置在匝道上和邻近道路系统上的车辆传感器，将整个立体交叉系统的车辆运行情况，传送到交通管理情报中心，由电子计算机决定不同方向的路口，哪些开放，哪些该关闭；同时对整个系统的出入口发出信号，指示车辆按指定方向运行。于是整个立体交叉系统就能获得车速一密度一间距的最佳组合。

3. 高速公路交通控制所采取的主要措施

高速公路交通控制是提高高速公路行车安全和交通效率的重要措施。在各国得到广泛应用的交通控制系统有 4 种：出口匝道交通控制系统，高速公路主线本身的控制，入口匝道交通控制系统，通道交通控制系统。

4. 高速公路交通控制设施设置的基本原则

（1）交通标志的说明要完整和简明　例如，标明两地之间的公里数，对可能引起误解的信号，要附加文字说明，避免出现模棱两可的信息，但在短时间内呈现的信息又不宜过多，应以驾驶员能及时注视和理解为限。

（2）交通标志安排要有连续性　例如，预告某地出口处将要到达的标志牌要连续排成：“某地出口处 3km”；“某地出口处 2km”；“某地出口处 1km”；“某地出口处”。

（3）及时预告以利驾驶员决策　道路沿途服务设施如加油站、维修站、咖啡室、饭馆、叉道口等等。若不设置预告牌，当驾驶员在高速车上发现该建筑物时，感到有需要而想停车已经晚了。当然，在建筑物上挂大招牌或霓虹灯，远处就能看到，这也是一种预告性措施。预告可使驾驶员有思想准备，避免决策失误，特别是在叉道口，瞬间错过就要绕很大弯子才能回到原地。

（4）交通控制信息与其他来源信息尽量一致　例如，旅游地图上标明的地名与里程，就应与路边里程碑上的一致。道路上信号与标志提供的信息要比旅游地图更详细一些。

（5）交通信号或标志要突出　高速公路上交通信号或标志的面积比普通道路上的尺寸要放大，并且颜色鲜明，位置突出。这是因为车速和背景单调的缘故。为了贯彻突出性原则，夜间照明尤为重要。标志线要用反光材料，以提高可视性。尽管交通标志的颜色统一性、形状、格式是其易辨认的一种基本要求，但不能把它们看得太重，位置、尺寸及周围环境对比才是重要的因素。

（6）标志要安放在驾驶员容易疏忽的地段　驾驶员都有一些习惯性行为。但是道路交通情况千变万化，偶一疏忽就会发生车祸。因此，要在引起驾驶员容易疏忽的危险地段设置标志牌或其他交通信号。

三、监控系统

监控系统包括数据采集（主干线和匝道）、中心控制、情报显示、电视监视等系统设备。主要完成实时采集、记录和显示交通流数据、事故信息、天气信息，并据此判断各路段的交通状况，发布交通控制信息，对全线交通状况进行控制和调度。

高速公路监控系统就其功能而言主要是指高速公路交通监视和控制系统，从广义来讲有时也称高速公路管理系统。

1. 定义

所谓“监视”就是指利用路面、路旁的数据采集、监测设备和人工观察，对道路交通状况、路面、天气状况和设备工作状态等参数进行实时观察和测量，并通过传输系统送至中心控制室。所谓“控制”就是指利用监控中心控制计算机或监控员实时处理系统的各种数据，按照一定的模式进行分析、判断和决策，并将最终决策结果和控制命令通过传输系统送至路上驾驶员信息系统、收费口控制设备或匝道控制设备，将路况及各种控制信息提供给驾驶员，使驾驶员能采取相应措施和做好心理准备，以促进行车安全，提高行车效率；对于行车延误的事件迅速反应，提供紧急服务，快速排除事件，把事件引起的延误控制到最小值，从而达到调节和控制道路交通状况的目的。

2. 功能

高速公路的道路本身在规划设计过程中已经充分考虑到要使车辆高速、

安全、舒适地行驶，并考虑到道路景观的美化、道路走向、平纵面线形、车道数量、车道宽度、路面材料，铺装工艺、道路结构物的位置和形式等等。都以这种共同的目标作为设计的出发点。高速公路交通安全设施是在高速公路主体工程确定之后的重要补充，目的仍然是保证交通的高速、安全和舒适。高速公路主体工程和交通安全设施等静态设施对稳态交通流提供高速、安全、舒适等基本保障。但是，高速公路建成后的交通状况和道路环境状况不是一成不变的，在很大程度上呈现随机性。这种随机性主要表现在以下 3 个方面：第一，交通流本身的随机性，交通流量、行驶速度、车流密度等在一天内、一年内和若干年内在不同段都是变化的。车辆的驾驶行为如加减速、转移车道等呈现着更大的随机性；第二，交通干扰的随机性。交通事故、车辆抛锚、物品散落、道路维修工程等都对高速公路交通流产生严重干扰，这些事件发生的时间、地点都是随机的；第三，气象环境的变化，如白天黑夜、进出隧道、恶劣天气等都对驾驶行为造成影响。诸如此类的问题都是高速公路主体工程和静态的交通安全设施所难以完全考虑的。高速公路监控系统正是针对这些变化着的道路交通状态而设置的，它将进一步确保高速公路的高速、安全和舒适。

根据高速公路监控系统的设置宗旨，它应当具备以下 3 个方面的功能：第一，信息采集。即实时采集变化着的道路交通状态，包括交通信息、气象信息、交通异常事件信息等。第二，信息的分析处理功能。包括对交通运行状态正常与否的判断，交通异常事件严重程度的确认、交通异常状态的预测、对已经发生或可能发生的异常事件处置方案的确定等等。第三，信息提供功能。包括对高速公路上正在行驶着的驾驶员提供道路交通状况信息，对行驶车辆发出限制、劝诱、建议性指令，对交通事故和其他异常事件的处理提供处置指令，对信息媒体或社会提供更广泛应用的高速公路交通信息。

3. 监控系统的组成和主要设备

为完成系统的监视控制功能，高速公路监控系统由交通信息采集子系统、中央控制设施子系统、监控输出子系统和通信传输子系统组成一个闭环控制系统，如图 7-2 所示。

下面简要介绍各种功能子系统要求的设备，这些设备包括检测器、往返控制中心的通信线路、控制中心的计算机和显示设备、在现场的信息和控制显示、与驾驶员联络、求援员的通信技术装备和服务设备。所有这些设备的类型和结构形式取决于其在监控系统中的用途。

（1）交通信息采集子系统　高速公路监控系统的信息采集的方式，有人工的，也有自动的，主要有下面几种。

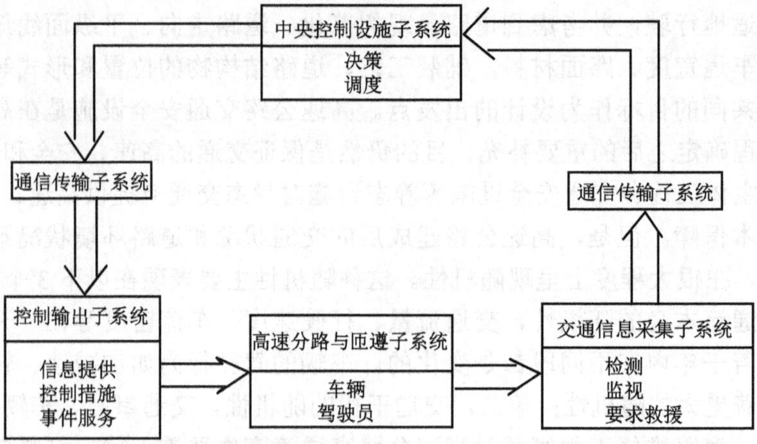

图 7-2 高速公路监控系统与各子系统的一般关系

1）车辆检测装置　在高速公路主线上 500m 处设置车辆检测装置，用以测量车辆数目和存在的时间。由这些参数就可以计算出在某时间间隔内某处交通参数以及堵塞程度，可作为控制中心分析判断、做出控制方案的主要依据。常用的车辆检测器有电感环式、超声波式、电光式等。一般在主线上每隔一定距离设置一只或一对，或者根据需要在指定的区域设置。通过适当的组织和配置，还可以测出车型、车高等参数。

2）气象检测装置　高速公路的高速、安全、舒适等功能与气候条件密切相关，而其中最重要的是风力、降雪、降雨、冻结和雾。因此作为控制方案制定的依据必须考虑公路沿线的气候条件和有关参数。根据路段具体情况，高速公路监视控制系统可以设置专用的气象检测装置，也可以取用当地气象台站的数据。

3）测速雷达　在高速公路上一些主要路段，或在入口匝道和出口匝道附近，可以装备若干部测速雷达，专门用于检测不符合规定行车速度的违章车辆。一旦发现车辆违章，要及时发出警告信号，同时要拍摄违章车辆的车号和车型，以便事后处理和统计。

4）闭路电视（CCTV）　在车流量比较大，车辆密度比较高的区域，或者出口、入口附近以及事故易发区安装一些电视摄像机，以通过视觉的方法掌握有关区段的交通情况。一旦出现故障或发生交通事故，控制中心可以及时地掌握事故发生地点、时间和严重程度，以便迅速地作出反应，采取相应措施，排除故障或妥善地处理事故。

5）紧急电话　在高速公路上下行线上每隔一定距离（一般为 500～2 000m）安装一部紧急电话，当车辆发生故障或出现交通事故时，驾驶员可及时向控制中心通报，同时在控制中心的图形显示板上可显示出发信电话所在地点和编号，以便采取相应的应急措施。这些电话与中央控制室的接收台直通，不用拨号。

6）无线电设备　在高速公路上日夜有巡逻车巡视，车上载有无线电台，供巡逻车与控制中心联络，无线电台通过设置在沿线的无线基地站转发。

（2）通信传输子系统　主要负责交通数据、气象数据、电视信号、电话信号、道路信息板和摄像机的控制等信号传输。以往的传输手段是一般的电话线、电缆线、双扭线和无线等方式。20 世纪 80 年代以后，主要采用光缆来传输上述信号。由于光缆具有损耗低、频带宽、无感应、高绝缘等优点，可实现大容量远距离（50km 以上）的无中断传输，大大地节省了设备，提高了电视信号及其他信号的传输质量。同时，由于光缆传输的无感应特点，可以用多芯光缆实现多路信号的同时传输，简化了设备，便于安装和维修。

高速公路监视控制系统中的通信传输部分，根据传输距离远近可以采用基带传输或载波传输方式，半双工或全双工通信，传输速率一般要求不高，而传输的误码率要求较严格。

（3）中央控制设施子系统　中央控制设施系统是监视控制系统的核心，其主要功能是：

1）由中心计算机对外场终端设备送来的各种数据进行实时的运算、处理和分析，并根据要求进行显示、打印、记录或制表。

2）根据测得的数据进行事件判断，决定控制方案，由控制台发出指令，控制道路信息板，指挥事件处理。

3）通过闭路电视摄像机监视公路沿线和隧道内的交通流状况。

4）负责管辖区域内的通信联络，包括紧急电话、无线电话和业务电话的接收和转送。

5）隧道内火灾、公路上交通事故的监视、记录和报警。

6）沿线电力系统发电、配电、照明等，有关设备的控制和调度。

7）全系统组成设备工作状态的监测。

如图 7-3 所示是中央控制设施的组成示意图，由图可见，中央控制设施子系统的主要组成设备有：

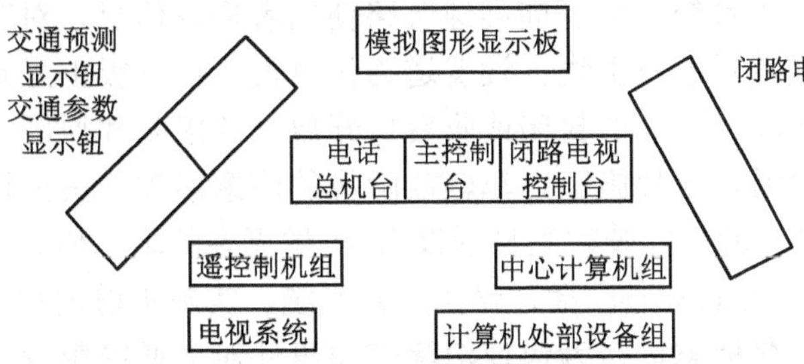

图 7-3　中央控制设施子系统组成示意图

1）计算机及其外部设备　主要负责各种数据的运算处理、分析判断，并根据预定的方案做出控制决策。同时具有显示、打印或记录等功能。通常以微型机或小型机按功能分散原则进行配制，关键部分双机备份，以提高工作可靠性。

2）大屏幕图形显示板　通常采用3种图形显示板。

① 模拟式图形显示板　它以地图为背景，图上用各种符号、标记字母等标明沿线各设施，如立交点、停车场、服务区、隧道以及各种终端设备（如车辆检测器、紧急电话、道路信息板、摄像机等）的位置，并用各色指示灯标出上述设备的工作状态是正常或故障等，使操作人员可通过模拟图形显示板了解公路全线上的交通情况，也可用计算机与大屏幕投影屏组成电子地图板。

② 交通参数显示屏　用表格显示形式，列出规定时间间隔内主要地段的主要参数、气象参数，用以判断交通情况，堵塞和检测事件。

③ 交通限制监视屏　当发生交通事故或由于某种气象原因，或路面施工情况下，要对有关区段实施交通限制，中心控制室就要通过相应的监视屏显示限制区间、限制原因、限制时间、限制内容等，以便掌握限制区间的全貌，统调限制区间上下游的交通情况。

3）控制台　中心控制台主要功能是实施系统的手动指令，并进行操作人员与系统之间的信息交换。

控制内容包括：公路上的各种道路信息板显示内容的变更，闭路电视摄像机遥控，闭路电视监视器的切换和编辑，图形显示板的显示和操作，交通限制的实施操作，隧道防灾设备的控制与操作，对外场终端设备的统一启动信号。

4）电话总机台　接收紧急电话、无线电话、业务电话等并在地图板上显示出发信电话的地址编号。

5）不停电电源（UPS）设备　在电源发生故障情况下，能及时切换到其他电源（电池等、其他备用电源），以保证系统能不间断地正常工作。

（4）监控输出子系统　为了向高速公路使用者提供信息，对交通实施指挥调度，在入口匝道附近及主线上设置道路信息板。信息板上显示有阻塞的发生地、长度、原因，入口的封闭或收费口开放数的限制和原因，主线及出口的禁止通行和原因，工程施工、车辆故障等的注意事项；另外还有显示主要地点间的行驶时间的“行驶时间显示板”，提供更多的阻塞信息的“图示信息板”，提供语言信息的交通广播，路侧广播系统，实施匝道控制、主线控制的交通信号灯、可变标志等；为快速消除交通事件对交通的影响以及为驾驶员服务的事故勘察车、拯救车、巡逻车、救护车、消防车、工程车等设施、人员和相关的机构。

四、监控系统的管理

1. 监控系统管理的目的

目前，无论监控系统的建设还是管理都还处于探索阶段，特别是系统的管理，国内尚未见到完整的范例，而国外的经验又不完全符合我国的实际情况。然而，监控系统的管理确实是高速公路管理部门不可回避的现实问题。监控系统的管理头绪很多，但目的就是要发挥现有设备的作用，完成设计的任务在此基础上改进和提高系统的功能。要改进和提高系统的功能，必须首先吃透原设计的指导思想，找到技术手段上的薄弱环节，再根据系统运行的实际情况进行改进和提高。要达这些目的，还必须做好系统的人员管理工作。

2. 监控系统管理的任务

高速公路监控系统为确保车流高速、安全、舒适要解决的主要问题是拥挤和危险。其具体的任务为减少高速公路常发性拥挤的影响；减少偶发性拥挤的影响；获得最大的运行安全；提供必要的信息，帮助使用者有效地利用高速公路的各种设施，并减轻他们在脑力和体力方面的紧张程度；给在高速公路上遇到困难的使用者提供援助；减轻交通事故对环境和人类的危害。

3. 监控系统管理的主体内容

（1）系统的日常维护工作　由于监控系统的设备通常在线运行，因此，做好系统设备的日常维护工作是保证系统正常运行的重要措施。设备的日常维护包括以下工作：

1）保持控制中心良好的工作环境　监控设备特别是计算机系统工程均为电子设备，故设备的防磁就成了系统日常维护的首要工作。应当知道清洁、卫生的环境不仅仅是为了好看、令人赏心悦目，还是系统日常维护的重要内容。

2）定期保养设备　外购设备的定型产品按照设备制造厂家规定的时间、方式进行保养，如计算机电视摄像机等；专用研制设备和其他外购设备根据使用经验进行保养。

3）定期检查、测试设备的运行状况　这项工作是防患于未然的重要措施。优秀的管理人员不会等到设备出现故障才发现问题，而是平时经常检查，防微杜渐，发现隐患立即消除。

4）技术资料管理　保存完好的系统设计图和施工图，当发生故障时便于查询。值得注意的是，当系统在调试期间或在实际运行时某些部分有所出入，应及时在图纸中注明。

5）建立设备档案　要分门别类建立设备档案，随时知道有哪些设备在线运行；哪些设备有备份，有多少；哪些设备正在修复或报损。

6）做好设备维修记录　每次维修设备都要做好维修记录，详细说明所出现问题的外在表现、技术人员的分析判断以及最后的维修处理结果。这样，既解决了问题，又提高了技术人员分析问题和解决问题的能力，同时还为今后解决相同或相似的问题提供了依据。

7）做好外场设备的保护　由于外场设备本身所处的环境比较恶劣，再加上容易受到人为的破坏，因此，必须经常上路检查，并尽可能设置一些必要的保护措施。如电视摄像机镜头要求非常严格，而温差变化可能引起水气遮挡镜头，所以要搞好密封可变情报板和可变限速板，下班外罩易受人为袭击，可考虑用其他替代品。

（2）系统的故障维修　对于大的故障，不主张自己维修。可与设计单位和设备生产厂家及时联系，保修范围内的按有关合同规定执行。由于上述单位对设备性能的了解、故障的判别以及相关测试、维修器械等方面均优于管理部门，因此即使超出保修期，仍然可以与他们合作，但是，管理部门的技术人员不能袖手旁观，应该积极参与维修工作，利用这些机会向别人学习；同时，对一般性设备故障和时间要求比较紧迫的故障应该及时修复。

（3）系统的人员管理　这里所说的人员管理不是人事管理，而是系统工作人同包括技术人员和操作人员的业务管理以及与之相关的各项规章制度监控系统运行的好坏，不仅与系统设备有关，同时，与系统工作人员的素质也有很大的关系。因此，造就一支过硬的技术队伍就成了系统管理工作中当务之急的问题。

1）设置专门机械，配备专人负责监控系统的维护与管理　要充分发挥监控系统的作用，就必须建立一支专门的队伍设置专门的机构，使一批懂电、计算机、自动化的专业技术人员来充实管理人员的队伍，并配备专门的技术人员来负责监控系统的管理与维护。

2）管理部门要尽早介入系统　监控系统涉及的技术面很广，一般技术人员具备的专业知识往往不能满足系统管理的需要，这就要求管理部门的技术人员尽早介入系统，特别要注意利用设备的安装调试和系统运行时期多多学习。

3）建立健全岗位责任制，严明各项规章制度　健全的制度是事业成功的基本保证，必须建立完善的制度、规定，用以规范系统技术人员和操作人员的工作行为。

4）技术人员要钻研业务，遇到问题尽量自己解决　技术人员平时要钻研业务，多看多练多动手，遇到问题，自己能解决的尽量自己解决，自己不懂的就要不耻下问。必要时，可以把他们送往相关的大专院校、科研部门以及设备生产厂家进行业务培训。

5）培训操作人员，逐步培养他们发现问题和解决问题的能力　对操作人员不能完全同技术人员一样要求，但这不意味着操作人员不参与业务工作。要对操作人员进行岗前培训，使他们懂得监控系统的基本知识和基本技能，在此基础上培养他们发现问题和判断、解决问题的能力。

第二节　通信系统及其管理

一、高速公路通信的发展

我国公路通信技术从简单的无线对讲系统到 800MHz 无线集群系统，从单纯的电话业务到包括话音、数据和图像等多种信息的综合通信，从小容量微波通信到 SDH 系列数字光纤传输系统，并随着我国高速公路陆续建成，开始组建先进的综合通信系统。高速公路通信系统是高速公路现代化管理的支撑系统，它要实现监控系统和收费系统的数据、话音和图像等信息准确而及时的传输，要保持高速公路管理部门之间业务联络通信的畅通，并要为高速公路内部各部门与外界建立必要的联系。因此通信系统是实现高速公路现代化管理必不可少的基础设施。

二、高速公路通信系统

通信系统包括干线通信（微波、光纤等）、移动通信、程控交换、紧急和指令电话等系统设备。完成的主要任务是：根据规定的技术要求确保全系统数据、命令、图像及语音信息的及时性和准确性。

高速公路管理需要将多种信号沿公路传输和交换，通信成为高速公路管理、监控、收费不可缺少的工具。为了保证通信的高可用性，高速公路建有专用通信系统。

1. 高速公路通信

（1）信息类型与传输方式　高速公路需要传输的信息，按用途可划分为下述种类：

1）监控、收费、隧道消防等机电子系统的控制指令，监测和收费数据（数字信号）。

2）闭路电视的视频信号。

3）程控数字交换电话和紧急电话的语音信息。

4）管理部门与车辆用户的多媒体（语音、数据、图像）信息传输。

5）车辆用户与卫星通信（从卫星获取GPS信息）。

上述信息可概括为语音、数据和图像 3 大类。为了方便传输和保证通信质量，常将 3 类信息都用二进制码元表示成数字信号，公路通信主要是数字通信。

固定端到固定端的通信采用有线传输，目前常用光缆通信，近距通信也采用电线。固定端到运动端（如监控中心与车辆）和运动端间的通信为无线传输，属微波移动通信范畴。

（2）公路专用通信系统　高速公路有线通信常采用以光缆传输为主干线的多种专用通信系统。高速公路普遍建造专用通信网的另一个原因是在道路修建时预设通信管道，可节省通信建设技资。随着公用通信网覆盖面越来越广，也可租用公用线路作为公路专用，以减少投资和维护费用。

1）光缆数字传输系统　近期建造的公路通信系统采用同步数字系列（SDH）自愈环光缆系统，所有数据和控制指令，电话语音和视频图像全部转换为数字信号，由光纤数字传输线路与各个固定点的计算机及各种终端联接成广域通信网络。也有单位对多芯光缆的各根光芯分配专门业务传输，如有的按 SDH 等级传输数据，有的专用于环路载波电话，有的传送 CCTV 视频图像等。

2）紧急电话系统　为车辆客户提供直接呼救求援的专用通信系统，目前有线、无线两种并存。我国采用独立于光缆之外的专线系统较多。

3）移动通信系统　公路内部各种工作车辆需在运行和工作过程中及时和管理中心进行联系，为此建立专用无线移动通信或专用集群移动通信系统。

4）专用近距微波传输系统　车辆用户和公路交通智能化都要求建立车辆与管理部门间的专用近距离多媒体通信，如电子全自动收费系统在收费点和运动车辆间交换收费数据；遥测装置和固定监控站间的数据传输；路侧监控站对车辆的检测、通信和遥控等。为此出现专用近距通信技术—厘米波短距通信。电子收费系统已使用这种通信技术，车辆多媒体应用将来也须依靠它。

（3）高速公路通信特点和要求　高速公路通信的特点有以下几个方面：

1）专用性强，通信对象主要是公路管理部门内部各个单位和沿线行驶的客户。

2）需要传输的信号种类繁多，有语音、活动图像、数据和 GPS 定位信号等；对各类信号的传输有明确要求；如活动图像和语音的实时性，控制指令和报警信号的高可靠性，收费数据严格的连续性等。

3）通信方式繁多，几乎包含当前的所有通信方式，如光缆通信，程控电话，计算机网络数据和多媒体通信，移动电话，微波和卫星通信等。

4）数据、图像和语音的传输和处理直接相联，通信系统是作为监控、收费等计算机网络的通信支网出现的，计算机直接参与通信是公路通信的特点之一。

5）要求高可靠性，系统每天24h不间断运行，如果中断会丢失重要数据或造成事故处理不当。

6）公路通信里程约为50～400km，终端通常不超过1 000个，可归属小型通信系统范畴。

7）高速公路通信系统建立分级管理体制，在各管理分中心建有通信分中心，为了保证信号长距离传输不产生严重失真，根据需要还可设立中继站。

2. 高速公路通信系统

（1）高速公路通信系统特点　根据高速公路建设的实际情况和交通管理的特殊要求，高速公路通信系统有以下特点：

1）高速公路的各级管理机构及沿线设施一般均建筑在公路两侧，沿公路呈线状分布。一般通信站都设置在收费站或管理所的所在地，所以通信站的地理位置实际上在公路建设时已基本确定，即不能随意选址设站。

2）高速公路的管理体制一般采取分级管理、集中控制调度，高速公路通信网的网络结构为树形结构。此外，各级管理机构与公路沿线各地有关部门及上级机关也必须保持通信联络的畅通，因此高速公路通信系统是以内部通信为主，并进入电信公用网。

3）在高速公路管理处、管理所、服务区、收费站、收费〈分〉中心、监控（分）中心等机构之间以及外场监控设备与监控（分）中心之间需进行语音、数据、图像等各类信息的传输和交换。此外，为及时处理交通事故，进行交通调度指挥，有关部门必须和巡逻车等保持通信联络。因此高速公路通信系统应该是以有线通信为主，并采用移动通信等多种通信手段的综合通信系统。

针对上述特点，对公路通信系统的突出要求为高可靠性，低差错率。

（2）建设高速公路通信系统应考虑的问题

1）高速公路通信系统是交通专用通信网的重要组成部分，它的建设应该在交通专用通信网规划统一指导下进行。全网应采用统一的技术标准，建立统一的网络管理系统，以便于专用通信网的建设、运行、维护和管理。

2）为了便于分期实施，在通信系统建设时应贯彻信道优于终端设备的原则。设计方案不仅要满足本路段通信业务的需求，而且要考虑到各路段通信系统联网的要求。

3）根据交通专用通信网自建、自管、自用的原则，应在通信系统建设的同时，建立一支专业化的通信设备维护管理队伍，以保证通信系统的正常运行，充分发挥其作用。

4）当前通信技术日新月异，世界已进入建设“信息高速公路”的新时代。为此高速公路通信系统的方案设计起点要高，要积极采用高新技术。在经济条件许可的前提下，设备选型应优先考虑先进性和可靠性，要便于扩容。

（3）高速公路通信系统的设计目标　根据高速公路通信系统的通信层次，结合各省高速公路综合通信专用网（简称省专用网）的实际情况，高速公路通信系统的设计可以分两个层次来考虑，即省专用网和各路段通信系统。应该在省专用网规划的指导下进行各路段通信系统的设计，以利于全省联网和管理。而省专用网则随着各路段通信系统的建成而逐步完善。

下面分别阐述省专用网和路段通信系统的设计目标。

1）省专用网的设计目标

① 实现省高等级公路管理局与省内高速公路各路段管理处的通信联网，建立交通管理部门内部综合通信专用网。

② 根据交通行业管理的要求，专用网应确保语音、数据及图像等各类信息准确、及时地传输，在专用网内部建立电话交换网、数据传输系统、图像传输系统和无线移动通信系统。

③ 干线通信以数字光纤通信为主，数字微波通信为辅，采用 SDH 系列设备，构筑数字同步传输网。

④ 以数字程控交换机为核心，建立数字交换网。不仅能满足电话业务的要求，而且能实现数据交换、调度指挥、电话会议等各种功能，并且适应 ISDN 的标准。

⑤ 方案设计起点要高，积极采用高新技术，立足 20 世纪 90 年代国际水平。方案统一设计，采用统一的技术标准，便于分期实施和联网，留有充分余地，便于扩展和升级。

2）路段通信系统的设计目标

① 为本路段公路管理及收费、监控系统提供不间断的通信手段，保证实时的语音、数据、文字和图像通信并有足够的能力适应综合通信系统的扩展。

② 数字程控交换系统具有语音、数据综合通信的能力，并能在今后适应综合业务数字网（ISDN）标准。

③ 能满足远期扩容及与省高等级公路通信专用网（简称省专用网）、电信公用网的联网要求。

④ 全线配置独立的应急电话系统，构成本路段专用安全电话网。

（4）高速公路通信系统的基本组成及其功能　高速公路通信系统应确保语音、数据及图像等各类信息准确及时地传输，应该为各种先进的管理手段提供信息传输的基础。高速公路通信系统基本上由以下各部分组成：

1）主干线传输　作为交通专用通信网的通信主干线，它不仅要满足长途网和地区网的传输要求，而且应考虑到省内各地区交通部门的通信需要。

2）业务电话　它是通信系统基本的通信业务，包括网内各级管理机构的业务电话和个人电话，它应能实现专用网内用户和公用网用户之间的通话。

3）指令电话　为在高速公路内部进行交通管理和调度指挥服务。指令电话调度台对分机应具有选呼、组呼、全呼等功能，它包括有线指令电话和无线指令电话。

4）紧急电话　是高速公路内部专用的安全报警电话，为高速公路使用者提供紧急呼救求援的通信手段。

5）数据传输　包括收费系统内部的收费车道－收费站－收费（分）中心三级计算机数据通信网络和监控系统内部的外场监控设备－监控（分）中心之间的二级计算机数据通信网络。通信系统应为上述计算机通信网络提供传输信道。

6）图像传输　包括CCTV交通监视图像及会议电视图像传输，通信系统应为各类图像信息提供传输信道。

7）广播　包括路侧道路情报广播及交通信息电台广播。其中路侧道路情报广播由各路段通信系统实施，而交通信息电台广播一般由各省统一组织建台实施。

8）通信电源　包括交流供电系统、直流供电系统以及通信机房的接地系统。

9）通信管道　推荐使用高密度聚乙烯（FEPE）管道及HDPE硅管，并且介绍管道敷缆的新施工方法—气吹法。

三、通信系统的管理

1. 通信系统管理的要求

（1）程序化　根据通信工作的自身特点，结合高速公路运营工作对通信管理工作的要求，编制工作流程图。这种流程图应明确工作顺序、各环节的具体工作内容、与相关业务部门的联系。这是划分职责范围的基础。

（2）标准化　对实际工作中重复出现的活动，根据要求和经验，制成标准的工作程序和方法并以制度的形式固定下来。对于人员职责范围的规定，切忌模糊化，应有质和量的概念，以便于考核。

（3）数据完整化　这包括数据的完整性、真实性。对各种有用的原始资源、数据要系统地加以收集、整理、归纳、存储，以便将来调用。

（4）管理计算机化　通信管理工作应与计算机应用有机地结合起来，使我们的工作走向合理、高效、优化、科学的轨道。

（5）接受经济规律和技术条件的约束。

2. 通信系统管理的主体内容

（1）确定工作计划　为了保证通信管理工作有条不紊地进行，各种管理活动都应有相应的计划安排。主要有以下几个方面：

1）设备维护保养计划。

2）设备检测维修计划。

3）设备更新与系统改造计划。

4）人员培训与学习计划。

5）物资和仪器购置、调用计划。

6）经费预算、申报、使用额度安排。

（2）加强技能培训　系统的运行离不开人的参与。有了人的存在，就存在着技术熟练程度的问题，因此必须重视培养和管理一支通信队伍。

1）先期介入　选派具有较强工作责任心和工作能力的人员参与通信系统的方案设计、设备选型、工程实施、工程验收等全过程，使之能够全面了解各项环节、设备安装、与调试技术等，为系统运行后的维护奠定良好基础。

2）走出去　根据工作情况和条件许可，分批分期地把技术人员提前送到设备生产厂家进行专项培训。技术人员不仅要了解设备生产过程、制造工艺，更应全面掌握设备工作原理、常见故障及故障排除等。

3）请进来　聘请有通信维护管理经验的行家，结合本系统的特点进行有针对性的技术讲座。

4）话务员的基础训练　重视通信值班员的岗前培训和考核，使他们成为训练有素的通信工作者。可以采取多种形式的讲座和学习班，向他们讲解通信知识、职业道德、安全注意事项，并根据职业特点，侧重吸收女性担当通信值班员。

5）机务人员的实际锻炼　设备在运行过程中难免会出现各种故障，这正是通信管理工作者进行自我检验与锻炼的好机会，应鼓励专业技术人员多动脑筋，自己动手解决实际问题。

6）进行技术革新探索　在系统运行一段时间后，如认为系统存在比较突出的缺陷，在能力所及时，应积极组织技术人员探讨改进的可行性、具体方案、实施程序、评价标准，并认真组织实施。

7）加强横向交流　应有计划、有步骤地安排技术人员进行业务学习、交流、培训。

（3）工作制度的研究和制定　一套完善的、行之有效的规章制度是规范通信工作者行为的依据和准则，是强化管理职能必不可少的重要步骤。完善的工作制度是根据实际需要并在实践中不断探索、不断补充、不断修正得来的，这些规章制度大体包括：

1）通信科（室）、所（站）的管理权限和职责范围。

2）通信负责人、通信工程师和通信技术人员的各自岗位责任。

3）通信值班人员守则。

4）通信机房管理制度。

5）通信设施管理细则

6）安全管理措施。

7）奖励与处罚规定。

（4）设备管理　设备管理是指对通信主体设备、辅助设施的管理，其目的在于让有限的通信资源发挥最大作用。

1）设备的使用　使用和保养知识的宣传是设备管理工作的首要任务，错误的或不当的使用将影响通信成功率；疏于保养则会缩短设备的使用寿命。应根据系统设计合理配置设备数量和使用级别控制。开发利用现役设备所具有的各种功能，提高设备利用率。一个明显的例子是：对于用户话机，人们通常仅使用分机直接拨分机功能，其他功能如分机代接分机、分机代接局线、打扰的设定与解除、定时呼叫的设定与解除却极少用。

2）设备的维护　对设备的维护分预防性维护和修正性维护。预防性维护侧重于日常巡视、日常保养和检查，具有一定的规律性和重复性，主要内容有：硬件维护、软件维护、电源维护、功能维护、指标测试、单机指标测试、系统统测。

3）设备的更新与系统改造　设备需要更新，通常有两种情况。一种是设备服役年限将近或超期，继续使用其维修费用过大，因而失去使用价值；另一种是设备属于淘汰范畴，不能满足现行通信需求。进行设备更新时，应做好旧设备的报损手续和新设备的可行性调研。系统改造有两种方式，其一，对现有设备进行挖潜、革新、改进；其二，增加新设备。

（5）通信器材、工具与仪表管理　存储一定数量的备用器材是保障通信系统正常运转的必要措施之一，但库存量不宜过大，存储的种类也要力求合理。目前许多通信产品基本上采用模块化结构，而且在系统设计时已经考虑到备份问题，因此，应以存储关键性、非通用性的模块件为主。

通信测试仪表的配备以适用为原则。像话路仪、误码仪、无线综合测试仪等仪表，一个通信系统配置一套即可。

通信设备的备用器材、工具和测试仪表的管理是一项繁杂的工作，保管人员应具有一定的专业知识和高度的工作责任心，对所管理的物品要分门别类地登记入账、存放整齐、出入清楚、财物相符，务必做到无丢失、无损坏、无锈蚀。要切实做好存放库房的防火、防盗、防潮、防腐措施。

通信维护人员在使用通信测试仪表时，要爱护公共财物，正确使用、安全操作。

（6）无线电频率管理　无线电频率是一种宝贵的自然资源。专用网所占用的无线频点都是经当地无线电管理部门批准并缴纳无线电管理费用，因而是合法占用者和有偿使用者。但由于无线通信的广泛使用，空中电波十分拥挤，往往容易发生与其他无线通信网相互干扰、网外用户的非法盗用现象。因此，必要时应在当地无线电管理部门的支持下加强无线通信的监听监测工作，摸清干扰的性质和来源，采取措施避免干扰，排除网外用户盗用。

（7）技术资料管理　从事通信管理与维护工作，离不开一套完整的系统技术资料。资料残缺不全或杂乱无章，必将使管理工作处于被动之境。技术资料管理工作主要从下述三个方面考虑：资料的收集、资料的整理、资料的保存与借阅。

3. 通信设备维护内容与建议

通信设备维护是通信管理的最重要的内容。通信系统的设备构成较为复杂，各种设备的具体维护内容和要求不尽相同，这就给维护工作带来了一定的难度。但只要我们遵循客观规律，注重维护工作的科学性，认认真真地做好维护工作中的每一个环节，通信畅通就有保证。

（1）业务交换系统维护日常维护　值班人员对交换机机柜（箱、架）、话务台及打印设备进行清洁保养。技术人员或机务人员通过维护终端或其他监视监测装置对设备的工作状况进行直观观察、故障跟踪定位、更换有故障的整件。保证设备的工作条件得到满足，即工作电压稳定、机房湿度适宜、通风良好、无强电磁干扰、接地系统可靠。

1）周期性维护　主机与话务台、维护终端、配线架及配线架与分线箱之间的馈线或电缆接续可靠程度的检查。供电状况特别是备用蓄电池（组）充电情况的检查。检查话务总台各操作键有无接触不良现象。抽测接续功能。如局内呼叫，入、出局呼叫，用户新业务功能，非话间业务接续等。检查信号音与铃流是否正常，有无串音、噪声。

2）维护建议　不要连续开机关机。杜绝粗暴拔插机内整件。尽量避免带电作业。对设备中的一些重要组件不提倡自行维修，应以更新备用的整件为主。特别是软件故障，则更为复杂，通常将故障组件送往厂家维修。

（2）微波中继传输系统维护日常维护　室内高频部分或中低频机架的清洁保养。各监视仪表或指示灯的正常与否。公务联络。

1）周期性维护　主备信道自动切换检查。各接插件和微波信道机与终端设备之间连接电缆的牢靠程度。室内电源及有源站电源的检查。设备告警功能检查。

2）季节性维护　室外复合电缆是否有破损。室外部分的防雨、防潮和防锈措施是否完好。铁塔上的避雷设施及天线紧固件是否可靠，特别是夏季雷电频繁期和冬季雨雪到来之前更应该做好这项工作。微波通信传输的一些指标，如中频频率、电平储务、误码指标等，在测试条件允许时，应每季度测试一次，并做好测试记录。

3）维护建议　对微波设备中的高频器件，原则上不自行调整和维修。对通信铁塔上的设备进行维护时，一定要做好安全防护措施，切忌粗心大意。不轻易调整收发天线的方位和俯仰角。

（3）光纤传输系统维护　对于光纤通信传输系统的维护工作，主要是借助于系统本身的监视监测告警系统或微机监控终端来完成。一旦系统出现故障或者有故障隐患，可通过现象分析、判断、定位，然后更换机盘。

日常维护工作的另一内容是保证设备工作条件的稳定可靠以及设备的告警功能、人工或自动切换功能、公务联终功能的检查。

必要时，可对一个或数个中继段进行误码观察，分析系统的传输性能。

（4）PCM 终端设备维护

1）日常维护：设备的清洁保养。电缆接续可靠性检查，电源检查，基群设备自检。

2）周期性维护　基群设备话路特性测试。数字接口波形观察。主时钟频率测试。对于二次群以上的系统，应测试系统误码指标。

（5）无线通信网络维护

1）日常维护　系统呼叫通信检查。基台载波功率，基站天线驻波比，设备各功能键是否接触良好，设备电源，移动手持机、车载电台的一般性检修。

2）年维护　天线检查，避雷系统检查。在测试条件具备时，就对天线电压驻波比；电台载波功率；发信载频偏差；调制灵敏度；音频失真度；最大频偏；接收灵敏度；音频响应及双工器、编解码器相关指标进行检测和调整。

（6）应急电话与通信电缆维护

1）室内接收控制设备的日常检查　接收显示是否准确，声光告警是否正确，通信效果是否良好。录音、放音及其他各功能是否灵敏可靠。

2）室外话机及通信电缆的日常维护　电缆绝缘性能检查。电缆标识、标桩、入孔和分线箱的巡视，沿线各通信设施所有活动金属部件的防锈蚀处理，电缆充气设备工作状况的检查，对通信电缆危险极大的虫、鼠的观察和预防，入孔、手孔各水的排除。

第三节 我国高速公路监控通信管理的发展趋势及对策

为进一步提高现有交通设施的通行能力，改善服务水平，我国以现代信息技术为支撑的交通监控通信系统正在不断发展从发展趋势上看，智能高速公路化、信息化、系统化无疑是高速公路监控通信管理未来的发展方向。

一、智能化

随着经济与技术的发展，尽管在全球的许多地方仍将建设更多的基础设施，但它已不是解决交通运输紧张的唯一办法，面对越来越拥挤的交通、有限的资源和财力以及环境的压力，建设更多的基础设施将受到限制。智能运输系统—ITS（Intelligent Transport System）就是在这种背景下产生的。ITS 是现代高新技术在交通领域的综合与集成，它强调智能化的人、车、路的协调统一，主要采用人工智能（Artificial Intelligent）、智能控制（Intelligent Control）、知识工程（Knowledge-Based Engineering）、信息技术（Information Technology）等高新技术，建立起一种在大范围内、全方位发挥作用的实时、准确、高效的运输综合管理系统。以期提高运输效率、保障安全和保护环境。

ITS 是近几年才在国际上统一名称的。以前，在 ITS 发展处于领先水平的美国、欧盟、日本叫法都不一样，都有自己的一个特定的发展过程。美国 ITS 的雏形始于 20 世纪 60 年代末期的电子路径导向系统（ERGS），之后在美国政府和国会的介入下，成立了相应的 ITS 领导和协调机构，并制定了综合陆上运输效率法案（ISTEA），从此美国 ITS 研究、开发进入了系统的、有序的、全面的发展阶段。美国为确保其占有未来的 ITS 国际市场，投入了大量人力、物力来推进 ITS 的发展。欧盟对于 ITS 的研究、开发也不甘示弱，尤其是 20 世纪 80 年代后期，他们进行了一系列该项目的联合研究与开发。1986 年进行的欧洲市郊安全交通系统计划（PROMETHEUS）是欧洲民间联合运行 ITS 开发的开端。之后，政府也相继介入，又进行了一系列更大的项目的联合研究。1995 年的 PROMOTE 是继 PROMETHEUS 之后进行的新的项目，但与以往不同的是该项目包括交通方式。1996 年 2 月底，欧盟事务总局十三局第一次公布了 T—TAP 征集的具体项目，其中涉及两种交通方式的有 4 个，涉及多种交通方式的 5 个，显然，欧盟对有关综合运输的 ITS 基础上已逐步开始重视了。日本的 ITS 的发展始于 20 世纪 70 年代，从 1973 年开始，日本成功地组织了一个叫动态路径诱导系统的实验。之后，政府、产业界、学术界对 ITS 进行了一系列的研究、开发，并进入实用阶段。作为新的阶段，1996 年 7 月，由 5 个政府部门共同发布了《面向高度信息通信社会推进的基本方针》和《公路、交通、车辆领域的信息化实施指针》，统称“ITS 总体构想”，开始面向 ITS 采取综合的、有体系的对策。并投入巨资进入 ITS 的研究、开发与应用。除上述国家外，一些新兴的工业国家和发展中国家也已经开始 ITS 的研究和开发。从效能模式的角度看，各国已认识到 ITS 应从单一的道路交通研究向综合交通的方向发展，但目前各国主要集中于城市交通和高速公路的研究，对于综合交通少有涉及，仅欧盟有少量研究。

自 70 年代以来，我国从国外引进、消化了一些项目，并进行了一些 ITS 或类似 ITS 基础项目的研究、应用，在系统开发应用方面，取得了一些实际成果，在局部地区形成了 ITS 的雏形或实现了 ITS 的部分功能。ITS 的发展也日益得到国家相关部门的重视。1995 年中国国家技术监督局将 ISO/IC204 在中国的归口部门定为交通部，正式批准成立 ISO/IC204 中国委员会，该委员会把推进 ITS 标准化作为主要任务。1998 年 1 月交通部正式批笔成立交通智能运输系统工程研究中心（ITSC)。2000 年，为了解决我国交通运输科技多头管理，工作交叉的问题，由科技部牵头的全国智能运输系统协调指导小组宣告成立。尽管如此，现阶段我国的 ITS 研究与应用还处于初级阶段，而且，由于受经济实力、科研水平、基础设施状况等因素的制约，要在短期内全面地、系统地研究、开发与应用 ITS，也是不现实的。

中国需要在运输系统中引入 ITS 是毋庸置疑的，问题是在我们这样一个交通基础设施仍处于建设期的国家如何来发展 ITS，如何找到合适的切入点。高速公路作为先进运输生产力的代表，对国民经济发展起着重要的作用。结合我国国情，我们可以把高速公路作为发展 ITS 的切入点之一，将 ITS 技术应用在高速公路上，从而提高我国高速公路的运营管理水平。

现阶段，在我国发展 ITS 面临着不少困难，为抓住机遇，迎接挑战，推进我国 ITS 的发展，对需要解决的几个关键问题提出以下建议。

1. 尽快完善 ITS 领导和协调机构

ITS 是开放的型系统，它是由众多关系密切而复杂的不同领域，不同功能的子系统按不同层面综合集成而成，建设造价较高。因此，ITS 的发展必须得到国家的专职领导、协调和扶持。在这方面，我国已经取得了一定进展，成立了全国智能运输系统协调指导小组。今后应进一步加强机构建设，组织研究制定中国智能运输系统发展的总体战略、规划、技术政策和技术标准等，促进 ITS 的法制化进程，协调好与 ITS 相关的各行业、各部门的关系，有力推进 ITS 的协调、有序发展。

2. 制定科学、合理的产业政策

国家对 ITS 的相关产业应给以政策扶持、倾斜，以尽快形成我国自己的 ITS 产业。这就要求我们制定科学、合理的产业政策，建立一种有效的社会激励机制，真正重视科学进步及投入产出效益原则，引导企业积极参与 ITS 开发活动，推动 ITS 产业化进程。在坚持以市场为导向的同时，应充分发挥政府的宏观引导作用。通过实施有效的产业技术政策，并配以必要的财政金融政策，加速 ITS 产业组织与技术结构的优化进程。

3. 加强产、学、研一体化开发机制

应加强企业与高等院校和科研机构的协作，积极推动种种形式的产、学、研联合，如联合设立科技风险投资基金、联合建立研究中心、联合兴办高科技企业等。充分发挥产、学、研各自的优势，合作开发，重视科研成果转化，加速科研成果转化为现实生产力的进程，推进 ITS 的快速发展。

4. 多方筹集资金保证 ITS 发展

ITS 的研究、开发和应用要有足够的资金保证，这是各国发展 ITS 遇到的普遍问题。综观 ITS 发达国家，多采取了“自上而下”（如美国、日本）和“自下而上”（如欧盟）的筹资方式。从我国国情出发，ITS 的发展宜采取多渠道筹资的方式，即采取政府投资、银行贷款、社会集资、吸引外资等多渠道相结合的方式来积极筹集资金。国家在政策制定、资金调配和项目审批上尽量采取相对灵活的方式予以扶持。将股份制、产业投资基金等多种动作方式有机结合。总之，应尽一切努力筹集资金，以保证我国 ITS 的快速发展。

5. 加强国际交流与合作，发展具有中国物色的 ITS

ITS 在我国还刚刚起步，加强与国际的交流、合作有利于我们及时了解、掌握世界上在 ITS 研制、开发、应用方面的成功经验和技术发展动态，利用后发优势，缩短我国在 ITS 领域与国际先进水平的差距。在学习、引进的过程中，要密切联系我国国情，毕竟我国现有的交通基础设施容量、交通管理模式、效能问题根由、经济发展水平与国外明显不同。相应地，研究开发和应用时要结合我国实际，发展具有中国特色的 ITS，这样才能真正地促进交通运输的发展，进而推动国民经济的快速发展。

二、信息化

人类正以前所未有的速度迈入信息化社会，信息科学技术的革命已成为现代科学技术革命的核心和主流，信息产业的发展水平已成为衡量一个国家发展水平的核心和主流，衡量一个国家综合国力的重要尺度，信息化程度也成为一个国家现代化水平的重要标志。

高速公路交通信息化是先进的信息技术在高速公路交通中的应用。它以强大的通信网和种种信息服务设备为基础，并集丰富的软件系统、应用工具和多种功能于一体，为公路交通部门提供信息资源收集、传输、处理、存储和分析等技术和管理服务，实现高速公路交通信息系统与其他信息系统之间的交互，从而达到高速公路交通信息资源在公路交通部门和整个社会范围内的共享。它包括 3 个层次的内容：一是指利用先进的信息技术建成的，具有电话、电视、电脑等多媒体功能的，能综合传输和处理图形、声音、文字等种种可以形式化的信息于一个通信网内的，覆盖整个高速公路系统的大型基础设施；二是具有丰富的高速公路信息资源，能实现“数出一门，资源共享”的综合基础网络设施；三是实现高速公路交通信息资源共享，不仅要在交通系统内部共享，而且要在整个社会范围内实现共享，人们无论何时均能得到高速公路交通信息系统的服务和支持，方便、快捷地相互沟通信息和利用社会信息资源。

信息化是社会经济发展到一定阶段的产物，是社会生产力发展的自然结果，作为先进的运输生产力，高速公路的信息化成为必然趋势。现代市场经济规律表明，市场供给同有支付能力的需求之间存在内在的联系并有趋于平衡的客观必然性。供给和需求是供求机制的两个方面，缺一不可。供给和需求结合在一起共同为生产者和消费者提供信号，指示方向，并通过其他市场机制一道相互作用，来实现社会资源的有效配置。为了达到提高运输效率，、保障安全、保护环境等目的，社会对高速公路效能信息化提出了巨大的需求，然而，相对于需求，高速公路交通信息化供给严重滞后。因此，当前高速公路交通信息化的主要任务是加强高速公路交通信息化建设。

在我国交通信息化进程中，政府应发挥主导作用。这种主导作用是通过其信息化政策对交通信息产业的作用来实现的，交通信息产业通过技术、人才和市场等要素的优化配置为交通信息化的发展提供“平台”。因此，在交通信息化建设进程中，信息产业始终是政府的信息化政策和调节的作用点。为加速我国交通信息产业，尤其是高速公路交通信息产业的发展，提出以下几点建议。

1. 健全管理体制

交通信息产业的发展，需要将目前多头、分散、封闭和生产型的交通信息管理体制逐步变革到统一、集中、开放和经营型的通信信息一体化的管理体制。应设立交通信息化管理机构，赋予其相应的行业行政管理权限，专司交通信息产业的发展。由该机构来协调各部门之间的关系，处理解决行为封锁和地区割据问题，并推进各级交通信息管理机构的建设，根据“统筹规划，联合开发，统一标准，专通结合”的方针对交通信息产业进行全面规划；对公益性项目和经营性项目分类指导，促使其共同发展；具体落实交通信息产业政策，维护信息市场的正常秩序。

2. 制定和完善信息产业政策、法规

为规范市场行为，营造竞争有序的信息市场，政府应加大政策法规建设力度。要尽快发展高速公路交通信息产业，单纯依靠市场机制的作用比较缓慢，为了满足快速增长的需要，政府进行某些产业政策的倾斜是必要的。但需要注意的是，产业政策是在市场机制的基础上政府对经济干预的手段，实施向信息产业的政策倾斜，并不意味着政府要直接介入资源分配或对经济活动发布行政指令，而应在利用价格、税收、信贷和投资等经济杠杆发挥产业政策的调节作用，为信息产业的发展创造一个公平合理的竞争机制的基础上，通过指导性的发展规划，为信息产业发展提供远景目标和发展方针，依靠财政、金融和法律手段引导自主经营的企业克服短期的利益驱动，求得长远发展，将产业政策的目标转化为经济活动和企业行为的内在机制。根据我国的情况，目前应抓紧制定和完善以下几方面的信息法律：信息资源法，规定政府、商用、公益三种不同信息资源的开发利用与管理，实现我国信息资源的有效配置和合理使用；信息产业法，规定信息设备制造业和信息服务业的发展和管理规则，充分发挥法律的政策导向功能；信息流通法，对信息商品的价格、质量、信息交易的规则以及从业人员的行为规范等做出明确规定；信息产权法，正确处理信息生产者、传播者和信息用户之间的权益关系，以保证我国信息产业不断健康、稳步地向前发展。

3. 加强人才队伍的培养建设

信息产业是智力高度密集型产业，因此，发展高速公路交通信息产业人才是关键，必须采取有效措施，加强人才培养，这在当前是一项十分紧迫而又长期艰巨的任务。应在“科教兴交”的方针指导下，走培养与引进人才相结合的路子，造就大规模的信息人才队伍：注意培养高速公路交通信息产业的技术和管理人才，加强现有人员的继续教育，根据需要积极创造条件，采取多种形式，如举办信息业务培训班、计算机知识普训班、信息管理短训班等，提高工作人员的业务水平和工作能力。积极引进外来人才，建立和健全激励机制，对为高速公路信息化做出贡献的人才予以物质上和精神上的奖励，为他们创造一个良好的环境，使广大职工勇于创新、乐于创新。

从世界范围来看，高速公路管理正在发生一系列深刻的变化。突出地表现在：高速公路管理的目标将更加直接地指向为道路使用者提供更好的服务；

在提高资源利用率和保护环境的前提下，依靠当代高新技术来满足交通需求，提高服务水平；高速公路系统化和一体化趋势逐步显现出来。这些变化要求我们对高速公路管理体制及管理职能进行相应改革。按照系统原理构建高速公路管理体系，实施系统化管理。只有这样，才能在保证高速公路管理体系的统一性、整体性、综合性效能的前提下，将各个既相对独立，又相互联系、相互制约的子系统组织起来，高效协调地运转，使系统整体效益达到最优。高速公路监控通信管理是整个公路管理体系的子系统之一。一方面，它要与高速公路管理其他子系统相互协调，共同促进整体功能的发挥；另一方面，它本身也是一个系统，也应实施系统化管理。目前，我国高速公路监控通信管理有悖于系统管理原理，亟待解决的问题突出表现在以下两方面：一是高速公路监控通信管理与交通安全管理之间不协调，互相扯皮，影响整体管理目标的实现。高速公路监控通信管理职能由交通部门来行使，交通安全管理职能由公安机关来行使，这种由公安与交通两个高速公路交通主管部门的体制所引发的部门间的矛盾和摩擦，使得现代化的高速公路监控通信管理的作用大打折扣；二是现有的高速公路监控通信系统多以某一路段为管理对象，没有联结成网，不利于发挥系统的网络效应。针对上述两个问题，提出以下建议。

1. 进行高速公路交通安全管理体制改革

现行的高速公路交通安全管理体制是在高速公路管理体系之外独立构建，自成体系，自行运转的，它割裂了交通安全管理与监控通信管理以及其他管理子系统之间的有机联系，严重影响了高速公路管理的效率和效果。因此，应对高速公路交通安全管理体系进行改革。只有这样，才能保持系统内各个子系统尤其是监控通信管理与交通安全管理之间的协调，充分有效地利用高速公路上的种种管理资源，在共同的管理目标和统一的行动部署下，将所有管理子系统组织起来，全面加强高速公路管理。高速公路交通安全管理体制改革在本书第四章已进行了详细的介绍，此处不再赘述。

2. 完善高速公路监控通信管理体制

高速公路监控通信系统联网需要有完善的管理体制做保障。高速公路监控通信网是交通通信网的重要组成部分，因此，其管理应纳入到整个交通通信网的管理中来，实行统一领导下的分级管理，分工合作，既要充分发挥地方管理的作用，又必须打破块块分割的现象。交通部主管全国的高速公路监控通信管理工作，具体工作可委托中国交通通信中心来负责；省级交通主管部门在上级部门的指导下负责本行政区域的高速公路监控通信联网工作。目前，交通部门正在根据国务院机构改革的原则和要求进行改革，建议各省在改革过程中将交通通信管理这一职能重视起来，并进行合理配置，加强包括高速公路监控通信管理在内的整个交通通信管理的组织机构建设，为实现高速公路监控通信联网打下坚实的体制基础。

3. 加强法规建设

利用法规的形式可以把高速公路监控通信管理的方向、方针、任务、方法、步骤等制度化、法律化，协调部门间在高速公路监控通信系统建设和管理中的矛盾冲突，规范建设和管理中的各项活动。根据发展中出现的新情况、新问题，及时修改相关法规条文，将前进中取得的成果用法律化的形式加以巩固，保障高速公路监控通信系统的持续发展。因此，必须加强与高速公路监控通信管理相关的法律法规建设，逐步形成相应的法规体系，达到监控通信管理的法制化，为实现高速公路监控通信系统的发展目标创造良好的环境。

4. 高速公路监控通信联网建设应统一规划、分步实施

高速公路监控通信网的规划和建设应充分考虑交通行业特点及全程全网统一畅通的要求，在交通部统一规划的前提下，统一技术体制和技术标准。各省（市、区）应按交通部总体规划的要求，编制本地区的通信规划和计划，并报交通部审核。各省（市、区）不论其高速公路行政管理体制是全省统筹管理，还是一路一公司化管理，都应按“统一规划、分工建设、分别管理、整体联网、资源共享”的原则进行高速公路监控通信网建设，使其能够真正发挥网络效应。高速公路监控通信系统的网络化建设应因地制宜、视情而定、分步实施，对于高速公路建设较快的省份（主要是东部沿海地区），因为其高速公路监控通信系统建设状况较好，应在尽快实现省级联网的基础上，实施区域间的协作，即区域间的联网；而对于中西部地区一些高速公路里程少、监控通信系统建设落后的省份而言，应吸取发达省份在高速公路监控通信网络化建设中的经验教训，少走弯路，争取早日实现省级联网，待条件成熟时实施区域间联网，最终形成全国性的、统一畅通的高速公路监控通信网络。

第四节　建立高速公路现代化管理系统

一、高速公路现代化管理系统的概念

高速公路现代化管理系统是采用先进的现代化的电子设备对交通、收费、路况进行监控和管理的系统，它包括通信系统、监控系统、收费系统、电子系统。

高速公路现代化管理系统的设置主要是从系统工作的观点出发，并适当考虑到行政区划的情况，为了便于及时迅速地进行交通管理和事故处理，系统一般采用集中与分散管理相结合和多级体制。从技术角度讲主要采用主计算机（中心控制机）和辅助计算机（控制分机）和终端处理机组成的三级计算机管理体系，并辅以相应的通信传输系统和电源系统构成一个完整的现代化管理体系。

其中，主计算机主要负担系统各种数据的计算、统计、存储及各类报表的打印，并通过分析和判断发出各种交通管理命令，以达到高速公路现代化管理的目的。辅助计算机则主要负责对所采集的数据进行分类、包装和预处理，然后传送到主计算机。另外，当主计算机发出故障时，前置机能对一些重要数据进行紧急处理，并临时行使主机功能。终端处理机主要用于检测路面、匝道口以及收费口交通收费的气象等数据。

二、高速公路现代化管理系统的分类

1. 按功能划分

包括通信系统、监控系统、收费系统和电子系统。每个系统又包含若干个功能单元，每个功能单元完成一些特定的功能。

通信系统的主要任务是根据规定的技术要求确保系统数据、命令、图像及语音信息传输的及时性和准确性。

监控系统的主要任务是完成实时采集、记录和显示交通流数据、事故信息、气象信息并据此判断各路段的交通状况，发布交通控制信息，对全线交通状况进行控制和调度。

收费系统主要任务是实现收费交通量统计和车辆分型，按标准收费并发放数据汇总，整理收费的有关数据和交通流数据，传送到上级计算机和监控中心进行处理，并根据监控中心发布的命令，对出入高速公路的车辆进行控制和调度。

电源系统的主要功能是按照规定的技术要求，不间断地对机房内部设备和外场终端安全供电。

2. 按信息流程划分

主要由信息采集系统、信息处理系统、交通控制系统及信息提供系统 4 部分组成。

（1）信息采集系统　信息采集主要包括各种传感器，负责数据采集，为信息处理提供原始数据。信息处理包括事件检测、专家系统等部分。事件检测利用原始数据根据算法判断，自动提醒交通管理者可能发生的事件。事件一旦确认，交通专家系统自动提供一套处理方案。交通控制系统则根据处理方案通过信息提供系统达到缓解交通堵塞的目的。信息提供系统主要是将决策的命令信息，通过道路和收费口可变情报板，可变限速标志以及路侧广播等终端设备，提供给司乘人员。

信息采集主要采集各种交通信息、道路信息、气象信息。信息采集设备包括。

1）车辆检测器　车辆检测器用于测定交通量、车道占有率、车速等参数，为交通管理与控制提供依据。车辆检测器设置在公路的出入口及主线交叉口上，其间隔根据道路的重要程度及交通量来选择。

2）紧急电话　设置在高速公路两侧的紧急电话，是在我国现行公用通信网还无法满足高速公路运营管理需求的情况下，进行高速公路运营管理的重要手段和有效途径。其主要用于车辆发生事故或故障后与控制中心迅速取得联系，请求指示或求援。

3）气象检测器　气象检测器主要用来观测雾和冰冻，也可用来测量不同深度下的路表温度及浓雾、风向、风力、雨量、路面积雪及冰冻状态等。

4）视频监测系统　视频监测系统是信息采集系统的一个重要组成部分。通常在高速公路的一些特殊路段和事故易发地段安装电视图像摄像机，利用图像通信来监视这些区段的交通状况。一旦出现车辆故障或发生交通事故，能提供事故发生的现场图像信息，以便控制中心迅速做出反应，及时地协调管理和事后处理。图像处理系统通过采集视频图像获取交通参数。

5）电子收费系统（Electronic Toll Collection System）　电子收费系统可以看作 ATMS 的特殊形式，它不但能完成收费功能，还为管理系统提供汽车类型、时间以及收费点处汽车位置等数据。

由于收费站之间的位置与里程是已知的，各收费站间车辆的通行时间可立即计算出来，这些数据可以用于监视公路上的交通流，协助事故的探测，同时，管理部门还可以采用调整运价，关闭收费入口等措施影响人们对出行时间及方式的选择。

（2）信息处理系统

1）事件检测系统　事件检测即自动检测高速公路上的偶发异常事件，如交通事故、故障停车等。随着交通需求的不断增加，高速公路面临着交通拥挤问题。交通拥挤包括常发性拥挤和偶发性拥挤。常发性拥挤是可以预测的，也容易排除；偶发性拥挤由于发生随机事件的时间和地段都不可预测，因而常常不能及时被发觉与排除。

事件检测系统的主要功能是根据采集的原始数据，检测是否有事件发生，以及事件的发生路段，自动提醒交通管理者可能发生的事件，交通管理者利用视频监视系统或对这种警告进行确认。

2）专家系统　专家系统是根据一定的规则处理现有交通情报及信息，并可模拟专家经验处理问题。这些规则就是把各有关单位交通专家的经验和对事件的处理办法汇集起来，经过处理后输送到计算机中形成知识库，试图达到在同样公路交通环境下交通管理人员亲自处理事故的效果。如事件检测系统检测到事件发生，并已通过交通管理者确认，中心处理计算机的专家系统将会迅速提出一套处理方案供交通管理部门参考，为领导决策提供依据。

（3）交通控制系统　交通控制系统的一个关键功能是事故处理，这意味着对事故的监测和控制需要人机系统之间协调配合，以便于尽快使公路运营恢复正常状态，保证行车畅通无阻。

交通控制系统根据制定的方案，利用信息，供系统发布信息、命令、建议等，达到缓解交通堵塞的目的。诸如利用高速公路可变情报板来告诉后续的旅行者前面发生的事故和路况，减少进入高速公路匝道的车流量，使用公路路侧广播和公路电话查询台系统来通报交通事故，利用平行道路疏导交通以及调节道路交叉口的红绿灯时间等。

（4）信息提供系统　本系统主要是向有关人员提供交通信息（如交通、气象、事故和道路情报），发布命令或建议（如限速、关闭匝道），向交通拥挤地段的驾驶员提供建议路径等，以促使出行人员选择合理的出行方式及路线，使道路交通流量分布均匀，以提高道路利用率，加强高速公路可视化运营等，达到交通控制与管理的目的。它包括：

1）可变情报板系统　可变情报板是高速公路上专供控制中心为出行者提供交通示警，实行交通管制等实时情报的，动态显示交通信息。控制中心将收集到的各种数据和信息经中心处理机处理后，管理人员通过键盘按钮或用显示屏幕编辑发出指令，通过联机方式的终端控制机在情报板上显示出文字（英文、数字或汉字）或图形，向司机提供关于交通事故、交通阻塞、道路维修施工或气象情况等各种随机情况，及时发出行车指示。

2）可变限速标志　根据控制中心的命令，可变限速标志动态显示当前指定的车速，调节路段的车辆密度和平均速度。

控制中心根据车辆检测器检测到的信息和其他信息（如平均速度过小，应急电话呼救频繁，巡逻车通过无线电传递的信息等），认定某一路段内车辆出现异常情况，即车辆拥挤或出现事故，通过中心计算机向设在该路段前方的可变限速标志发出限速指令，限定车辆行驶的最高速度，避免该路段车辆密度过大以及低速交通流的恶性循环，待排除事故或交通流恢复正常后再解除限制。

3）交通广播及路侧通信广播　利用交通广播定时播送高速公路及附近公

路的交通情况。但交通广播节目有它的局限性，它不能完全满足交通管理的需要。因为它只能定时向大范围全域广播相同的内容，不能随时提供重要信息，同时缺乏针对性。

路侧通信系统是利用路肩或中央分隔带上的感应天线进行广播。由于它通过路段所设置的发射天线，对不同的路段、不同的车流方向能够播送不同的内容，播送的信息量大，内容随时间地点而变，有针对性和很大的自由度。

4）道路模拟屏 道路模拟屏与控制中心的中心计算机相连接，接收中心计算机提供的有关系统运行的总体信息并能在屏上显示，通过适当的设计，从模拟屏上就能知道设备是否在线，运行情况以及交通运营情况。模拟屏还能从视觉上确认事件的发生，并说明交通拥挤的蔓延程度，使控制中心对道路状况了如指掌，便于统一调度和科学管理。

5）信号灯系统 信号灯系统主要布设在高速公路的入口、隧道入口等处。根据实际需要通过交通控制中心来调节交通量，控制路口开闭，诱导车辆。

6）公共信息电话查询 出行者可以通过交通电话查询台了解某一路段的交通状况，以选择合适的出行方式与路线。

7）信息中心终端 在服务区、停车场、火车站等公共场所设置电子设备终端，出行人员可利用信息中心终端查询交通情报和指令。对于私人来说，计算机是较为合适的终端设备，个人可以通过 Internet 与信息中心相连。出行人员可在出行前或旅行中查看信息。

8）大屏幕投影系统 大屏幕投影系统安装在监控分中心和监控中心。它是一个动态信息的显示设备，包括高分辨率投影仪和背投屏幕，具有遥控功能，并且能够同时显示由彩色图形计算机系统产生的图形以及来自 CCTV（中央监控电视）控制器或录像机的 CCTV 图像。

一般来讲，大屏幕投影系统用于投影和放大以下图形：高速公路的统计信息；动态图形信息，例如实时交通状态、实时设备状态、气象信息、收费车道状态等等。

对管理人员来说，这是一个非常重要的信息提供系统，加强了高速公路的可视化运营管理。

【复习思考题】

1．简述高速公路交通控制系统的构成。

2．高速公路交通控制的主要内容有哪些？

3．交通控制系统有哪四种？

4．高速公路交通控制设施设置的基本原则是什么？

5．监控系统管理的任务有哪些？
6．高速公路通信的特点有哪些？
7．简述高速公路通信系统的基本组成？
8．何谓 ITS？在我国发展 ITS 需解决哪些问题？

第八章　高速公路服务区的管理与经营

【学习目的】

通过本章学习，了解服务区的设置，服务区的作用及特点；掌握服务区的管理原则，服务区的管理模式以及经营开发的方式；熟悉服务区的内部管理，经营开发的项目。

高速公路严格控制出入，车辆驶入高速公路后，基本上是与外界隔离的。为了给旅客，尤其是长途旅行、运输的司乘人员，在生活上提供食宿方便，补充一些日常用品，以及向路外亲友联系，对车辆提供油燃料、汽车零配件以及车辆故障的检修、加水、清洗等项服务。因此路侧服务区的设置就应运而生，这是高速公路不同于一般公路的特点之一，也是现代化公路的一个标志。

第一节　概　　述

一、服务区的设置

1. 服务区的设置间距

在规划服务区的设置时，一般应相距50～60km设置一处，其规模一般是停车场的3～5倍。如京津塘高速公路全长154km，设马驹桥、武清、天津3个服务区，平均距离约为50km有一处。

也可将服务区分为大、小两类进行设置，在大服务区之间设一些小服务区。当交通量较大时，还可在大、小服务区中间增设一些停车场。

大服务区的间距一般是第50～80km设一处，最大间距不宜超过100km。大服务区设施要求齐全，除有供水、供电、上下水道和绿化外，还应有餐饮、住宿、停车场（可容纳100～200辆客、货车）、加油站、车辆检修、商场（一般商品和汽车零配件）、通信、娱乐、卫生间等。

小服务区一般大约每30km设一处，它的设施无论从规模上，还是内容上都应比较简单适用。一般有餐饮、小卖部、停车场（可容纳50～80辆客、货车）、加油站、通信、卫生间，视需要可配备客房等。

在交通密度较大的路线或路段，为了方便来往车辆的停车、加油或休息，可在约 15km 增设停车场一处，它是由司机在发现燃料即将耗尽前，可行驶 10～20min 的距离来确定的。其规模较小，仅为服务区的 1/3～1/5。停车场一般可供停放 25～40 辆客、货车，并有加油站和简单的检修间，供车辆检查、整理货物用。如济青高速公路全长 310km，设济南、淄博、潍坊、青岛 4 个大服务区，另有邹平、青州、高密小服务区 3 个。大服务区间距平均约为 60km 有一处，如以大、小服务区台计算，其平均距离约为 40km 有一处。

2. 服务区的设置位置

服务区设置的位置，应尽可能选择在风景优美或具有某些特色的地方，如在温泉、海滨或文物、古迹处，这样既便于司乘人员休息，也可为旅游人士观光。同时这些地方一定要供水、供电方便，与互通式立交和长、大隧道保持一段距离。服务区所设置的位置应注意环境保护，而且要更进一步绿化与美化。对区内建筑物不仅要求结构设计内在方面要做到坚固、耐久，而且要经济、合理。同时更应注重美化，使房屋建筑外观方面做到秀丽悦目，场地景观园林化，使人们休息时感到环境舒适，空气新鲜，并产生与公路隔离感，不受眩光和噪音干扰。当与高速公路主线形成高低地势的差别时，比较理想的位置是能够从服务区瞭望到高速公路。

3. 服务区的设置形式

服务区是设在高速公路两侧或一侧的综合服务中心。服务区的设置形式根据地形、环境和对主线的关系，可分为在主线的一侧、两侧或中央 3 个类别。一般以两侧对称设置的居多；中央式是将服务区设在当中，高速公路在这里分两侧供汽车通行，我国目前尚无中央式服务区的设置；当仅在单侧设有服务区时，还应利用地道或跨线桥，为另一侧的车辆来往服务区提供方便。

二、服务区的作用及特点

1. 高速公路服务区的作用

（1）能缓解紧张和疲劳，满足人、车需求　高速公路的特点是能高速、连续行驶。驾驶员必须经常保持高度的精力集中，因此很容易造成精神上的疲劳。同时，道路线形的单调也容易引起驾驶能力的降低。服务区的设置为司乘人员提供休息场所，有助于缓解司乘人员因连续行驶而产生的紧张和疲劳，满足人的生理需求和给汽车加油、添水或满足检修等需求，从而保证行车安全。

（2）能加强司乘人员与社会的联系，消除旅客和驾驶员的后顾之忧　高速公路的全封闭，保证了车速快、通行能力大、事故少，从而体现了高速公路的高速、安全、省时、舒适的优越性。但它也人为的隔断了使用者与外界的联系，给司乘人员带来不便和困难。服务区的设置能够提供各种社会服务，消除旅客和驾驶员的后顾之忧。

（3）对减少交通事故，提高社会效益也有一定的作用　在高速公路上，长时间、长距离、高速行驶的车辆很容易出现故障或存在故障隐患，尤其是国产汽车，车况较差，故障率较高，利用服务区设施对车辆进行维护与修理是十分必要。据统计，西安——临潼高速公路（无服务设施）交通事故中有70%以上与疲劳驾驶和精力分散有关，机械故障只占到24%。因此，高速公路服务区的设置，能使长途汽车及时得到燃料补给和检测与保养，使驾驶员有良好的休息、就餐场所。这样会有效降低交通事故率，提高高速公路的社会效益。

（4）能树立良好形象，增加经营收入　高速公路巨额建设投资要在运营中回收，高速公路服务区是高速公路的重要组成部分。良好的服务区，有助于形成公路品牌，树立良好形象，吸引车辆利用高速公路。如果服务区的设施和管理具备一定的水平，其收入相当可观，据韩日等国资料显示，服务区的营业收入占整个收费收入的3%～5%。因此，服务区的经营与管理，对提高高速公路的社会效益和经济效益是不可低估的。

2. 高速公路服务区的特点

高速公路服务区与一般城镇服务相比，有以下特点：

（1）服务对象的唯一性　服务区的服务对象一般为通行高速公路的司乘人员，单纯到服务区以消费为目的的顾客很少，因而服务对象单一。

（2）服务对象的流动性　过往司乘人员的流动性很大，住宿一般不超过一宿，“回头客”、“常住客”少，这一点与一般宾馆、饭店有明显不同之处，从而增加了服务难度。

（3）服务要求的多样性　过往司乘人员的需求层次不一样，消费水平也不一样，客观上要求服务区在设施和服务上能够满足各种不同层次人的需求，这就给服务区的经营提出更高的要求。

（4）服务效益的不稳定性　由于服务区所处位置及客流情况不一，使得各服务区服务内容相差很大。另外，客流的变化很不稳定，具有突发性，这些都造成服务效益的不稳定性。

总之，服务区是高速公路管理体系中的重要一环，它具有自己的规律特点和管理模式，管理好服务区是高速公路管理体系的自身要求，更是广大司乘人员的迫切愿望。

第二节　服务区管理

一、服务区的管理原则

1. 以人为本，周到服务

服务区是体现高速公路高品位服务的一个重要窗口，服务区的工作人员要多为旅客着想，创造一个舒适的环境，在态度上要热情，礼貌待客，使人有宾至如归的感觉。服务区的管理要本着以人为本，周到服务的原则，多角度地为司乘人员考虑，扩大服务范围，特别是那些无直接经济效益的服务项目。如，可在现有设施的基础上，增设残疾人的专用设施和通道、儿童游乐场、哺乳室，增加服务区的气象预报的功能等。深汕高速公路东段的一座全省面积最大的高速公路服务区－惠来商旅服务中心，服务区内的厕所取名叫“解忧所”，在不多收取费用的基础上，不仅增加了厕位数量以充分满足需要，而且还设有残疾人专用厕位，为使用者提供了满意的服务。

2. 统一规划，统筹安排

在服务区的建设和管理上，为实现服务目标和提高服务区的管理水平，必须对资金的投入和使用、物资的调配、物价、卫生、服务等方面的标准和要求进行统一规划和管理。对服务区的设置和规模进行统筹安排，这样会有利于服务区的长足发展。

3. 服务为主，薄利经营

服务区的服务宗旨就是“服务”，而服务顾名思义是为来往的车辆和旅客提供方便，同时收取一定的报酬，它不应纯粹以盈利为目的，因此其毛利是微薄的，要在加强经营管理，从多销中求得好的收益。

4. 自主经营，独立核算

为了提高服务区的服务水平，必须建立一支专业化的管理队伍，而服务区的各个服务部门的专业不同，经营和管理的方式也不尽相同。化小核算单位，让各个服务部门根据市场特点自主经营，不但有利于专业化队伍的建设，而且也便于服务区的管理。

5. 开拓进取，不断发展

由于物质生活水平的不断提高，人们的需求层次也在不断提高，服务的内容也应随之有新的拓展，创办新的服务内容。如商务礼品销售、打字复印、传真、电子邮件、银行消费代理等。

二、服务区的管理模式

目前，大多数的高速公路管理机构基本上是自主经营、独立核算、自负盈亏、自我发展的管理模式，其具体形式主要有如下几种：

1. 公司化管理模式

这是一种服务区经营的传统模式，由高速公路管理部门组建以经营管理服务区为重点工作的公司。对服务区实行系统化、专业化管理。按照统一领导、统一计划、统一经营、统一核算与责、权、利相结合的原则。下设若干分公司，公司对服务区在经济上实行收取管理费和折旧费的形式管理，在行政上对服务区的人、财、物予以控制，并对服务质量管理予以约束。

2. 承包经营管理模式

承包经营管理模式就是将餐饮、汽车修理、住宿等经营项目分别承包给不同的经营者，在合理确定利润水平的基础上，以一定条件实行承包经营，管理单位对物价、服务等方面实行宏观调控。承包经营者在保证服务区资产不流失和服务质量不断提高的前提下，按承包合同年限经营，与高速公路管理部门按承包合同履行权利义务关系，承包人自行承担风险。

3. 租赁管理模式

租赁管理模式即建设部门完成服务区的土建和内部设施完善后，高速公路管理部门将统一规划建设的服务区设施在考虑到折旧、更新改造以及物价和服务等方面因素后，在较长时间内租赁给各个经营者，由经营者自主经营。高速公路管理机构按租赁合同约定，对经营者进行监督、指导，并收取一定的租金。

随着时代的发展，特别是在市场经济形式下，高速公路以及服务区的投资形式将会多种多样，而随投资形式的变化，服务区的管理体制和管理模式也将会发生许多变化。 如股份制、合资以及连锁店经营、特许经营等形式。但无论如何，服务区的服务宗旨必须坚持。因此，对各种企业化模式在指标测算、承包或租赁期限等方面，均应避免短期行为，杜绝一味追求经济利益的现象。

三、服务区的内部管理

1. 停车场

服务区都应有一个足够停放各种车辆的停车场，其大小可根据该服务区距高速公路终端的远近而定。停车场的卫生环境直接影响服务区的形象。由于通行高速公路的人员很多，且加之匆匆赶路，在场区内乱扔杂物的现象时有发生，因此，需要有专人负责场区卫生，并在场区停车线放置垃圾箱等。停车场每天至少清扫两次，停车标线若受到污染应及时清洗，标线如有缺损脱落，应及时修补恢复，保障车辆规范停放。另外，车辆停放须有专人指挥。洗车场应设备完好，水压充足，场内必须保证排水畅通，无积水污物，特别要注意不能影响服务区场坪的使用。

2. 公共厕所

公共厕所是服务区利用率最高的地方，它因此也就成为人们评价高速公路服务的一个重要的参照。不仅要保证清洁、卫生，而且要舒适、方便。公共厕所应有专人每天清扫，及时清除污物，定期洗刷，做到每周消毒一次。保持地面无积水、无污渍、无杂物，保证空气流通和厕所无异味。墙壁和装饰材料应保持干净、清洁，若被污染，应视程度采用化学洗涤剂（如草酸等）刷洗或用机械喷水冲洗。

3. 加油站

服务区的加油站是顾客需求量最大、最关键的部门，也是效益最高的部门。沈大高速公路服务区曾做过计算，加油站的收入比其他几个营业部门收入的总和还要高，有的甚至可达 2 倍以上，可见加油站在服务区的重要地位。

加油站首先应设明显的行业徽记，由于服务区加油站多处偏僻地区，来往客流复杂，安全管理就成为加油站管理中的头等大事。首先应根据行业需要，在加油站内设置明显的禁火标志；张贴防火和灭火的规定、须知，张贴防火、灭火的宣传标语、图画。禁火标志应鲜明、清晰、易识别，防火宣传资料等应整齐、规范。制定严格的安全管理制度和处罚办法，不仅要求内部服务人员在操作过程中严格按规程办事，而且要求外来人员严格遵守安全制度。站内应经常检查更换消防设备和器材，经常检查油料装、卸、保存的安全规程执行情况。对由于麻痹大意，造成安全隐患或事故者，要严厉处罚。

服务区加油站的油罐和加油机要充足够用，并能够供应各种型号的汽油和柴油。加油站的车辆通道应保持进出畅通，无障碍和杂物。

另外，对加油站的管理人员要加强岗位培训和职业道德教育，提高服务质量，保证加油质量、数量。在钱和票证管理上要严格遵守财务管理的有关规定，在营业过程中可以代售一些司乘人员急需的商品，如机油、图书、食品、烟、饮料等，以方便顾客。

4. 汽车修理厂

服务区内的汽车修理厂应设明显招牌，还应设置禁火标志。维修站内应保持场地清洁各种设施及维修工具摆放整齐，维修车辆应停放有序。服务区的修配厂应以中、小修为主，因而修配厂应具备常见车型中、小修的修理技术力量及设备，并备有较常见的易损部件。修配厂的服务应急客户之所急，热情服务，并保证维修质量。零件不得购置假冒、伪劣产品，严格按规定收费，并消除垄断经营思想，以服务、技术、价格和管理为客户提供满意的服务。

5. 旅店、饭店

服务区的旅店一般为中级档次。顾客短暂住宿者多，这在客观上制约了服务质量的提高，容易造成服务好坏无所谓的心理，这也给旅店的管理带来了难度，因此，应把提高服务质量放在首位。配备浴池对于高速公路的旅店来说具有特殊的重要意义。因为司乘人员旅途疲乏，急需洗浴缓解疲劳，如果能够配套进行按摩等方面服务则会更好。为解除司乘人员精神上的疲劳，还可增加一些娱乐性、健身性的设施。

服务区的餐厅应体现快速精神，对于那些急于赶路的司乘人员来说物美价廉、简单快捷的食品将会受到普遍的欢迎。但这并不意味着顾客的要求降低了，人们在服务区就餐仍有对卫生、价格、质量、服务态度等方面的要求。因此，部门和从业人员应有卫生检疫部门核发的检疫合格证及卫生许可证，为顾客提供放心食品，特别应根据各地不同特点，提供该地区的特殊风味食品或风味小吃，以吸引更多的顾客就餐，并提高顾客的满足程度。如京津塘高速公路天津服务区，利用其自身的靠海优势，办起了多家海鲜餐馆，并以其菜优价廉赢得了无数回头客的光顾。许多北京、河北等游客，慕名专程前来，给公路主业和其他服务部门也同时带来了收益。

6. 通信

为便于司乘人员对外联系，在服务区内设置电话亭。电话亭可采用磁卡式、投币式及按键式电话，实行全日有偿服务。还可以增设互联网服务，使用户在服务区内就可收发电子邮件，以方便司乘人员多方面的不同需求。通信服务方面要注意价格的合理公道及设备的完好有效，不能使用户产生被“宰”的感觉，以建立良好的长期行业的信誉。

7. 医务所或急救站

服务区内设置医务所或急救站，一方面便于司乘人员就医，另一方面，在发生交通事故时可作为紧急救援之用。从业人员要有相应的资格证书，站内除急救设备应齐全有效以外，还应备有一些常用药品。

四、部分高速公路服务区管理模式评价

1. 济南至青岛高速公路潍坊服务区

潍坊服务区是一个集酒店、宾馆、食品销售于一身的大服务区。因服务

区位于济南和青岛中间，每天有许多货运司机在此停车吃饭、休息，几乎所有路过的客运司机也都要在此停车，让乘客“方便”和购物，高速公路管理也因服务区的经营提高了经济效益。服务区内的服务部门全部实行了对外租赁或承包的经营方式，从经营实践看，利弊共存。

其优点是：

（1）由于各个部门自主经营、自主管理、自负盈亏，因此，有利于调动经营者的积极性和投资热情。

（2）因很少有来自服务区以外不必要的行政部门的干预，发展自由度较大，因此，经营项目易于拓展。

（3）解决了高速公路建设后期配套服务中的人力和资金的投入问题。

（4）有利于解决一部分社会劳动就业问题。

（5）有利于服务区向专业化管理方向发展。

缺点是：

（1）一旦高速公路管理部门疏于管理，很容易造成服务质量、物价等方面的问题。

（2）因各部门的经营人员人事与财务关系不一，素质参差不齐，客观上给高速公路管理部门的管理也带来了一定的难度。

（3）难以形成规模，不利于长远发展。

2. 京沪高速公路仪征服务区

京沪高速实行向社会公开招商后，服务区内多个部门都采取了租赁经营的方式，江苏石油也在竞标中成功，以其承租的加油站为例，江苏石油承租了沿线所有服务区的加油站。承租之后，加大投入，改造过去的老加油站，使其全部戴上了标志江苏石化的“红帽子”。从站容站貌到内务管理，从一句亲切的问候语到加油站的现场管理，一点一滴都透射出江苏石油严谨的精神风貌。高速路加油站里一块块“青年文明号”、“标兵加油站”的牌匾，像一面面镜子，折射出中国石化江苏石油“至诚服务”和“求实、创新、卓越、奋斗”的企业精神。现在江苏石油在这条高速公路上已经形成了品牌效应。

这种租赁经营方式的优点是：

（1）由于签定了长期租赁合同，经营者就不惜加大资金投入，有长期经营的思想，有利于提高高速公路的服务质量和服务水平。

（2）这种连锁租赁能形成规模效应，有利于企业的发展。

（3）有利于解决一部分社会劳动就业问题。

（4）有利于服务区向专业化管理方向发展。

（5）便于高速公路管理部门的管理、宏观调控。

缺点：

（1）不利于形成竞争格局，因此，容易产生安于现状的思想，难以开拓进取。

（2）容易形成行业垄断。

第三节 高速公路经营开发

一、高速公路经营开发的意义

1. 为高速公路建设开辟新的资金渠道

在相当长的一段时期内，高速公路建设将是交通基础设施中的一个最活泼、发展最快的投资领域，但建设资金不足将是最大的难题。我国的民间资本经过几十年的积累，越来越雄厚，它寻求一种安全、稳定的投资渠道的内在驱动力越来越强烈，高速公路的经营开发为这部分资金提供了投资渠道。高速公路的经营开发可以激发众多投资者的热情，加快投资回收，减少企业风险，改善高速公路沿线的景观，吸引更多车辆上路，增加公路的交通量，从而为公路发展提供良好的资金条件。

2. 为加强高速公路的养护管理及服务设施的完善提供条件

高速公路的经营开发，有利于经营开发企业提高经营效益，积累资金，从而为提高公路养护服务提供更雄厚的资金保障，加之高速公路的开发效益，使沿线地区不断产生更多的交通运输要求，促进高速公路本身的可持续发展。由于高速公路明显的级差效益，经营开发使其自身资金流动加速，加快回收投资。据日本名神高速公路测算，其投资回收期年限只需3～5年。这样路管部门就可以直接从经营开发的收入中，提取高速公路的养护与管理资金，减少许多中间环节，从而更有利于公路的养护与管理。

3. 进一步增强了公路的商品观念

近年来高速公路及部分使用贷款或集资建设的汽车专用公路、特大公路、桥梁和隧道实行的收费制度，标志着商品经济概念在公路建设、养护、管理等领域内已普遍被多数人理解和接受。但是面对公路建设的巨额投资，这些收费仍很难实现公路的扩大再生产，因而也就很难使公路事业得以自我发展。实行经营开发和有偿的使用公路沿线的土地则体现了公路本身的价值。它将进一步深入公路的商品观念。这一点对于实现高速公路建设，建立滚动发展的良性循环是有其现实和深远意义的。

4. 加快物流业发展，带动区域经济繁荣

高速公路一般在较发达的地区首先建成，区内有一定的经济基础。以高速公路为依托进行经营开发，有便利的运输条件，便于各种信息及时传递，因此，见效快，收益大。特别是仓库储存及房地产的开发与经营，不仅能加快物流业发展，带动区域经济繁荣，同时能取得良好的社会效益。如：京津塘高速公路自1993年建成以来，十年间沿线经济飞速发展，多个开发区在它周边建立并取得了辉煌成就。特别是滨海新区的经济增长速度每年达20%，首都机场每年上万吨的航空货物有75%来自京津塘高速公路周边的开发区、保税区，带动了沿线经济的快速发展。而京津塘高速公路作为通往天津港的主干道，又为物流业的发展提供了可靠保障。

二、高速公路经营开发的项目

（一）广告业务开发

广告是企业和产品对外宣传的主要渠道之一，而高速公路自身就有许多可以用于制作广告的媒体和接收人群优势。很多广告公司和企业也开始重视对高速公路广告的投入和策划。高速公路自身拥有的收费站、加油站、服务区、停车场、票卡及沿线的广告塔等，都能为广告客户提供良好的空间。高速公路广告招商对象的确定，对于创造经济效益和提升高速公路的形象都非常有意义。如南京长江大桥上的广告牌的兴起，北京三环路上以企业命名的立交桥，就是广告业务兴起的表现。四川成灌高速公路全线广告定位在旅游地、风景区的宣传广告，有旅游广告一条路之称。

从减少人员、降低管理成本的角度来看，很多高速公路都是把沿线的广告发布权承包给专业广告公司操作。这方面，国外也有许多成功的实例，如意大利国家公路管理局每年费用支出的10%来自道路沿线的广告收入。

高速公路经营管理部门从事广告开发业务主要有以下几类：广播广告，即高速公路广播电台除发布交通、天气信息外，还可发布一些广告宣传；户外广告，即在高速公路收费站、停车场、车站、匝道附近、服务区等地，树立广告牌、路牌、电子显示屏、张贴广告字画等，能形成重复性强、容易注目的良好效果，还可调节司机视线，缓解疲劳，有利于安全；印刷广告，在高速公路上利用收费票据做宣传也是广告的重要形式。

经营开发部门从事广告业务，应符合公路管理和有关法规的规定。统一规划、审批、管理，要从服务于高速公路安全行车和美化景观出发，在人们心理接受范围内从事经营，否则，将会直接影响交通安全。

（二）仓储开发

高速公路仓储开发主要指通过向客户提供货物装卸、堆放、储存、理货、包装、发货等服务，从而收取费用并获得经济效益的一种经营活动。高速公路网的建成开通，连接了我国各个大型公路主枢纽及各省市的重要枢纽，成为客货运输通道。如何利用高速公路便捷的交通条件与各类主枢纽相衔接，提高货物周转速度，是经营开发部门关注的问题。高速公路收费站、服务区、立交桥下及周边有许多可供经营仓储开发的空间，这些地域与高速公路互通信息，通过加工、改造、整理，可以作为向客户提供货物仓储的场地，这种仓储服务不仅可以利用其便利的交通设施，为大批量的货物装卸和中转提供方便，而且也可以增加不少收益。广深高速公路、广州市北环高速公路经营开发部门，在通车后，就着力于改造立交桥下和其他可利用土地，以租赁方式交给承租方，用作货物仓储场地和停车场等，效益很好，其他省市高速公路管理及经营部门也纷纷效仿，将这一业务开展起来。高速公路的仓储开发应保证高速公路的安全、畅通，并且合理规划，因地制宜。

效益虽然重要，但是高速公路的仓储开发还必须遵循以下的要求。

（1）要有利于高速公路的安全、畅通　安全、舒适、畅通是高速公路区别于一般公路的主要特征之一。因此，在从事仓储开发业务时，首先要考虑是否有利于高速公路的车辆畅通和行车安全。如若不合乎高速公路行车要求的仓储业务是不允许经营的。

（2）要经济合理地规划和使用场地　一定要因地制宜，合理地规划和改造。将那些最便利和最适宜于仓储的地块开发出来，同时对那些不适宜开发的地块不要勉强。

（三）旅游开发

高速公路的出现使汽车运输的经济运距大大延长，同时，它的舒适、安全、快速及完善的服务设施吸引着大量客流。随着我国经济发展，人民物质文化水平的提高，以游乐为目的的出行在客运量中所占比重不断提高。高速公路不仅区域通达性高，而且有服务区为依托，使高速公路有关部门进行旅游开发成为可能。目前，我国高速公路管理部门和经营部门对旅游资源的开发多以服务区为突破口，同时也做一些小规模的旅游辅助开发。

如京津塘高速公路天津服务区，利用自身靠海的优势，开发主题旅游，组织北京私家车“自驾车、品海鲜”旅游活动，不仅拓展了服务项目，而且还增加了公路通行费收入，同时也受到了游客的好评。

辽宁省高速公路管理部门在沈大高速公路的鞍山、甘泉等服务区，利用温泉和其他天然资源，开发旅游宾馆，环境优美，价格优惠，集旅游、疗养、休息于一体，颇受欢迎、效益很好。高速公路经营开发部门对旅游资源的开发，满足了人民群众的需要，提高了高速公路的经济效益。

高速公路旅游开发应坚持保护环境和生态平衡的原则，保证道路畅通。具体开发形式、规模还要结合当地旅游资源条件，并遵循下列原则：

（1）保持和发展旅游资源的特色　任何自然景观应有特色，有特色才有吸引力，有特色才有竞争力。因此，凡是能够吸引顾客的自然风光，在开发上要力求保持其特色。所谓“天下名山，青徐得其平，秦蜀得其奇，吴越得其秀”就是这个道理。

（2）保护自然环境和生态平衡　我国开发旅游资源，其目的是美化高速公路，使大自然更好地为人民生活服务、为发展旅游事业服务，而绝非是破坏自然环境和生态平衡，否则，旅游吸引力反而减弱，对人民的生活环境也会带来不利的影响。

（3）经济原则　旅游资源的开发必须考虑旅游对象的使用价值。一般说来，旅游资源的经济价值是与它吸引旅游者的多少成比例的。旅游的人越多所带来的收入也就越大。为此，要充分考虑地理位置、气候等自然条件和旅游市场的变化特点，做到投入合理，收入可观。

（4）保证交通畅通的原则　高速公路管理部门的主要职责是搞好高速公路的建设、经营和管理，保证高速公路的安全、畅通。凡是不利于这一原则的业务开发都是不适宜的。所以要合理的开发旅游资源。

（四）土地开发

高速公路的修建带来了沿线土地迅速增值，其修建遗留的可开发土地资源主要有两类：A 类为开发优势好，土地相对集中的。B 类为小面积的不返耕弃土场和公路边沟外侧与外隔离栅以内的土地和立交区内地。A 类土地是为高速公路多元化经营和多方筹措交通建设资金，预留的土地资源，具有增值潜力，面积集中易开发。随着高速公路的建成通车即可进行该类土地的综合开发。B 类土地资源，如弃土场可以考虑以群植速生林木为主，从采伐和绿化二者结合考虑开发，也可种植经济林的采收果实，既可创造经济效益，又可形成森林景观，保护水土。对立交区的土地则可考虑按一定的间距范围建立几个特色苗圃，种苗可用于本路的绿化，如更新苗木、新栽新植等。还可以对外销售，例如浙中交通主干线上的杭金衢高速公路，其兰溪服务区结合特有的地理特色和物产资源优势，利用现有闲置的土地，拓展花木特色经营，开辟了花木和兰花销售基地，实现了高速公路与沿线地方经济的互动发展。

在国外，道路用地的综合利用已成为高速公路建设的一个重要问题。城市高速公路大都采用高架桥的形式，桥上、桥下都有大量空间，具有很高的利用价值。从国内的土地开发情况来看，目前，主要有以下几方面内容：

1. 房地产开发

经过有关主管部门的批准，在立交桥附近或特定的地方以自主经营、合资、合作的方式建造商品屋出售获得收入。如四川成雅高速公路利用其与成都市连接的5.78km高速公路高架桥，管理者直接进行运作形成了规模宏大的桥下商铺和展场，充分发挥集团开发的优势；广州市北环高速公路利用穿越城市的优势，对高架桥进行加工和改造后用于商业用途；沪宁高速公路的阳澄湖服务区在建设时有意识结合风景区和当地特点进行建设，通车后由于其优美的景观和环境，便捷的交通，使其成为品尝阳澄湖大闸蟹的宝地之一。

2. 场租

在约定的期限内，把立交桥附近及其他规定地方的土地和场所出租出去，按年限收费。如广州市北环高速公路利用穿城优势，对立交桥底略作加工和改造，然后作为店铺出租。用做临时停车场，收取管理费和场租费，收入颇丰。

3. 收取土地增值费

由于高速公路的建设，带来了沿线土地的增值，因而允许公路主管部门征收土地增值费。如山西省规定，凡在新建公路两旁从事经营性土地开发的，要从土地增值费中提取一定比例的交通建设资金。

4. "生地开发"

政府对公路投资者实行优惠政策，即允许优先选择开发地块的位置、项目划给适当土地进行"生地开发"。在选择的地块里，投资者可以经营运输服务设施或饮食服务等，其收入作为投资者补偿。

总结各地的经验和我国土地开发的有关法规和政策，公路主管部门在开发和利用土地时，主要应注意以下几个方面的问题：

（1）要有利于高速公路的畅通、安全、舒适。

（2）要有地域观点，因地制宜，确定合理的土地利用方向。

（3）要有综合观点，考虑自然环境和经济发展的各个因素，使专业化与多样化结合。

（4）要有生态观点，把用地和养地结合起来。

（5）要有经济观点，充分发挥土地开发的经济效益。

（五）物流、贸易市场开发

由于高速公路管理公司本身拥有畅通的道路，为物流开发提供良好的通道。而高速公路所连接的都是大、中型城市，物资交换和运输非常频繁，具备了物流的条件。因此，在高速公路用地范围内建立起设施齐全、管理完善的各种专业物资批发贸易市场完全可行。可以快速集中物资、快速运输物资，能够取得良好的经济效益，同时又可以增加道路的通行收费。

（六）其他开发

目前我国高速公路管理部门在从事经营开发方面，除了上述4个方面外，一些省、市、自治区还结合各自的情况，发挥自己的优势，从事诸多信息咨询、技术服务和商贸等业务，广开高速公路建设筹资渠道，并结合地方实际情况，发展地方经济。还可以利用高速公路交通条件便利、管理人才丰富、设备精良、服务设施完善等优势，对外进行信息咨询、技术服务、商贸等多种形式的经营活动，使开发实践进一步拓展。

1. 信息咨询

随着高速公路的发展，高速公路的管理将累积越来越多的经验，同时，也急需不同层次、不同方面的信息咨询服务。如在高速公路监控方面，不仅有较为完善的通信设施和闭路电视系统，而且还将逐步建立高速公路管理广播中心、通信中心等。这些逐渐发展的信息和咨询服务业务，是连接地方经济和高速公路经营开发的桥梁、是高速公路管理部门获取经济效益的可取途径。

2. 技术服务

高速公路不仅是道桥、交通设施、网络技术、生态工程等各种新材料、新技术的集合体，而且也是道路建筑材料和设备技术进步的标志，其发展的本身就需要凝聚较高的技术，高速公路的管理则必须是一批高素质的专业技术人才，因此，它完全具有技术力量从事专业技术服务。

3. 商贸

结合高速公路的服务区管理，为便于司乘人员采购，高速公路管理部门还可以从事与高速公路建设、管理有关的设备租赁、交通工程等活动。如：沈大高速公路利用自已的优势，举办了司机培训等业务；天津高速公路管理处则成立了建筑队、汽车组和设计室等，从事经营开发工作。

三、高速公路经营开发的方式

随着经营开发的逐渐兴起，高速公路经营开发的管理已成为高速公路管理不可分割的部分。作为具体的经营活动项目，它应发挥“靠路生财”的作用。通过各个方面的开发，增加收入，为公路建设、养护和管理开辟新的资金渠道。同时，应使每一个开发项目或开发经营单位，挑选有开拓创新，勇于进取的人员进行管理。走自主经营，独立核算，自负盈亏，自我约束，自我发展的道路，结合我国的国情和各地的经验，依靠各级政府扶助，经营开发可以采取以下几种形式：

1. 自主自营式

全路成立高速公路经营开发公司或部门，负责对全部路程经营开发的规划和一切经营业务活动的管理。这个公司或部门既是管理机构也是经济实体。按统一领导、统一计划、统一经营、统一核算和责、权、利相结合的原则，实行分级层经营管理。

2. 合资、合作经营式

由高速公路沿线的有关企事业单位、个人或其他投资者投资，高速公路主管部门或全路经营开发公司或部门，保留其开发权利，参与合作，按合作合同分配利益，经营一定年限后再将其资产收归国有。

3. 承包与租赁经营方式

将统一规划的经营开发项目一切不动产及其他主要设施承包或租赁给经营者，由经营者自主经营。高速公路管理部门按照承包或租赁合同规定，向经营者收取部分承包利润或租金以增加养护、管理资金。

四、高速公路经营开发的发展前景

国内外经验表明，高速公路的建设和营运必将带来区域经济的迅速繁荣，与之相适应的非路产业经营开发将显得越来越重要。但高速公路的经营开发在我国尚处于初级阶段，目前国内还无固定模式和过多的成熟经验。但随着高速公路管理改革的进一步深化，它必将成为拓宽高速公路运营业务，增加经济效益的一个很有发展前途的项目。

1. 发展的有利条件

（1）经过数年的改革开放和经济发展，我国已形成了良好的投资开发环境，特别是十一届三中全会以来，我们对传统的经济体制，都进行了市场取向的改革，向市场经济迈出了巨大的步伐，形成了以公有制为主体，多种经济成分并存，市场机制运行多元化、利益立体化的格局。乡镇企业、三资企业、个体私营企业经济迅速发展起来，形成了多元化的投资群体。而高速公路的发展和管理的规范，又为境外资金和国内多种形式的资金的投向创造了良好的环境。这即构成了资金上的有利条件。

（2）高速公路的建设是衡量一个国家或者地区经济发展水平的标志，是都市现代化的重要标志之一。我国目前已进入了以高速公路建设为重点的黄金时期，以高速公路、汽车专用路为骨架，以一般公路为辅道的公路网发展趋势已逐渐形成。目前很多地区的高速公路不仅已建成通车，而且正开始进行大规模的高速公路发展规划。公路建设这种发展趋势，为沿线的经营开发提供了便利条件和物质基础。

（3）我国高速公路自20世纪80年代始建至今，已建成公路近3万km，高速公路建设正处在高速发展时期，现实的财力不足、资金紧缺直接影响着高速公路的发展。而经济发展又迫切需要公路运输业的发展，特别是需要加快高速公路的建设。这种矛盾促使我们必须在现有多种渠道、多种形式筹集资金的基础上，通过各种形式的经营开发来扩大筹资渠道，以补充高速公路的建设投资。

（4）通过近几年部分省、市、自治区对高速公路经营开发的尝试性探索，有的已形成了一定的规模，有的已积累了不少经验，有的正在争取政府部门在政策上给予的优惠。这都为今后大规模开发高速公路的经营活动，提供了可借鉴的经验和方法。

2. 发展前景的分析

（1）随着行业分工的更加明确化，高速公路经营开发必将逐渐成为自我发展，自成体系的一个新兴行业。高速公路的建设和营运会带来区域经济的迅速繁荣，而沿线各地将会利用有利的交通条件大力发展沿线工、商业。这种发展的必然结果，就是要求与之相配套的房地产业、广告业和旅游业等服务性行业尽快发展起来。为此，在高速公路出、入口附近、立交桥和服务区的周围，伴随着工、商业的发展及经营开发的不断兴起，将逐渐形成组团式的较为完善的综合服务体系。

（2）高速公路经济开发逐渐成为美化环境和保障行车安全畅通的重要手段。通过经营开发，将使高速公路成为组团式的饮食、休息和旅游服务区。特别是对旅游景点和风景区的开发，将使得高速公路成为带状美化区。同时，由于经营开发提供了便利的休息、娱乐和旅游场所，减少了因长途行车而造成的疲劳和困倦，为减少交通事故提供了条件。

（3）伴随着交通开发的兴起和经济理论研究的深入，交通经济学作为一门新兴的学科，正逐步兴起。它不仅随着交通开发的全面展开而日益丰富，反过来这也将成为高速公路经营开发的指导性理论，指导有关部门制定开发政策和经济发展措施，做好长远规划，有计划地进行滚动发展，达到开发与经济发展一体化。

综上所述，高速公路的经营开发在我国才刚刚起步，但为地方经济的发展和与全国各地经济联网提供了有利的先决条件。随着改革开放的进一步深化和科学技术的飞速发展，高速公路的经营开发必将成为拓宽高速公路运营业务，促进地方经济迅猛发展，增加经济效益的一个很有发展前途的项目和活动、也会使得高速公路的建设事业成为长盛不衰，创新发展的新兴行业。

【复习思考题】

1. 简述服务区的设置的内容、服务区的作用及特点。
2. 简述服务区的管理原则。
3. 试论服务区的管理模式以及经营开发的方式。
4. 试述服务区经营开发的项目。

第九章　高速公路绿化养护管理

【学习目的】

通过本章学习，了解高速公路绿化的功能，高速公路绿化的特点；熟悉中央分隔带的绿化，环境设施带的绿化，互通式立交区的绿化，服务区、管理区和收费站的绿化；掌握树木的养护管理，草坪的养护管理；了解生态高速公路发展概况。

高速公路绿化有稳定路基、改善生态环境、生活环境和景观视觉环境等综合作用。高速公路绿化宜采用当地“土生土长”树木及灌草，种植效果更好，管护简便，而且较为经济。搞好高速公路的绿化，使之成为一个“生态绿化带”是至关重要的。它能改善道路景观、美化环境、净化空气、调节气候、改善大气环境；加固斜坡、防止水土流失、保持路基稳定；诱导视线、防眩遮光、确保行车安全、减低交通噪声。

第一节　概　　述

一、高速公路绿化的功能

高速公路绿化时应注意与绿化工程相结合的原则。绿化植物品种要因地制宜，根据当地的自然地理环境（地形、土质、气象等），并结合施工要求及本地区草木的生长情况而确定。绿化施工的最佳工期是雨季到来前。绿化物的外形、高矮和色彩需有节奏的变化，并注意提高绿化物的质量及绿化工程本身的收益。

高速公路绿化的意义是保护环境、美化路容、改善行车条件。高速公路的修建会破坏大地的原有景观，减少大地绿色植物的覆盖面积；高速行驶的汽车噪声、振动、尾气排放也会对自然环境造成污染。因此，我们在建设和发展高速公路的同时，必须十分重视环境保护，重视绿化工作。通过绿化，保持自然环境与社会环境的协调，创造舒适的行车环境和生活环境。

高速公路绿化的主要功能有：

1. 净化空气功能

首先绿色植物在光合作用过程中能够吸收二氧化碳，放出氧气，自动调节空气中二氧化碳和氧气的平衡，使空气保持新鲜。

其次，由于行车的影响，汽油燃烧后排出了大量的废气，如：二氧化碳、二氧化硫、氟化物、氯化物等。这些有毒气体不仅污染环境，还会直接损害人体健康。而绿色植物如同空气过滤器，它能吸收大量的有毒气体，对空气起到净化作用。

再次，空气中飘浮着大量尘埃，是导致细菌和病毒生殖繁衍的场所。减少灰尘，也就减少了空气中细菌病毒的含量。绿色植物对这些尘埃有很好的粘附作用，密集的草皮、根茎、叶片与地面紧密结合，形成植被，不易出现二次扬尘。一些树木、绿色植物具有杀菌灭毒的作用，如常见的桧柏、侧柏、臭椿、茉莉等都有较强的杀菌能力。通过植物来吸收空气中的有害物质，杀菌抑尘，可创造一个比较清洁的环境。

2. 降低噪声功能

汽车噪声是噪声公害的重要来源，公路绿化的目的也在于降低汽车噪声对环境所造成的危害。这是因为林木有散射声波的作用，能像多孔纤维吸音板一样，把噪声吸收掉。生长茂盛的野牛草，叶面积相当于它所占地面积的19倍左右，茂密的叶片形成松软而富有弹性的地表，可像海绵似地吸收声能、减缓噪声危害。据北京园林研究所测定，20m 宽的草坪，减噪 2dB 左右。如此看来，高速公路边坡、护坡道等公路占地的绿化是必不可少的。

3. 美化路容功能

绿色环境是人类生存和发展的物质基础，在绿色的环境中，会使人精神振奋，思想活跃。而车辆在高速行驶时人的信息几乎都是由视觉传入的，因此，驾驶员的视野环境极度为重要。长时间、高速行驶在高速公路上，会在精神上、视觉上产生疲劳，对行车安全非常不利。通过五颜六色的花卉及高低不同、形状各异的乔灌木景观，可以吸引司乘人员的注意力，给司乘人员以美的享受，从而达到调节视觉、消除精神疲劳的目的，提高安全保障。

4. 保持水土功能

土方工程构成公路的基本形式，为了保护路堑、路堤等边坡的稳定，需要采取些必要的工程措施。但这些工程防护措施只是局部的，广大面积尚须利用植物材料进行防护。植物的根系纵横交织，十分发达，能有效地增加土壤机械固着能力，对提高抗冲、防蚀能力、保持水土、稳固路基非常有效。它可截流、阻挡雨水直接冲击坡面，加大坡面的粗糙度，减少地表径流，防止路基变形及坡面坍塌。另外，路基的稳定和含水量有很大关系，路基含水量过大，是造成路面破坏的重要原因之一。尽管在路基设计中，考虑到一定的排水和隔水的措施，但若把工程措施与生物措施结合起来，其稳定路基的效果会更佳。因为，植物通过蒸发作用不仅能消耗土壤中的有效含水量，而且能通过毛细管的输导作用，大量地消耗地下水，从而抑制了地下水的上升，增加了路基的强度和稳定性。

5. 防止光污染功能

高速公路车速快，流量大，夜间对向行驶的车辆由于前照灯相互对射的影响，极易造成驾驶员的眩目，对行车安全十分不利。利用中央分隔带植物防眩遮光，既可节省资金，保证安全，又美化了公路环境。同时汽车灯光会使高速公路附近住户、居民和机关学校等单位受到光污染干扰，如在这些地方种植树木挡住灯光就可防止光污染的危害。

6. 视线诱导功能

利用绿化种植来预示高速公路的出入口及道路的线形变化，路上引导驾驶员的安全操作高速公路上的护栏、轮廓标及其附着在上面的导向体系，通常可以起到很好的视线诱导作用。但这种千篇一律的诱导设施比较单调，如在隧道、桥梁、服务区等一些特殊部位的出入口，用适宜的绿化来加强线形变化的警示，其视线诱导的效果会更好。

7. 隔离栅功能

由于高速公路为全封闭的道路，不允许人或动物在其中自由穿行，因此在高速公路的两侧种植刺绿篱等荆棘植物以代替栅网，也有很好的效果。

8. 遮掩功能

在公路沿线司乘人员视线可及的范围内，难免会有一些坟墓、垃圾场、废弃的水泥混凝土墩台等难以改造的地物，可通过绿化予以遮蔽，以免影响观瞻。

二、高速公路绿化的内容

公路绿化工作是在公路两侧用地范围内包括土路肩、边坡、分隔带、互通、立体区、立体交叉的上下边坡和收费站及服务区等设施场地进行绿化。它包括绿化规划设计、施工栽植，抚育管理、更新、采伐、苗圃育苗、宣传绿化政策等。

1. 中央分隔带的绿化

中央分隔带绿化要保证道路功能所规定的视距、建筑界限，还要求通视良好，开阔宽敞，主要以草坪等植被类和矮树配合种植为标准。当种植有效宽度不足1m时，从树木的培育与养护管理上看，将会出现困难，因此，当确定建筑界限时，分隔带可能种树的宽度，原则上需要1.5m以上。

中央分隔带植树防眩既可节省资金，防眩遮光，保证行车安全，同时还能发挥绿化植物特有的美化作用。

如果中央分隔带宽度超过8m时，即使没有其他设施，也有充分的防眩效果。

防眩植树可选用常绿树或植株较高的花灌木。常绿树、花灌木分段栽植，使景观有所变化，冬季也有绿可观，无萧瑟之感。

防眩树可与道路平行栽植成连续不断的树篱，防眩效果很好，但栽植工程量大，投资大，后期养护管理中的修剪量也很大。当车辆发生事故撞毁护栏时，树篱也会同时受到破坏，及时修复补栽难以实现，在观瞻时给人以不舒服的感觉。与道路平行的树篱，为达到防眩目的完全没有连续栽植的必要。在中央分隔带不太狭窄的情况下，树篱可与道路平行间断地栽植，或与道路成直角方向栽植，或单株栽植。但它们伸趋于道路的宽度必须足够用以防眩。如果栽植宽度越宽大，相应地可把树篱间隔扩大。

植树防眩植株纵向间距的计算依据如下（图9-1）：

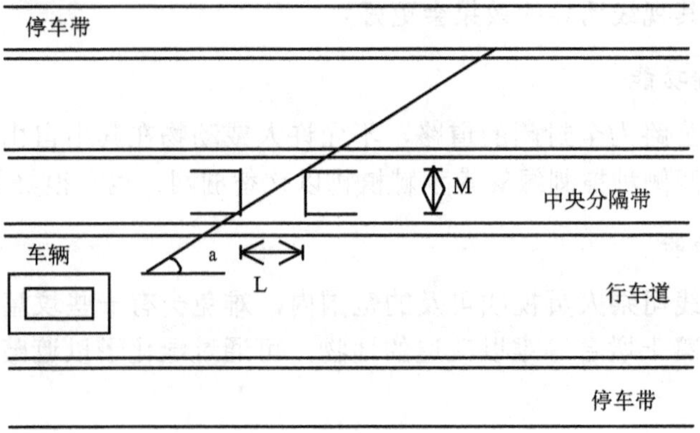

图9-1　植树防眩纵向间距计算图

间隔距离：$L=\dfrac{M}{\mathrm{tg}\partial}$

式中　L —— 植株纵向间距上限；

M —— 植株树冠直径下限或树篱宽度下限；

∂ —— 汽车前照灯扩散角，可按8°计。

防眩树要适时修剪，根据车灯位置及扩散角度控制树的高度，一般在1.5m即可。防眩树过高会妨碍驾驶人员视察对方车辆的行驶情况；过矮就难以遮掩车灯光，失去防眩的作用。

防眩树的侧枝也要以修剪的方法进行控制，最好与护栏之间留有一定的距离，以便护栏的养护维修，不致影响护栏板上反光标志发挥、常绿树、花灌木应分段，花灌木的品种、花色有所变化。防眩树间隔段栽植草皮，适宜点缀小花草，通过五颜六色的花卉及高低相间、整形与自然形花木的结合，使司乘人员心理上有一种新鲜感，从而达到调节视觉与精神疲劳的目的，使驾驶人员能经常保持兴奋、舒适的心情驾驶，提高安全系数。

2. 环境设施带的绿化

环境设施带包括路缘带、边坡、边沟、护坡道、隔离栅平台等。

通常环境设施带的绿化规模较大，原则上以草坪覆盖地面为主，以高、中、矮树木混合为自然形式的绿化。

（1）乔木的栽植要与行车道保持足够的距离，美国弗吉尼亚州规定，乔木应种植在离路边至少 11.28m。但是，不同的树木其成树高度不同，比如，银杏可高达 40m，毛白杨可高达 30～40m，一般认为乔木中高度较矮的旱柳也可高达 18m。所以，不分树种，生硬地划一条栽植界限是不太妥当的，应以树木的成树高度确定栽植位置，即树木在遇到风雨灾害而倒伏时不致影响交通。否则，一旦发现树木的长势有可能因倒伏而影响交通时，要立即砍伐更新，以确保交通安全。

（2）大面积绿化种植时，树坑与树坑之间应人工填平，并种植覆被植物。

（3）对不易除草的区域应考虑种植藤本植物或者灌木。

（4）隔离栅可用栽植灌木绿篱代替，最好栽植多刺类，但应考虑到不至于与农作物争水、争肥，避免发生不必要的纠纷。

（5）应考虑到有关植物栽培的某些特点，如对盐碱的承受程度。

（6）地面覆被植物应与沟渠保持距离。

（7）对于架空或地下设施，应选择合适的植物进行绿化。

（8）应考虑到割草机的有关操作问题（包括机械类型、旋转半径等）。

（9）在选择绿化植物种类时，还应考虑到诸如水土状况、空气污染程度以及路面反射的热量影响等因素。

（10）可考虑栽植经济类植物，既能起到绿化、美化的作用，又能够增加经济收益。

下面我们详细介绍一下边坡的绿化。边坡绿化以草坪为主。草坪生长的好坏与土质有很大关系，砂质土容易干燥，播种不易发芽，但发芽后由于颗粒空隙多，空气容量大，根部容易吸收，致使根部发达，能够充分吸收下层的水分和养料，生长也就茂盛。粘性土由于含水率高，发芽虽比砂质土容易，但根在土中难以深入，根部生长不良，对水分与养料吸收差，一般茎与叶的成长也受到影响。由于人工撒播草种的草坪很难获得成功。所以，边坡草坪应采用人工栽植或液压喷播的方法进行种植。

（1）人工栽植　将在苗圃播种培育2～3年的草皮移植到边坡上，带土栽植使之扎根。方法是将由苗圃带土铲下来的草皮分撮呈梅花状栽植，每撮20～30棵，间距15cm，成活后每m^2可保有40～50撮草。在缺少土壤的多岩斜坡上，可铺植方块草皮，即像贴膏药或放绒毯一样，将培育出来的草皮，铺放在地表上。为使之迅速因定、成活，必须创造有利的生长条件；在剥离草块时，剥离的厚度为3～5cm，并将草根剪短一些，以促其萌芽。

人工栽植草皮存在着难以克服的缺点：

1）斜坡上劳作非常吃力。

2）边坡上不易存水，北方干旱地区浇水困难，而缺少水分则难以使栽植的草皮成活。

3）为保证人工栽植草皮成活和生长所需的水分，北方干旱地区应在雨季栽植。但由于在栽植操作中使边坡表面稳定性受到破坏，极易遭受雨水冲刷。

所以，人工栽植草皮的方法应该力求改进。

（2）液压喷播法　液压喷播法是将草种、有机复合肥料、覆盖材料、土壤固着剂、土壤改良剂和色素等通过机械均匀混合，而后靠机械液压原理将其高压喷撒到所要绿化的区域。施工前，首先要对施工路段的土壤进行酸碱度的测试，根据试验结果添加适量改良剂及决定草种的选用、配合。该方法省时、省工，草坪成活率高，并可减少大量的人工浇水。使用液压喷播法，成坪速度快且施工效率高，每天一台机器可植草坪5 000～10 000m^2。

喷播时，数种特性各不相同的草种混合同时播种，含有多种混合营养，保护薄膜可以起到催芽、保温、防雨水冲刷、防风吹的作用。4～5天后，种子撑破护膜拔土而出，再适时养护，实行不定期浇水和追肥，及时打药除虫，使各种草取长补短，优势互补尽快形成植被以起到保持公路边坡水土的作用。

喷播草种要达到发芽率高、成活率高的目的，必须以具有足够含水量的湿润土壤为基础，所以，在北方干旱地区应在雨季实施。

3. 互通式立交区的绿化

互通式立交区的绿化是指互通式立交匝道所环绕分割而形成的区域的绿化。

匝道多为小半径弯道，一般均系坡路，设计时速很低。因为内、外侧均设有防撞护栏，路面有标线，能够起到良好的视线诱导作用，不必考虑以绿化来进行视线诱导。

由于车流方向的不同，互通式立交匝道会在同一地点造成整个面积大小不同、平面形状各异的独立的绿化区域，它们相互独立又相距不远。这些区域最适合于以自然式绿化组合方式造成景点、使其成为地形、构造物、绿色植被相互有机结合的风景小区，使地形与植被形成趣味盎然的景观空间。

所谓自然式绿化组合，是将多种大小不等的树木花草按不等间距组团布置，使树木花草等植物群轮廓形成非整形绿化。所以，风景空间的绿化要以草坪为主，根据空间的大小，适当配栽高矮不等的常绿树和花灌木。要组合栽植，栽植位置要随意、自然、切忌造成死板、对称。在面积较大的地方，也可在远离车行道的部位栽植高大乔木，选择观赏性强的树种，体现立体感。但是，栽植必须保证匝道视距，其视距应遵循以下数据要求。

表 9-1　设计速度与视距的关系

设计速度/（km/h）	30	35	40	45
视距/m	91.44	106.68	121.92	137.16

注：视高=1.07m，物高=1.30m

互通式立交区的绿化重在大绿，重在有立体感的美化造型，期望能够给人们在车辆行驶过程中视觉上美的享受。但因高速公路上不允许停车休息浏览，所以，不论绿化面积大小，不能像城市园林一样设置亭榭等休息设施。

在互通式立交匝道包围区可与工程构造物和草坪、花木、盆景组成各式图案。各类植物以不同层次、颜色、不同品种、不同开花季节结合地形高低、植物群落的大小、行株间距拼凑成各式各样的图样或文字，在有条件时可采用地方图案，来体现当地地方的特色。

4. 服务区、管理区、收费站的绿化

高速公路应在适当地点设置服务区，以解决过往车辆的休息、加油、修理、吃饭、住宿等需要。这样，服务区的绿化就必须与服务区的功能紧密配合，使放行者能够在短暂的停留中增加兴趣，消除疲劳。而管理区是高速公路人员办公、生活场所和设备规模存放地点，可进行庭院式绿化。

因此，这些地方房屋四周及停车场周围应栽植乔木，也可在场内不同地点栽植独立的大树冠乔木，为停靠休息的车辆提供荫凉。在其他空间和建筑附近要设置草坪和花坛，以及观赏价值高的常绿树木。在面积较大的绿化空间可设置园林小品、亭榭等宜于休息的设施，使整个区域空间形成各种绿色植物的绿化组合，让人们感觉舒适、清爽、精神振奋、迅速解除疲劳，开始新的旅程，并改善生活气息。

对于收费站的绿化，因限于场地，一般以花卉盆景草坪为主，并提前进行摆放与种植，以增强绿化效果。

第二节 高速公路绿化植物养护管理

绿化的养护管理十分重要。当一条公路实施绿化以后，其绿化效果的好坏，主要取决于后期的养护管理是否适时、得当。

绿化的养护管理包括两方面的内容：一是养护，根据树木生长需要和某些特定的要求，及时采取浇水、施肥、整形修剪、防治病虫害等技术措施；二是管理，对绿化植物进行看管、维护、消除杂物、防止机械和其他原因所造成的损伤。

一、树木的养护管理

公路树木种植好后,接下来就是对树木的养护管理，其主要工作内容包括浇水、松土、除草、施肥、修剪和防治病虫害等。

（1）浇水　一般而言，幼树栽植成活后的2～3年内，仍应坚持浇水．通常每年初浇1次返青水，初冬浇1次封冻水，其间根据雨量，民政部再浇1～2次水。每次浇水要求浇足浇透，以利于幼树的生长和发育。

在干旱季节或干燥地区，应及时进行人工浇水，防止因干旱而影响树木长势。浇水数量和次数可根据土壤墒情确定。

（2）松土和除草　在春、夏植物生长旺盛季节，应对树穴进行松土和除草。松土可以切断土壤的毛细微管作用，从而减少水分蒸发，增加土壤通气性。松土深度随植物种类、大小而定，通常以5～6cm为宜。但在风沙较大的地区，可不松土。

在松土的同时，应清除树穴内的杂草，防止其争水夺肥。除掉杂草根系时，注意不要损伤绿化植物的根系。此外，如有条件可使用化学药剂除草，常用的除草剂有除草醚、灭草灵、茅草枯、杀草安等。在雨季期间应加强除草工作。

（3）施肥　树木生长发育过程中，需要从土壤中汲取大量的养分。如果土壤贫瘠，就会导致树木生长不良。因此，根据树木成长的不同阶段，适时、适量地加以施肥，有助于促进树木茁壮成长。

树木施加的肥料主要包括氮、磷、钾肥。氮肥可促进植物生长发育，能使树木枝叶茂盛；如树木缺氮，则枝叶细小，生长缓慢。磷肥可促进植物根系发育和种子成熟，加速树木养分的积累转化；如树木缺磷，则根系弱小，抗旱能力差。钾肥可促进植物光合作用，加强树体新陈代谢；如树木缺钾，则植物矮小，茎枝软弱，生长缓慢。施肥时，应根据不同的土壤、不同的树种、不同的生长发育阶段和树木的需要，施加相应的肥料，确保树木茁壮成长，枝繁叶茂。

（4）修剪　树木长大郁闭后，为了促进其生长和成型，需对其进行修剪抚育。修剪应在秋季落叶后或春季萌芽前进行，常用的工具有斧子、手锯和高枝剪等。修剪时，主要应将乔木、灌木的枯枝、病枝、弯曲畸形枝、过密枝以及侵入公路建筑限界、遮挡交通标志、影响视距的枝条及时剪除。修枝的切口必须平滑，并与树干表面齐平，防止树干损伤、高枝突起和树冠大小不一等。

1）乔木的修剪　树枝修剪应该循序渐进，不可急于求成，修枝得当能促进树木生长，美化景观；修枝不当则对树木生长不利。一般树木有“冬剪旺，夏剪弱”的特点，应利用这一特点，根据树木修剪的要求，把握合适的修剪时机。

树木的修枝抚育一般每 5 年进行 1 次。常绿针叶树由于自然整枝较好，如无特别需要，可不必修剪抚育；阔叶树在定植后的 3～5 年内，只对枯枝、病伤枝和树干下部的小枝条加以剪除。

对于新栽植的幼树，3 年之内可不必修剪，待其郁闭之后再进行；

而处于衰老期的树木，应采用冬季强剪，促使其大量生长新生枝，以更新复壮。

对于顶端优势强，具有明显主树干的树种，如其位置离行车道较远，成树高度不影响行车安全，可保留其主树尖，使其形成塔形的树冠，如白杨、银杏等；而顶端优势弱，无明显主树干的树种，或顶端优势强，有明显主树干，但位置离行车道较近的树种，应控制其树尖长势，发展侧枝，使其形成球形或伞形树冠，如柳树、梧桐等。在一定的路段内，树木的形状宜相同，使其整齐美观。

2）灌木的修剪　为保持灌木丰满、均衡的树势，必须对其加以适当的修剪。对于分蘖强的灌木丛，应每年割条 1 次；新种的灌木，次年应人工割掉，以利于其分蘖。对于有防护功能的灌木丛或乔灌木混栽林，割条时应注意不要削弱其防护功能。

3）绿（花）篱的修剪　无论绿篱是常绿树还是花灌木，都要定期进行整形修剪，将其剪成方形或梯形，矮篱 20～50cm、中篱 50～120cm、高篱 120cm 以上。对于花篱，还应根据花卉植物的生长发育规律进行修剪，促进其开花结果、争奇斗艳。

位于中央分隔带的绿（花）篱，应整齐、美观、紧密适度，确保隔离对向行驶车辆的眩光，并定期修剪其高度和宽度，剪除伸入公路建筑限界和遮挡公路标志牌的枝条。

（5）补植　各类苗木如栽种后有死亡，应及时清除死株，加以补植。补植的苗木应与原来栽植的苗木种类一样，规格应稍大一些。对于已基本成材的行道树，除株距大于20cm，补栽后不影响生长者外，可不补植。

（6）防治病虫害　树木花草在生长过程中，会不断遭受种种病害和虫害。因此，在日常养护工作中，要注意调查了解树木病害发生的特点和虫害发生的规律。根据各类树木病虫害发生、发展和传播蔓延的规律，及时进行检查。一旦发生病虫害，即应采取相应的防治措施，确保树木正常生长。

防治绿化植物病虫害应以预防为主，开展生物、化学防治与营林措施相结合的综合防治方法，发现病虫害应贯彻“治早、治小、治了”的防治方针。严格苗木检疫制度保持绿化地面卫生，消灭越冬虫卵、蛹，烧毁落叶早婴、虫茧，及时清除衰弱、病害绿化植物。为预防病虫害发生，一般每年春季及初夏应喷洒波尔多溶液2次，为杀灭虫卵病菌，每年晚秋及早春应涂白灰剂2次。

此外，绿化公路的乔木、灌木、花草及防护林、风景林等，不宜在较长路段中采用一种绿化植物，应根据情况分段轮换栽种不同树种，以减少病虫害的传播和蔓延。

二、草坪的养护管理

草坪绿化在高速公路中应用较广，它具有防尘固沙，防止水土流失，筑固路基，调节气候，吸附有害物质等作用，能有效绿化、美化、净化公路自然环境，从而有助于为交通运营提供安全、舒适、优美的行车环境。

草坪维护保养主要有以下内容：

（1）草坪清理　由于行驶车辆会产生各种丢弃物和垃圾，常常散落于草坪上，妨碍草坪植物生长，且有碍观瞻。因此，需要经常清理草坪中的废弃物、垃圾和枯枝落叶等，每年还应集中清理草坪2次，尤其是在清明节前后应进行一次大清理。清理的方法是用短齿耧耙梳理草坪，将丢弃物、垃圾和枯枝落叶清除干净，保持草坪整洁、清爽。

（2）浇水　浇水是草坪维护保养的一项经常性工作。在干旱季节或干燥地区，尤其应及时浇灌草坪，供给充足水分，确保草坪生长发育良好。

浇水一般以浸湿土层10cm为宜，时间以早晚为宜。沙土草坪宜每周浇水2～3次，粘土草坪每周浇水1次即可。对于边坡草坪，浇水比较困难，可采用喷灌方法，经常性地反复进行，直至浇足浇透。

草坪不但应注意浇水养护，还应注意雨季排水。如草坪土壤水分过于饱和或长时间积水浸泡，会导致草坪植物倒伏、烂根甚至成片死亡。因此，必须保持草坪排水设施的完好畅通，能够迅速排除雨水，确保草坪良好成长。

（3）除草　清除杂草是草坪维护保养的重要内容。大量杂草既影响草坪正常生长，毁坏绿化植物，又破坏草坪景观，导致杂草丛生。因此，必须随时清除杂草，防止其生长蔓延。一般可在杂草将要开花时将其拔除，而雨季是杂草繁盛的季节，应抓紧时间清除杂草。如杂草面积较大或数量较多，可采用除虫剂进行杀除。

（4）施肥　当草坪缺乏养料时，就会生长不良，茎直发黄硬化，损害草坪景观。为促使草坪生长繁茂，就应适时施加肥料。通常可施加复合肥料，含有氮、磷、钾 3 种主要肥料，其比例一般为 5:4:3。施肥时间南方温暖地区适宜在秋季，北方寒冷地区适宜在春季。施肥量应根据草坪的生长情况和土壤情况确定。一般南方地区的施肥量为 3～5kg/m^2；北方地区稍少，为 2～4kg/m^2。在生长季节进行追加时，施肥量宜少。

（5）修剪　草坪经过一段时间的自然生成，往往会长得高矮不齐，杂乱无章，影响其美观。通过修剪，可使草坪整齐划一，清爽美观，如一幅美丽的绿茵地毯。同时，修剪还可以防止草坪植物退化，延长草坪使用年限。

草坪的修剪，随草皮的种类和生长环境的不同而异。割草机是常用的修剪工具，一般在春季或秋季草坪生长较旺时进行修剪，以早晚或阴天为宜，下雨 2 天后进行修剪效果更好。南方地区植物生育期较长，每年可修剪 4～5 次，北方地区植物生育期较短，每年可修剪 2～3 次或 3～4 次。

修剪后，既要使草坪整齐优美，又要使草坪能正常生长。一般要求草高不超过 15cm，以免叶茎过长，遮挡阳光，通风不良，诱发病虫害。

（6）更新　草皮种植后，由于种种原因常常会有缺苗断行，草皮稀疏，生长不良等现象，严重影响其绿化效果，并为杂草滋生留下空间。为此，必须经常检查草坪生长情况，及时补栽更新，以保持草坪旺盛的活力，使其成活率达 90%以上。

此外，草坪生长到一定的年限后便逐渐衰老，长势减弱，抗寒能力降低，严重的春旱，便会引起草坪大片死亡。为此，在早春季节草坪返青时，应经常检查草坪，发现草根腐烂或死株，要随时清除，然后补栽更新，力求全苗。

（7）防治病虫　在草坪的生长过程中，病虫害防治工作不容忽视。病虫害会给草坪带来巨大损害，因此需要经常进行检查，警惕病虫害发生，及早发现，及时防治。防治病虫害应贯彻执行“有防有治，防治结合，以防为主”和“治早、治小、治了”的方针政策。

采用化学药剂处治病虫害，应注意掌握药剂的最佳浓度，并选择在晴朗无风的天气进行喷洒，切忌在阴雨天喷药。由于农药具有强烈的毒性，使用时要特别小心，严格按规范操作，以确保人身安全。

防治病虫害，除采用化学药剂处治外，还需实施综合治理。温度、水分、土壤、光照等环境条件，对病虫害的发生和蔓延有着重大影响。在草坪的种植、维护和保养中，主动、积极地创造不利于病虫害发生的条件，创造适于草坪植物生长繁殖的有利条件，如适时浇水、施肥、打药等，使草坪植物茁壮强盛，增强抗病能力，就可有效减轻或抑制草坪虫害的发生流行。

第三节 建设生态高速公路

一、国内外生态高速公路发展概况

高速公路的跨越式发展，必然会增加生态系统的压力，根据《中国生态问题报告》，交通工程建设、矿产开发等引起的生态破坏已成为生态环境恶化的主要原因之一，并且呈加重和发展趋势。这不由得不使我们对我国高速公路建设中的生态问题仔细审视。

高速公路建设过程，会占用大量的土地、开挖山体等，从而对自然环境产生一定的负面影响，主要表现为非污染型生态环境影响，一般为：植被破坏、局部地貌破坏、土壤侵蚀、自然资源影响（土地、草场、森林、野生动物等）、景观影响及生态敏感区影响等（著名历史遗迹、自然保护区、风景名胜区和水源保护地等）。

发达国家在公路建设中十分重视生态环境的保护问题。美国和加拿大等国家非常重视人与自然的和谐统一，尤其重视湿地的保护，并采用多种机制奖励对公路绿化做出贡献的团体。西欧的发达国家非常重视动物的保护问题，为动物修建了动物通道，并把弃土场建成动物栖息地。日本极为重视公路的坡面绿化工作，在上世纪50年代，学者仓田宜二郎首次提出“绿化工程”的概念，产生了诸如喷附绿化、袋筋绿化等坡面绿化工程技术，取得了良好的植被恢复效果。20世纪90年代，山寺喜成和竹内雅彦都认为坡面树林化有利于边坡的稳定。

交通部历来重视公路绿化，在多部规范或标准中都对公路绿化提出了要求。公路绿化费用也从每公里2万元增加到现在的每公里超过20万元。最近，交通部又提出质量型、效益型、功能型和可持续的高速公路跨越式发展思路。

我国的高速公路生态恢复工作起步较晚，10 年以前还停留在手工撒播、铺草皮等简单工艺上，虽然施工工艺简单，易于操作，但是效率低下，工人施工风险大，不能满足快速植被恢复的要求。在对国外技术引进和消化的基础上，通过近十年的研究和工程实践，高速公路生态恢复的技术逐渐成熟，主要表现在湿法喷播技术的普及和客土喷播技术的推广，同时高速公路生态恢复工程也趋于市场化。在理论上，也从10年前的“单一种草理论”演变到目前的“灌木为主、草本为辅”理念；从以前的完全意义上的“人工建植植被”演变到现在的“尊重自然，恢复自然”。最近，广东渝湛高速公路正在进行边坡森林化方面的研究，试图找到能把边坡快速恢复到原貌的方法。

二、目前高速公路生态恢复存在的问题

1. 强调短期效果，忽视长期效果

目前高速公路生态恢复中普遍存在着“强调短期效果，忽视长期效果”的倾向，这是与可持续性发展理念背道而驰的，也不符合我国质量型、效益型、功能型和可持续的高速公路跨越式发展思路。这种倾向直接导致“一年绿，两年黄，三年枯，四年死”的现象发生，对我国高速公路生态建设极为不利。

2. 过分强调绿化效果

在一些西部省区，尽管干旱少雨，甚至是沙漠，有的业主仍强调植被覆盖率，甚至要种树，往往投入很大，而且效果不理想，既不符合科学也不经济。我国气候、土壤、植被、地形等差异太大，没有条件的地方，不能过分强调绿化效果。

3. 缺乏规范和标准

在已颁而布的《公路工程技术标准》、《公路养护技术规范》、《公路路基设计规范》、《公路路基施工技术规范》及《公路环保设计规范标准》中均对绿化提出了相应的要求，但是这些规范或标准只是对大的原则、验收标准做了一些规定，并没有专门针对公路生态恢复的具体规范和标准。

4. 设计理念落后

与工程设计相比，公路生态设计的理念相对落后，很多还停留在“为绿化而绿化”的绿化理念上，往往照搬园林绿化的模式，一味强调覆盖度或者绿期等指标，忽视生态系统和植物的自然规律，导致了许多失败。

5. 与前序工程的衔接存在问题

环保工程应与主体工程同时施工。在具体施工中，必然会遇到和前序工程的衔接问题，比如现场有没有清理干净、坡面有没有削到位、回填土有没有按要求填够，有没有作业面等等。土建单位和绿化施工单位扯皮的现象时有发生，严重影响了工程的进度。

6. 清洁生产问题

清洁生产主要指在生产过程中不产生新的污染和生态破坏。绿化施工更

要讲究文明施工，清洁生产。在施工中，经常有绿化单位乱堆种植土，或者种植土溅落污染路面的情况发生，建议监理人员对不环保施工的单位采取重罚。

7. 植物材料问题

生态恢复需要大量的苗木和种子，一般种子的单价较为稳定，但是苗木的价格随市场的波动极大，一般苗木的单价 1 个季度就有 1 次调增，如遇大的园林工程同时上马，苗木的价格会很快上涨，甚至超过淡季单价的数倍，由于苗木价格飞涨有时会影响工程进度和质量。

8. 专业人才缺乏

目前，各公路建设单位的人员主要是公路相关专业的人才，很多单位都没有生态或环保方面的专业人才，监理单位也是如此。在公路绿化的实践中，我们的技术人员多在生态方面有所欠缺，由于这种知识结构的缺陷，许多问题的处理常常受到制约，管理上很被动。

9. 缺乏工程定额

目前，各条高速公路绿化的单价差异很大，这固然有地域、投资情况等各方面的原因，但是缺乏定额及统一的概预算编制办法是主要原因。在高速公路绿化招标中，经常出现报价差异太大的现象，给评标带来了相当的难度，从长远角度来看，不利于我国高速公路生态恢复的发展。

三、开展高速公路生态恢复工作的建议

1. 生态设计应制度化和规范化

按照 1996 年 1 月 1 日实行的《中华人民共和国交通部公路工程基本建设项目设计文件编制办法》中的规定，公路工程的第 9 章为“环境保护”，其中要求设计单位绘出互通式立交及其他典型公路区段的绿化设计图。

随着公路建设的大发展，路基边坡和弃土场的生态问题越来越突出，已经成为公众关注的焦点。社会的进步和人们生活物质文化生活水平的提高也使得人们对高速公路生态恢复的要求越来越高，加强高速公路生态设计已经迫在眉睫。

建议相关部门考虑制定相应的规范或标准，以明确生态恢复部分的范围和要求，增加生态恢复部分的比重，更好地指导高速公路设计部门从事生态恢复设计，在规范的层次上推动我国高速公路生态恢复设计。

2. 生态设计应以恢复自然为期望目标

关于公路生态恢复，日本作了很多研究，山寺喜成等专家认为：通过人工辅助的方法，使自然本身具有的恢复力得到充分发挥是绿化的基本思想。尊重自然植被的演替规律，不在大程度上改变自然恢复的演替序列，在生态系统允许的范围内绿化，才是对绿化的正确认识。如果强制绿化，就会长期受到自然的制约，从而可能导致灾害（生态入侵、土地退化、生物多样性降低等）的发生。

建议从“尊重自然、保护自然、恢复自然”的角度来进行生态恢复设计。在技术上尽量模拟自然界的内在规律进行植物配置和辅助工程设计，避免违背植物生理学、生态学的规律进行强制绿化。

3. 生态设计应充分考虑我国复杂的气候、植被、土壤特点

我国自然条件的区域差异相当复杂。

从自然区划来说，根据中科院《中国自然地理》编委会的区划方案，我国共有 3 个大区（东部季风区、西北干旱区、青藏高原区），7 个自然区（东北、华北、华中、华南、内蒙古、西北、青藏）和 33 个自然副区。

从气候角度来说，我国的气候类型更为复杂多样，主要以亚热带和热带为主。根据气温的不同，我国从南到北共有南热带、中热带、北热带、南亚热带、中亚热带、北亚热带、南温带、中温带、北温带等 9 个气候带和 1 个高原气候区域；从东南到西北，又有湿润、半湿润、半干旱和干旱气候区之分。中央气象局根据≥10℃的积温和干燥度指标，把我国划分为 9 个气候带、4 个气候大区、36 个气候区和 1 个高原区域（其中又有 4 个气候大区、9 个气候区）。

根据降雨的不同，按正常年降水量，我国共划分为 5 个降水带，见表 9-1。

表 9-2　我国降水量分布表

降雨量/mm	分布区
＞1 600	台、闽、粤、琼的大部分，浙、赣、湘、桂的一部分
800～1 600	上述地带之北，淮河、汉水以南，包括长江中下游和广西、贵州、云南、四川大部分地区
400～800	淮河、汉水以北的秦岭山地、华北平原、黄土高原、东北平原以及边缘山地丘陵，也包括青藏高原东南边缘地区
200～400	上述地带以北，包括内蒙古高原和青藏高原东部草原带以及西北内陆地区的天山、阿尔泰山迎风坡低山带
＜200	上述地带西北或盆地中部

从植被角度看，我国植被类型多样，几乎包括了除冻原以外现代世界上所有的植被类型。具有植物种类复杂，地理成分复杂，地理分布交错混杂的特点。

根据吴征镒主编的《中国植被》（科学出版社，1980 年），我国的植被分为 10 个植被型组，29 个植被型。植被分布具有明显的水平地带型和垂直地带型分布规律，水平地带型规律又包括经度地带型和纬度地带型。

从以上分析可以看出，我国的气候、植被、土壤极为复杂，生态恢复设计绝不能千篇一律，要充分考虑我国的气候特点，注意土壤、植被的水平地带型和垂直地带型分布规律，做到适地种树，减少盲目引种带来的不必要损失和灾害发生。

4. 要以乡土植物为主，预防生物入侵

生物入侵是指某种生物从原来的分布地区扩散到一个新的地区,在新的区域内,其后代可以繁殖、扩散并维持下去。据分析，造成当地许多物种灭绝，从而使得生物多样性丧失的第一位的因素是生态环境的破坏和破碎化，第二个最重要的因素则是生物入侵。

在自然界，生物入侵是个极小概率事件。绝大多数生物入侵是由于人类活动直接影响或间接影响造成的。

公路线形长，并且各公路之间形成网状结构，生态恢复过程中，如果大量使用外来植物，引发生物大爆发，后果将不堪设想。

在公路护坡植物选择中，我们的选择发芽早、前期生长快、寿命长、幼苗发芽率高的植物。

据以上分析，我们在选种时，一定要慎重，尽量选用乡土植物，少用或不用外来植物。

5. 做好植物检疫和病虫害预防工作

公路的植物呈线状分布，会有利于病虫害的蔓延。曾经发生过中央隔离带种植桧柏，感染病虫害，并传染给附近果树的实例。因此建议在植物种植之前，必须做好植物检疫和病虫害预防工作。

在设计中，要对种植间距和植物的搭配仔细研究，避免出现生物拮抗现象。

6. 加强生态恢复理论和技术的研究

目前，我国公路生态恢复中开发出了许多新的方法和工艺，例如液压喷播、土工材料坡面绿化技术，三维植被网坡面绿化技术、喷混植草、客土喷播等等，同时也开发出了许多产品，例如保水剂、纤维、黏合剂、土工隔栅、

土工网、土工隔室等等，并在实践中得到了验证。但是它们多停留在技术层面上，对其中的原理缺乏深入的研究。

建议从以下几个方面，加强生态恢复理论和技术的研究：

（1）公路路域生态系统的理论，包括该系统的物质流、能量流和信息流等。

（2）公路路域新建植物群落动态研究。

（3）特殊地区公路路域生态恢复，例如黄土地区，干热河谷地区，冻土地区等。

（4）特殊环境的生态恢复，例如公路沿线湿地，野生动物通道等。

（5）生态恢复成套技术的开发，包括植物材料的开发、辅助材料的研发和施工工艺的研发。

（6）岩石边坡生态恢复技术研究。

经过高速公路的生态恢复实践，我国高速公路生态恢复取得了显著的成就：观念在不断地进步，技术在不断地更新，新产品在不断地涌现，管理水平在不断地提高。高速公路的建设者们正在为保护公路路域的生态环境，创造良好的行车环境做积极的探索，在此对我国高速公路生态恢复中的一些问题提出了一些看法和建议，希望对我国高速公路的生态恢复建设有所裨益。

四、公路生态环境恢复的示范方法

根据公路的工程形式的不同，公路生态环境恢复的示范方法的内容分为：填方路基边坡（下边坡）、挖方路基边坡（上边坡）、边坡两侧等。其方法有：人工种植、自然恢复及人工种植与工程措施性结合的方法。

1. 人工种植

其特点有：工程造价低、见效快且便于操作等，结合公路工程形式，人工种植的方法可分为：填方路基边坡两侧采用人工种植乔木，一般选用落叶乔木连续种植，形成与路域为侧的分离；填方路基边坡选用耐干旱、瘠薄等抗性较强的草灌木结合，减少雨水冲刷造成的水土流失。

2. 自然恢复

公路工程建设完成后，通过自然的方式恢复植被。自然恢复的弊端:所用的时间较长，一般在10～20年左右，自然覆盖达不到防护的作用，且效果较差。

3. 人工种植和工程措施

工程措施因公路工程形式的不同而不同，上边坡一般采用浆砌片石进行防护，下边坡采用拱形骨架或菱形块的形式，来减少雨水冲刷。人工种植与工程措施相结合即为在拱形骨架或菱形块的基础上栽植草灌木，这种方法缺点为：工程投入大。但防护的效果明显，能在短期内达到环保的作用。

结果表明采用不同的技术措施，对公路生态的恢复差异较大，公路机械镇压或拱型骨架的工程措施，靠自然恢复植被的方法对减少降水冲刷量的作用不明显，而拱型骨架的形式对减少降水冲刷较机械镇压效果明显，但采用生物措施后，两种工程措施相比对减少降水经流量效果差异不大，即当生物措施起主导作用。

五、发展生态高速公路的基本思路

1. 依靠技术创新，建立生态公路模型

结合高速公路建设的实际，如何保证在公路建设的同时，充分维护自然生态系统和社会系统的协调统一，要尽量减少对自然生态环境的破坏和扰动，力争实现区域经济、生态环境和社会系统的健康可持续发展是我们面临的首要任务。要达到以上目的，要求设计者首先要树立生态高速公路的理念，确立生态高速公路总体设计思想和方法；其次给出生态高速公路的评价指标体系和评价方法，优化调整设计参数；再次选择有效的工作技术手段，制定可靠的施工方案，提出相关的环境保护措施，从技术上建立生态高速公路建设的支撑系统；最后借助系统经济评价对生态公路进行技术经济比较。其结果最终将解决生态高速公路评价指标体系，生态高速公路设计优化标准，生态高速公路关键技术指标，生态工程措施的应用，环境保护技术的有效性和经济性，施工保障系统的措施与实施，系统经济评价指标的筛选等关键技术和重大难点问题。建立生态公路模型其目的，是为生态公路的建设进行深入探索，填补我国公路建设在环保领域的空白，提升我国交通科技整体水平。

2. 精心优化设计，构筑生态公路蓝图

（1）引进卫星遥感技术，采用地质生态选线　在高速公路的勘察设计中，由于地貌及地质构造极其复杂，应用卫星遥感技术，进行遥感解译和遥感图像综合分析技术，能很快查清区域地质构造特征。采用地质选线避开大型不良地质地带，避免大面积滑塌，对于无法避绕的不良地质路段，均设置合理的防治措施。同时，从路线方案的选择上应采用生态选线，避开或远离主要珍稀动物（大熊猫、金丝猴、朱鹮、羚羊等）保护区，从根本上减轻项目建设对重点保护珍稀动物的影响。

（2）灵活应用标准，采用适宜指标　为了减轻工程建设对现有地形、植被的破坏，减小对自然水系、水质的影响，采用合理的技术标准和适宜的技术指标，应用灵活的路线布设方法，充分顺应地形、地貌，以整体式与分离

式路基相结合，使路线与环境融为一体。对于部分不能满足现行规范的路段，通过科研论证及技术经济比较，选择最佳布线方案。

采取适量增加中、短隧道和桥梁设施的措施，最大限度减少公路建设对自然地形、地貌和植被的破坏，减小对天然河道的挤占，保持沿线的自然面貌。桥梁、隧道的设置，为地区动物的迁徙提供了足够的空间，减少对动物生存环境的破坏。

（3）应用美学思想，强化景观设计　景观设计的主导思想是将人工构造物与自然融为一体，即用人工设计的方法产生自然的效果。主要体现在合理的路基断面型式，优美的桥型和融于自然的削竹式隧道洞门型式。在路基断面型式的选择上，除按常规根据地形、地质、水文和路基填料等因素确定外，还充分注重其与周围自然景观的协调一致，充分考虑路基边坡绿化的需要和可能，在保证路基及其边坡安全、稳定的条件下有良好的视觉效果。填方边坡依据地形条件结合路基弃方，尽量采用较缓的坡率；对于路堑边坡，根据边坡高度、岩性和植被情况，灵活采用直线型或台阶型边坡，并对局部深切山嘴段，为了减小对现有植被的破坏，不留“伤疤”，拟采用光面爆破技术，并在基岩边坡下部栽植攀缘爬行类植物，使其覆盖坡面还原自然绿色效果。

在桥型的选择上，坚持安全、适用、经济、美观的通用原则，但在局部对景观有较大影响的地段，则坚持安全第一，突出美观的设计原则，除采用经济实用的梁式结构外，还适当采用一些外形优美轻巧的石拱与砼刚架拱等桥型。

（4）应用环保技术，做好弃土场的环保设计　有的高速公路项目路基较短，桥隧较多，所以弃土问题较为突出，在弃土场的位置选择上，主要考虑不挤占河道有效过水断面，避免诱发泥石流，尽量选择在河流、凸岸边滩或阶地及山间洼地，并做好弃土场的防护排水和绿化设计。弃土场临河一侧设浆砌或干砌片石挡墙，确保弃碴不被河水冲走，靠山坡一侧，设置排水沟避免引起水土流失，石质弃碴场表面全部覆土予以绿化或还耕。

（5）加强污水处理，确保水资源清洁　对全线管理、收费、服务、养护等区域内的生活、生产污水进行处理，使其达标排放；对沿河路段，为避免可能影响水生动植物的生长，在对路面污水进行监测分析的基础上，采取工程措施进行净化处理。

（6）应用动态设计技术，优化设计方案　高速公路工程艰巨，技术复杂，在设计方案的选择上，应用引进、开发的动态设计技术，模拟高速公路全线道路景观、生态环境保护、隧道桥梁设计，绿化、立交、标志标线设计等，邀请有关方面领导及专家咨询，为提高总体设计水平起到重要作用，为优化该高速公路总体设计方案提供可靠的保障。

3. 合理有序施工，确保生态公路建设

（1）在开工前对公路用地范围或公路建设影响范围进行一次动植物核查，对珍稀物种采取保护性人工迁移。

（2）加强施工期的现场管理和组织协调工作，制定合理可行的施工方案，确保各项工程达到设计要求。

（3）实施环境监理计划

根据“环境管理与监测计划”的要求，在按常规实施公路工程施工监理的同时，增加环境监理与监测，建立健全组织机构及管理制度，对施工全过程中的环保进行全面监测、检查，确保各种环保措施落到实处。

（4）把生态环境监理结果作为竣工验收的重要内容。

4. 实施科学管理，保障生态公路运营

（1）在项目实施后期和运营初期，设置专职机构，对受本项目建设影响的主要环境因子进行监测、评价、分析，并适时采取有效措施，把对环境的不利影响降到最低限度。

（2）将专门服务于工程建设的临时设施（临时便道、工棚、材料场）从有利于生态环境保护的角度出发全部予以拆除或封闭，防止运营期有更多的人类活动进入沿线生态保护区。

（3）对沿线的生态旅游设施、景点进行统一规划管理，防止游人的过多进入，进一步恶化珍稀动植物的生息环境。

【复习思考题】

1．简述高速公路绿化的作用及功能。
2．简述高速公路绿化的养护管理的内容。
3．目前我国高速公路生态恢复存在的问题有哪些。
4．开展高速公路生态恢复工作有哪些建议。
5．发展生态高速公路的有哪些基本思路。

第十章　高速公路运营管理与公共关系

【学习目的】

通过本章学习，了解公共关系的含义、意义、必要性；掌握公共关系在高速公路运营管理中的重要作用，建立公共关系的方式和方法；具备一定构建公共关系的能力。

公共关系的发展情况可以反映出一个国家和地区经济和文明的发展程度。由于高速公路的商品化和社会化的特点，高速公路运营管理是一个向管理客体提供全面服务的全新管理系统，所以，在高速公路运营管理中引入现代公共关系理论是非常必要的。

第一节　公共关系概述

一、公共关系的含义

公共关系，又称“公众关系”，简称“公关”。英文是“Public Relations”，缩写为“PR”。

“公共关系”一词，在英文 Public Relations 的原意中，包含着三重含义，即公共关系状态、公共关系活动（或工作）和公共关系学。

1. 公共关系状态

公共关系状态是指一个组织所处的社会关系状态和社会舆论状态，也就是该组织在公众心目中的现实形象。社会关系状态指一个组织与其相关公众之间联系的程度，如相互间的关系是紧密还是疏远、是融洽还是紧张、是合作还是对抗等等。社会舆论状态指对一个组织，公众舆论的反应程度，如公众舆论是赞赏还是反对、是热情还是冷漠等等。公共关系状态是无形的，却是客观的，不以社会组织的主观设想为转移。

所谓良好的公共关系状态是指一个组织在其公众中拥有良好的组织形象，受到公众的支持和信赖的境况。这说明组织处于积极有力的社会关系环境和社会舆论气氛中，这是组织生存和发展的基础，也是一种无形的财富。相反，不良的公共关系状态说明组织形象欠佳，不能被公众理解、支持和信赖。

所谓自觉的公共关系状态是指一个组织通过有意识地开展一系列的公共关系活动之后，在公众中所拥有的组织形象，组织能够自觉地、明确地意识到自身的形象。而自然的公关关系状态则是指组织在无为的情况下自然而然地获得的组织形象。认识公共关系状态的客观性，是社会组织有效地开展公共关系活动的前提。

2. 公共关系活动（或工作）

公共关系活动或者公共关系工作，是指一个组织为创造良好的社会环境，争取公众舆论支持的一种协调、沟通、传播活动，也就是以创造良好的公共关系状态为目的的一种信息沟通活动。通常情况下，可以从以下三个方面对公共关系活动进行具体的分析和把握。

（1）自觉的公共关系活动和自发的公共关系活动　自觉的公共关系活动是指社会组织在一定的理论指导下，具有明确目的和自觉意识，经过周密计划和科学组织所开展的公共关系活动；而自发的公共关系活动则是指那些没有理论指导、缺乏明确目标、没有科学组织和系统计划的公共关系行为。

（2）单一的公共关系活动和系列的公共关系活动　单一的公共关系指目标单一、运作方式独立、规模较小的公共关系活动，一般由组织内部的公共关系部门来完成；而系列的公共关系活动指一系列的公共关系活动，他们互相配合，往往有几个部门甚至几家公共关系公司介入组织、实施。

（3）兼及的公共关系活动和专门的公共关系活动　兼及的公共关系活动并非由公共关系部门和公共关系从业人员所从事。在组织日常业务和行政工作中，人人都可以做到的那些交往、协调和沟通工作，如谦虚、礼貌、真诚、信任等知识在组织日常事务中，兼顾了公共关系活动；而专门的公共关系活动则是指那些从事公共关系工作的人员，有计划、有系统地运用有关传播和沟通的技术手段以达到公共关系目标的活动。

3. 公共关系学

公共关系学是一门以公共关系活动及其内在规律为研究对象的交叉应用科学，有完整的研究内容、任务和方法。其研究的主要内容包括一般理论研究、相关理论研究、公共关系活动研究、公众研究。其任务是为了弄清理论、指导实践、培养人才、服务社会。其研究方法是以方法论角度，主要有经验方法、实验方法和测验方法三种。通过这些方法来总结、概括理论，探讨公共关系活动内在的规律。

由以上分析可以看出，公共关系一词有三重既相互区别又相互联系的含义。人们在不同的情况下使用公共关系一词往往有不同的含意。

二、公共关系的要素与特征

（一）公共关系的三大构成要素

1. 公共关系的三大构成要素

由于公共关系是社会组织通过信息传播与公众进行沟通并争取公众的信任与支持的活动。在这种活动中，社会组织、公众和传播是缺一不可的，因此这三者就构成了公共关系的三个要素。这三个要素也就构成了公共关系的基本范畴。

（1）公共关系的主体要素—社会组织　社会组织是构成宏观社会的个人的特定集合。社会组织有一定的目标，而公共关系的目标便是社会组织目标中的子目标、分目标。公共关系活动必须紧紧围绕着社会组织的总体目标来制定自身的特定目标。

社会组织的运行是在一定的现实条件和环境之下进行的，在运行过程中必然要涉及到多方面的因素。社会组织必须妥善处理好同各个方面之间的关系，使社会组织获得各方主持，处于良性运转之中。

（2）公共关系的客体要素—公众　公众是公共关系的工作对象，是公共关系中最重要和使用频率最高的概念之一。

公共关系的公众是指那些与特定组织有直接或潜在关系、相互影响、有互动关系的群体。不同的社会组织有不同的公众。随着社会的发展，公众对社会组织的影响和制约越来越大。

（3）公共关系的中介要素—传播　传播是信息、思想或观念的交流过程，是人与人之间的信息传递与分享。公共关系的传播是指组织利用各种媒介与公众进行沟通、争取理解与信任、塑造良好组织形象的过程，它是连接公共关系主体与客体的桥梁。

2. 公共关系三大构成要素的协调

（1）社会组织的主导性　社会组织作为公共关系的主体，决定了公共关系状态、主宰着公共关系活动。社会组织的任何动作，都会通过传播来影响公众。尤其是当今信息社会，社会组织的任何动作很快就会引起公众的反响。

（2）公众的权威性　虽然公众在公共活动中处于被影响、被作用的地位，但是公众绝不是消极的被愚弄的对象。社会组织越来越认识到自身的每一步发展、每一项成就都离不开公众。公众的支持是无形的财富和成功的决定性因素。因此，在现代公共关系的三大要素中，公众的权威性已日益被公认了。

（3）传播的效能性　公共关系之所以能够产生作用，得益于其传播沟通手段。因此，社会组织各种良好的行为要转化为实际公共关系的知名度，必须充分依靠传播、沟通。在现代社会，“做了还要说”、“做得好加上说得好”是非常重要的。

（4）主体、中介、客体的统一协调　在共同构成公共关系的三大要素之间，存在着多种多样的组合。一切公共关系活动所追求的都是这三大要素的最优状态和优化组织。然而，最优状态和优化组织总是相对的，即协调是相对的，不协调是绝对的。公共关系从业人员的职责是使之尽量趋向协调。

要取得三者之间的协调，必须充分重视三大要素的方方面面，切不可偏重一方而忽视其他。

（二）公共关系的基本特征

公共关系的基本特征概括起来有以下 6 个方面：

1. *以公众为对象*

社会组织错综复杂，社会组织只能同本组织有关的社会群体和阶层发生关系，只能是相关公众。公共关系是以组织为支点，是组织与其公众结成的关系。公共关系的发展如何，直接影响到社会组织的生存和发展。公共关系活动的策划者和实施者必须始终将公众认作自己的“上帝”。

2. *以美誉为目标*

公共关系要为组织树立良好的形象和声誉服务，也就是为组织建立成功的人缘关系、和谐的认识气氛、最佳的社会舆论，以赢得社会相关公众的理解、信任、好感与合作。这种关系的建立只能是在满足公众权益要求的基础上去实现。搞好公共关系的目的是为了使组织拥有良好的声誉，以利于组织的生存和发展。塑造组织形象是公共关系的核心问题。组织形象的美化，是公共关系活动追求的效果，是社会组织所向往的。

3. *以互惠为原则*

公共关系是以一定的利益关系为基础的。组织的公众对象都是与组织目标有一定利益关系的个人、组织和群体。如果不以平等、互利原则来处理这种以一定利益为纽带的双方关系，是不会有巩固和持久的公共关系的。因此，必须奉行互惠的原则。

4. *以长期性、战略性、持久性为基本方针*

良好的形象和声誉，并非一朝一夕就能树立于公众之中，公共关系亦非急功近利之举。而且社会组织在发展过程中还可能出现反复和曲折，这也会使形象和声誉常常出现“回潮”。所以，公共关系必须着眼于长期性、战略性和持久性。社会组织要搞好公共关系，一定要有长期计划，坚持不懈地努力，才有可能在公众心目中塑造良好的形象。

5. 以真诚为信条

公共关系活动需要奉行真诚的信条。社会组织必须为自己塑造一个诚实的形象，才能取信于公众。在传播活动中，任何虚假的信息传播，都会损害组织形象。唯有真诚，才能赢得合作。所以，真诚是公共关系活动的信条。

6. 以沟通为手段

没有沟通，主客体之间的关系就不会存在，社会组织的美誉也无从产生，互惠互利也不可能实现。要将公共关系的目标和计划付诸实施，离不开沟通手段。

总之，对这些基本特征的了解与把握，有助于深化对公共关系涵义的认识。

三、公共关系的研究范畴

（一）公共关系的定义

由于公共关系历史较短，还是一门新兴的学科，人们对它的认识还处于探索阶段，所以，关于什么是公共关系，众说不一。

1. 国外有代表性的公共关系定义

（1）国际公共关系协会曾给公共关系作过如下定义：公共关系是一种管理职能，它具有连续性和计划性。通过公共关系，公立的和私人的组织、机构试图赢得同他们有关的人们的理解、同情和支持—借助对舆论的估计，以尽可能地协调它们自己的政策和做法，依靠有计划的、广泛的信息传播，赢得更有效的合作，更好地实现它们的共同利益。

这个定义强调了公共关系的管理职能，其活动形式“是有计划的、广泛的信息传播”，结果是“更好地实现它们的共同利益”。

（2）英国人弗兰克·杰夫金斯（Frank Jefkins）认为：公共关系是由达到与相互理解有关的特定目标而进行的各种有计划的沟通联络所组成的，这种沟通联络处于组织与公众之间，既是向内的，也是向外的。

杰夫金斯的定义强调了公共关系在运作方式和手段上依赖沟通联络的特点。

（3）美国公共关系协会征询了 2 000 多名公共关系专家的意见，从中选出了 4 种公共关系定义，定义之一为：首先，公共关系是一个人或一个组织为获得大众之信任与好感，借以迎合大众之兴趣而调整其政策与服务方针的一种经常的、不断的工作；其次，公共关系是对此种已调整的政策与服务方针加以说明，以获得大众了解与欢迎的一种工作。

此外，还流传着公共关系的通俗定义：

——公共关系是一门研究如何建立信誉，从而使事业获得成功的学问。

——公共关系是说服和左右社会大众的技术。

——公共关系是90%靠自己做得对，10%靠宣传。

——广告是让大家买我，公共关系是让大家爱我。

这一类定义简洁明了、生动形象、便于记忆。不过作为公共关系定义从总体上不够全面、准确。

2．国内有代表性的公共关系定义

国内的公共关系专家、学者们经过精心研究、分析比较，在吸收国外研究成果的基础上，立足于我国现实，也对公共关系下了一些定义，其中较有代表性的有：

（1）由16所高校教师联合编写的《公共关系学》所下的定义："公共关系是社会组织为了塑造组织形象，通过传播、沟通手段来影响公众的科学与艺术。"

这个定义综合了传播和管理的观点，并且可以看出是从核心概念入手而下的。

（2）王乐夫等人编写的《公共关系学》所下的定义："公共关系是一种内求团结、外求发展的经营管理艺术。它运用合理的原则和方法。通过有计划而持久的努力，协调和改善组织机构的对内、对外关系，使本组织机构的各项政策和活动符合于广大公众的需求，在公众中树立起良好的形象，以谋求公众对本组织机构的了解、信任、好感和合作，并获得共同利益。"

由以上所举可以看出公共关系的定义说法繁杂，因此，本书中给公共关系下了一个比较明确定义，即：公共关系是社会组织通过信息传播与公众进行沟通并争取公众的信任与支持，树立组织形象和声誉的艺术和科学。

（二）对公共关系的若干误解

公共关系学是一门新兴的学科。一般说来，在经济发达和文明程度较高的国家和地区，对公共关系都是很重视的，较少走入误区。而在经济和文化比较落后的国家和地区，则还不像发达国家那样注重公共关系工作，对公共关系的实质和内涵缺乏应有的认识。因此有必要澄清人们对公共关系的一些误解。

1．以为公共关系就是交际应酬

交际应酬并不等于公共关系本身，不是公共关系的目的，而仅仅是公共关系本身可能运用的诸多手段之一。公共关系的目的，是运用各种社交手段，利用各种社交场合，为组织机构广交朋友、建立友谊、取得理解、消除误会、创造合作的气氛。总之，公共关系需要交际应酬，但又不等同于交际应酬。这是需要澄清的第一种误解。

2. *以为公共关系就是对外宣传*

公共关系需要宣传，但这种宣传是建立在事实的基础上的，以真相坦白相陈，既报喜也报忧，以真诚去促进与公众之间的相互了解，以期待对方的理解与合作。对于自身的过失，不是掩盖，而是尽可能地向有关方面做出解释和说明，以免引起不必要的传言，主动控制事态的发展。此外，一般的宣传只是一种单向的传播，而公共关系的基本方法是一种双向沟通、双向交流，既有向外的信息输出，也有向内的信息输入。可见，公共关系需要宣传，但不仅仅是对外宣传。这是需要澄清的第二种误解。

3. *以为公共关系就是免费广告*

向新闻界发新闻稿，只是公共关系工作的一部分，绝不是全部。而且新闻稿件能否见报，关键是组织机构本身能否真正提供有新闻价值的消息，这就要求公共关系还要做大量其他方面的工作，如自行印发宣传品等。公共关系建设有时也要使用花钱的广告，如在报刊上登广告向公众恭贺新年等。但这种广告与一般的商业广告不同，它不是用来推销商品，而是用来“推销”组织机构的形象。公共关系广告“不是要大家买我，而是要大家爱我”。

因此，公共关系虽然与广告“相依为命”，但两者又不尽相同。这是需要澄清的第三种误解。

（三）公共关系的研究范畴

从当前国内外对公共关系的研究状况来看，可以归纳为三种倾向：一是归于组织经营范畴；二是归于市场运营范畴；三是归于大众传播范畴。

总的来看，绝大多数学者倾向于第一种观点，但并不否认后两个方面的重要功能，而且认为后两个方面的功能均属于组织经营管理范畴。只有将公共关系归属于组织经营管理，才可能真正引起组织决策的重视，将其作为整个组织经营管理的一个重要环节。

公共关系与市场运营的关系是非常密切的。随着商品经济的发展和市场竞争的加强，以生产厂家为中心的“生产中心论”，逐步演变为以消费者为中心的“市场中心论”，为了争取更多的消费者，扩大企业的生产经营规模，现代市场的竞争已经从产品的品种、质量、技术工艺、价格诸方面的竞争，扩展到企业整体形象的竞争。必须大力开展公共关系活动，因此公共关系是促进企业生产和销售的手段。但是，不能因此将公共关系局限于市场事务的管理，公共关系在其他管理方面同样能够发挥重要作用。另外，公共关系的运用也不仅局限于工商企业组织，其他许多非盈利的组织机构，如政府、文教、科技、医疗、体育等单位乃至群众社团组织等等都需要公共关系。从这个角度考虑，就更不应该将公共关系限于市场运营范畴了。公共关系与传播学的密切关系，是显而易见的。由于公共关系非常生动和典型地表现出人类传播现象的特征和规律，因此，它被作为一种特殊的组织和公众传播行为而在传播学中得到广泛研究。但是，传播学对公共关系的研究，毕竟是侧重于方法论方面。而公共关系除了运用大众传播媒介外，还需运用其他的方法，如无媒介的人际交往等；而且，公共关系除了是一种方法和技巧外，还是重要的决策依据和决策目标，是组织经营管理的一种重要观念和哲学。因此，将公共关系归属于经营管理范畴加以认识、研究和运用，既反映了传播学理论在经营管理中的运用和发展，又进一步提高或强化了公共关系作为一种传播功能的地位和作用。

总之，将公共关系作为一种管理哲学，归属于组织经营管理范畴加以探讨，应该说是确切的。这样，不仅不否认公共关系在市场运营和大众传播中的特殊功能，而且在一定意义上，是在更高层次上强调这种功能。

四、公共关系的职能

公共关系的职能，就是指公共关系的职责和作用，它既是公共关系理论的核心，又是公共关系业务的要旨。只有明确了公共职能，才能有效地开展公共关系活动。公共关系的职能包括以下几方面。

1. 塑造形象、赢得公众

组织形象是社会公众对组织整体的印象和评价。公共关系的主要职能之一，就是在公共关系战略思想的指导下，通过科学的、有计划的、有步骤的公关活动，在社会各界公众心目中塑造良好的组织形象，以赢得公众的理解和支持，最终实现组织的发展目标。一个组织要想在竞争中站稳脚跟，就要提高组织的美誉度和知名度。知名度就是公众对组织的知晓程度；美誉度就是公众对组织的信赖和赞美的程度。归结起来就是社会组织在公众心目中的良好形象。塑造组织形象、赢得公众信任，是组织事业成功的基本保证。

2. 沟通内外、协调关系

通过有效的公共关系工作，沟通和协调组织与公众的关系，争取公众和其他社会组织的谅解和支持，是组织与公众之间的关系处于一种和谐的状态，为组织创造一个“人和”的环境，是公共关系的又一基本职能。社会组织是一个较为复杂的社会关系系统，他与内部和外部公众形成纵向或横向联系。

公共关系为促进组织与内外公众的相互了解、相互适应，就需要沟通内外信息，协调内外关系。

3. 收集信息、监测环境

公共关系活动的目的，就是通过双向信息沟通，使组织与公众建立良好的关系，达到内求团结完善，外谋和谐发展的良好环境，收集信息、监测环境是公共关系的重要职能之一。所谓收集信息，就是组织在维持生存和发展的过程中，收集、掌握与之相关的诸方面的基本要素，创造良好的发展条件。通常包括两个方面，即组织与公众。所谓监测环境是指对外部的监测，即公共关系的客体——公众对社会组织的态度的监测。通过传播媒介来把握社会组织的各种信息走向，以监测公众态度的变化方向，使组织能预先采取必要的对策，防止公众态度的变化给组织的运行带来不良的影响。

4. 策动宣传、形成舆论

美国公关关系专家格鲁尼格认为，公共关系是组织和公众之间的双向沟通，组织的信息向公众输出，又把公众信息向组织输入，从而达到组织与公众相互知晓、彼此了解、真诚合作的目标。要完成这一目标，就需要策动宣传，创造有利于组织的舆论环境。通常步骤包括：① 建立舆论、告知公众；② 引导舆论、控制形象；③ 强化舆论、扩大影响。

5. 咨询建议、决策参谋

公关部门能否充分发挥职能作用，关键取决于它能否向决策者提供咨询建议，参与决策。咨询建议是公关部门及其人员运用科学方法，利用占有的信息对公众或决策者需要解释的问题进行系统分析，并提出可供选择的方案。其主要内容有：提供组织形象的评估、提供公众心理和舆论的预测、提供对组织各项决策的评价。公共关系在参与决策方面能够发挥积极的作用，具体表现在：一是向领导者提供决策信息；二是向决策者提供咨询建议；三是向决策者提供决策方案实施效果。

6. 教育引导、社会服务

公共关系还具有教育职能和服务职能，其表现在对内部公众和外部公众的教育与服务两个方面。

（1）对内部公众的教育和服务　组织内部的员工是本单位最密切的公众，他们对组织的褒贬对外部公众的影响最大。因此，公关部门应当站在公众利益的立场上，通过教育，灌输公共关系意识，建立良好的内部关系，消除误解，克服偏见，增强组织凝聚力，树立自豪感和光荣感，建立方向感和信任感，获得温暖感和成就感，共同塑造良好的组织形象。

（2）对外部公众的教育和服务　建立良好的公共关系，应当体现在公众教育和为公众服务的方向上，这就要求公共关系显示出独特的作用和能力，宣传产品质量，提供优质服务，赢得公众信赖，塑造企业形象。公共关系通常采用劝说性教育或实惠性社会服务，引导外界公众改变态度，适应组织或采用实际步骤促进公众的好感。

五、公共关系的工作程序

为了充分发挥公共关系的职能和作用，实现组织所预期的目标，任何公共关系活动均必须遵循一定的程序，有步骤分阶段的连续进行。一般来说，公共关系的工作程序可分为调查、策划、实施、评估四个阶段，亦称“四步工作法”。

1. 公共关系调查

公共关系调查和其他社会调查不同，是就公众对组织形象的评价进行统计分析，用数据或文字的形式显示公众的整体意见，或者就某一具体公共关系活动条件进行实际考察。公共关系调查的目的是甄别公众对象、测量舆论民意，评价组织形象，以便确定存在的问题，为组织设计形象、策划公共关系活动提供依据。公共关系调查主要包括三项内容，即组织的形象调查、组织的公众舆论调查和组织开展公共关系活动的条件调查。进行公共关系调查时必须遵循客观性、全面性、时效性以及计划性的原则。

2. 公共关系策划

公共关系策划是公共关系人员根据组织自身形象的现状和目标要求，分析现有条件，对拟议中的公共关系活动的主题、手段、形式和方法等进行构思和设计，从而制定出最佳的活动方案的过程。它是以客观的公众分析为基础，以最佳的活动效果为目标，是一切公共关系活动的先导和核心，属于较高层次的公关工作。一个富有创意的公共关系策划，可以给组织的形象建设带来事半功倍的效果。组织的形象管理工作是否卓有成效，在很大程度上取决于公共关系策划的成败。

3. 公共关系实施

公共关系实施是指在公共关系工作（或活动）方案被审定通过后，将方案付诸实施，将方案所确定的目标变成具体现实的操作过程，是公共关系“四步工作法”中最复杂、最重要、最难以把握的环节。可以说，公共关系实施的优劣，决定了公共关系工作（或活动）方案中所确定的目标能否实现以及实现的程度和范围。

4. 公共关系评估

公共关系评估，就是根据特定的目标要求，对公共关系策划、实施及其最佳线条进行检查评判，判断其优劣成败的工作过程。实际上，公共关系评估除了用于效果的比较分析之外，在整个公共关系计划的准备阶段、实施过程中都具有重要作用。因此，可以说公共关系操作的各个阶段、各个环节都离不开评估。只有在不断评估的基础上，才能及时调整，纠正自己的公共关系工作。

六、公共关系的实务技巧和部门应用

（一）公共关系的实务技巧

公共关系的实务技巧是指在开展公关活动是具体采用的实用技术，这主要有 10 种，涉及公关实务的三大领域：公关定位（会“学”的四种技术）；公关交际（会“说”的四种技术）；攻关综合活动（会“做”的两种技术）。

1. 公共关系的新闻传播技术

运用新闻报道的形式是公关传播中最常用的一种方式，此技术的应用，要了解新闻传播的特点，能够撰写新闻稿，能够利用广播、电视新闻；能够召开记者招待会与新闻发布会。目的是最大限度地借助于新闻媒体的力量提高组织的知名度和信誉度。

2. 公共关系的宣传技术

宣传是公关的工具。一切有目的影响公众的意识和行为，促成或改变公众的心理状态的活动均属于公关宣传。其最大的特点是把社会组织自己的作为通过自己的宣传活动形式传播给社会公众。

3. 公共关系的广告技术

公共关系广告是声誉广告，其主要目标是在唤起人们对组织的注意、兴趣、信赖、好感、支持与合作上，集中力量宣传企业的形象和声誉。公共关系广告是通过使公众热爱组织来取得其他多种成就。

4. 公共关系的写作技术

公关是一种运用语言的艺术。在这门艺术中包括说和写两部分，公关写作是基础，包括公文、事务文书、新闻稿、经济文书、演讲文书、礼仪文书 6 大类，需要相关人员具备使用公关应用文的写作技巧。

5. 公共关系的交往技术

公共关系要求广交朋友，协调沟通、化解矛盾、创造最佳社会环境。公关人员在自己的工作与生活中，应当善于运用人际沟通和社会交往的技巧，使组织与个人都获得成功。公关交往技术的应用必须了解交往的特点，注重交往的形式，遵循交往的原则，分别采用不同的技巧和方法（如国际交往的、团体交往的和个人交往的技巧和方法）。

6. 公共关系的礼仪技术

礼节指人们在长期的社会交往活动中，逐渐形成的一些约定俗成的交往规则，是礼貌、修养、品德和风度的具体表现形式。礼节的核心，并不在乎追求外在形式的完美，而在于它应从根本上体现对他人的关心、重视和尊敬。礼仪是礼节的一部分，是表现礼节的一种仪式。在公共关系活动中，礼仪、礼节反映一个组织的形象，反映公关人员的个人修养，因此公共关系研究公关中的礼仪就非常必要，公关人员掌握交际中的一般礼节、礼仪，是他们的必备素质。

7. 公共关系的交谈技术

交谈是沟通思想感情，传播知识信息，建立友情、友谊、良好的人际关系的不可少的、基本的语言活动。正因为如此，公关人员首先就应该有较深的语言底蕴及使用能力。这里说的言谈技术主要指言谈语言艺术，即公关语言。其表达技巧应掌握七点：第一，要言必有礼；第二，要言必有的；第三，要言必有益；第四，要言必有理；第五，要言必有情；第六，要言必有物；第七，要言必有度。除此之外，还要掌握谈话的要领和聆听的要领。

8. 公共关系的谈判技术

一场成功的谈判，每一方都是胜者，这就是公关谈判的关键所在。公关谈判的互惠性决定了谈判的参与方总是从“认定自身的需要—探索对方的需要—寻求解决的途径—协议或破裂”来完成谈判任务的，参与谈判的各方不但要认定自身需要，而且要积极探索对方的需要，把满足双方的需要相提并论，并为此寻求可行的途径，最后达成彼此满意的协议。

9. 公共关系的专题活动

公共关系的专题活动主要包括赞助活动、产品展示会、庆典活动、开放参观与座谈、社会服务活动和公共关系危机处理 6 种，其各种活动都有其各自的技巧和特点，有着不同的功能和作用，但都有着一个共同的目标，这就是塑造组织形象，赢得公众的信任和支持，以达到事业的成功。

10. 组织会议的活动技术

公关人员需要具有较强的组织能力和较高的技巧才能顺利地担当组织会

议的工作。组织会议活动应特别注意的就是会议成功应具备的条件，其中包括会场的布置、会议的主体和会议成本的计算三个重要的环节及每个环节中各种技巧的运用。

（二）公共关系的五大应用

1. 组织内部的公共关系工作

组织的公共关系工作应从内部做起。组织内部公共关系工作是组织总体公共关系工作的基础，组织外部公共关系工作是组织内部公共关系工作的延伸。做好组织内部公众的工作是建立良好的内部公共关系的关键，这主要是要处理好两个方面的内部公众关系：员工关系和股东关系。

2. 社区关系

社区关系是指社会组织与其所在地的地方政府、社会团体、其他组织以及当地居民之间的关系，也称区域关系、地方关系。它包括地方政府、工厂、机关、学校、商店、旅馆、医院、各类审计署组织和普通居民等公众。任何社会组织都在特定社区中运行，组织的大部分员工都在社区中生活，因此，形成良好的社区关系是组织外部公共关系工作中不容忽视的一环。

3. 营利性组织的公共关系

营利性组织的公共关系是以盈利为目的的公共组织关系。这类组织一般都有比较自觉的公关行为，能主动争取公众的理解和支持。但这类组织比较容易偏重于与市场活动直接相关的公众，其公共行为的营利性质也较为明显。营利性组织的公共关系可按主体身份的不同划分为几种不同类型的公共关系，这就是企业公共关系和商业、服务业公共关系。

4. 非盈利性组织的公共关系

公共关系也适用于各种非营利性的机关事业单位、人民团体，这些组织虽然不以营利为目的，但需要筹措发展资金，开拓各种事业，合理利用资源，发展会员，动员社会力量来推动和维持某项事业的发展，因此，也需要靠事业本身的影响力、靠社会服务效益，靠良好的公共关系去争取社会各方面的关心和支持，以解决人、财、物等资源问题，为事业的顺利发展创造良好的社会环境和舆论气氛。对于事业单位和社团组织来说，公共关系是主要包括政府公共关系、事业团体公共关系和军队公共关系三种类型。

5. 国际公共关系

国际公共关系是一个双层概念，它一方面指国际公关界的交流与合作，另一方面则是指跨国的公共关系实务活动和国与国之间的外交关系。由于国际公共关系的主、客体至少处在两种异质的文化中，因而连接他们的信息传播就必须是跨文化的传播。从传播现象上看，跨文化传播是指传播者与受传者不在同一种文化中的传播活动。由于文化背景、社会习俗、生活经验和交流语言的不同，促进跨文化之间人们的理解和沟通已成了一种专业性很强的传播活动。从事国际公共关系工作的专业人员，除了要具备对外交流的语言技巧外，还要对他国的文化习俗、传播媒介、人际交往形式有充分地了解。

第二节　高速公路运营管理与公共关系

一、公共关系在高速公路运营管理中的必要性和重要性

（一）公共关系在高速公路运营管理中的必要性

针对高速公路社会化与商品化的特点，高速公路运营管理是一个向管理客体提供全面服务的全新管理系统，从现代公共关系作为现代经营管理理念、方式和方法来讲，在高速公路运营管理中引入现代公共关系是非常必要的、客观的，这主要表现在。

1. 这是由现代社会商品经济高度发展的需要决定的

在现代社会，商品生产者和消费者之间相互沟通和了解变得更加迫切和需要，双方都需要通过建立相互信任、相互合作的良好的公共关系来适应生产方式的变化。尤其在跨行业、跨地区和跨国家之间的横向经济联系中求得共同繁荣和发展，必须通过一种现代公共关系学的经营管理方法来建立和维持。因此，商品经济的进一步发展需要不断发展着的现代公共关系为其作保障。

高速公路和高速公路运营管理本身也是现代商品经济高度发展的产物，面对高速公路的诸多管理目标中的许多“现代化”，就需要引入现代公共关系的经营管理观念、组织形象的理念，在商品经济高度发达的社会条件下，运用恰当的传播手段，在高速公路运营管理组织机构的内部和外部保持融洽、和谐的关系状态，赢得社会各界公众的信任和支持，达到高速公路管理事业成功的目标，以此来实现高速公路运营管理目标。

2. 这是由科学技术的发展和现代化管理的需要决定的

随着世界范围内新技术革命的出现，新的信息传播媒介和通信手段，为公共关系的大规模发展提供了充分的物质技术条件，人们之间的联系、沟通更加广泛与密切，所有这些都保证了组织内外的信息交流。从而也使公共关系活动进入了一个全面发展的新阶段。高速公路运营管理的收费管理、路政管理、交通管理、养护管理、监控管理、通信管理和服务业管理和综合开发

管理都有赖于现代科学技术进步所提供的现代化管理手段和方法。建立有效的运营系统需要现代化公共关系的沟通内外，协调关系；收集信息，监测环境；策动宣传，形成“舆论”的整体沟通、协调管理理念和管理手段来完成，这就需要引入现代公共关系进行高速公路运营管理。

3. 这是由向管理客体提供全面服务的需要决定的

树立良好的服务意识是高速公路管理决策的关键。高速公路运营管理的目的是向用户提供安全畅通的行车环境，这时由高速公路封闭式收费的特点决定的。高速公路不同于一般公路，在管理上不仅具有明显的开放性和公益性，而更多体现的是其特殊的商品属性。高速公路在向使用者收取通行费的同时，有义务向用户提供优质的服务。由于高速公路运营管理是一种综合管理，因此，提供服务便渗透在管理的各个环节之中。特别在管理意识、管理方式、管理制度上要充分体现出来，这正是现代公共关系作为现代经营管理哲学的精髓所在，是在高速公路运营管理中引入公共关系的实质性原因，因此，建立高速公路运营管理公共关系，是整个高速公路运营管理的重点。

（二）公共关系在高速公路运营管理中的重要性

这主要是由公共关系工作的主要目标 —— 塑造良好的组织形象决定的。良好的组织形象容易造成良好的心理气氛和社会氛围，因而能增加组织内部的凝聚力，能对外界产生吸引力，从而增强消费者的消费信念，能有助于组织与环境的良好循环，并能促进整个社会文明的进程。塑造良好的组织形象取决于两个方面的工作：第一，组织自身作为一个社会生产或服务部门向社会所提供的产品或服务的质量水平；第二，组织作为社会群体中的一员在与其他社会成员或群体发生关系时所表现出来的协调程度。高速公路运营管理公共关系就是要在上述生产性运营过程和非生产性管理工作中体现出来，找出组织自身的不足，使组织形象理念定位，才能使高速公路运营管理公共关系工作具有目的评价标准，并且有内在的动力和动向，其重要作用主要表现在。

1. 良好的高速公路运营组织形象是其发展的内在动力

独具特色的组织形象，为组织的生存、竞争与发展提供了一种文化优势和观念力量，从而推动组织的进步和发展。① 凝练的价值观和组织精神不仅为全体员工指明了奋斗方向，并引导他们共同实现组织提出的美好境界，而且独特的组织形象将组织的精神、行为等基本特征全面、深刻地统一起来，为组织强筋活血，注入活力；② 规范统一的组织行为和管理制度，使组织浑然一体、高效运行，处处充满活力，增强了组织的整体竞争能力；③ 组织员工具有良好的形象意识，会自觉地把组织的各种行为都看作是组织形象的体现，把组织的经营活动过程看作是塑造形象的过程，从而自觉地去调整形象、展示形象、传播形象、巩固形象。

2. 良好的高速公路运营组织形象使其更具有吸引力

首先，良好的形象为组织的任何产品和服务都创造了一种消费信心。其次，良好的形象为组织的稳定和吸引人才创造了优越条件，组织形象好，它拥有的公众就多，对社会资源的吸引力就大。许多著名的企业之所以能够留住人才，并且吸引众多的人才前来求职，其原因正在于此。再者，良好的形象有利于吸引社会的资金，争取新的投资来源。一个有好名誉的企业，往往能够稳定现有的股东队伍，并刺激他们为企业的发展增加投资，同时也会使银行和政府乐意提供优惠的贷款，保险公司也乐意为他们作担保。

3. 良好的高速公路运营组织形象使其能够得到广泛的社会支持

首先，良好的形象有助于组织寻求可靠的投资和能源的供应，寻求稳定的经营渠道，获得忠实的用户。其次，良好的形象有助于增加社区对组织的了解和支持，并将组织视为“好邻居”和遵纪守法的“好公民”，从而减少乃至避免许多可能发生的摩擦和纠葛。再者，良好的形象有助于政府对公司的好感、谅解和帮助。这种帮助是非常重要的，特别是当组织的经营陷入困境或外商竞争不利时，更显得特别重要。

以上三个方面虽未穷尽良好组织形象对于高速公路运营管理组织本身的重要性，但足以说明一个美好的组织形象是组织的财富和无形资产，支撑、维持着组织的生存和发展。

二、高速公路运营管理公共关系的主体意识

（一）高速公路运营管理公共关系的行为主体

高速公路运营管理公共关系的主体是指包括各种高速公路运营管理机构以及在其中从事各种管理工作的人员和引入现代公共关系后新成立的公关专门部门—“公关部”以及其所委托的社会性公关公司在内的组织机构和人员。在这里主要指无论采用什么内部机构设置和内部管理设置机制运作的高速公路运营管理机构和管理人员。

1. 组织机构

该部分内容在第二章有专门的论述，在这里就不再重述了。需要指出的是如按专业管理机构设置的话，应包括职能部门、收费管理所、养护管理所、路政管理队、通信监控和服务经营六大高速公路管理部门。

2. 人员

高速公路运营管理的一切管理工作（包括内部的和外部的）都是通过各

种管理人员来完成的。高速公路运营管理的质量，首先取决于建立一个完善适用的机构（这个机构应当具有稳定的组织形态，合理的运行机制、明确的职责分工和有效的管理力度，这样才能保证高速公路管理的高效运营）。有了这样的前提和基础，关键问题就取决于在这个机构从事各种管理工作的人员了，各个部门的人员都必须互相配合、彼此渗透、相辅相成，除了努力做好外部的各项管理工作外，还应做好内部管理工作，使高速公路管理机构能够顺利协调运转，推动管理工作持久有序地进行，在运行中提高管理水平，形成良性循环。这要求全体员工都要具备现代公共关系的“全员公关”思想，运用公共关系的技巧和方法，进行信息传播、公众沟通、关系协调、环境监测等，系统地开展公关活动形成良好的公共关系状态。

（二）高速公路运营管理公共关系意识

高速公路运营管理公共关系意识是管理主体应该具备的、系统的、整体的、全面的现代公共关系思想、观念和理念，即现代经营管理和行政管理的“管理哲学”。公共关系意识是一种综合性的职业意识，是现代管理人员必须具备的基本素质的核心，它主要由以下几个方面构成。

1. 塑造形象的意识

塑造形象的意识是公共关系意识的核心，公共关系思想中最重要的是珍惜信誉，重视形象的思想。具有塑造形象意识的人，能清醒地懂得知名度和美誉度对本组织的生存和发展的价值。

2. 服务公众的意识

任何组织的公共关系工作都必须着眼于公众。离开了公众，组织的生存就会受到威胁。当组织利益与公众发生冲突时，满足公众利益应该是第一位的。具有服务公众意识的人，能时时处处为公众利益着想，利用条件，创造条件为公众服务。

3. 真诚互惠的意识

真诚互惠的意识是公共关系的功利意识，任何组织的形象塑造，必须建立在真实、透明、真诚的基础上。通过公共关系工作，追求自身的经济效益和社会效益的最佳统一。但这种追求必须建立在彼此尊重、平等互利的基础上。

4. 沟通交流的意识

公共关系活动是一种具有民主性的经营管理活动。组织为了塑造能为公众所接纳的良好形象，以求得公众对组织的支持，就必须倾听公众对组织的各种建议和批评；组织为了展示自身的良好形象，提高知名度和美誉度，就必须学会运用各种交流的技巧。

5. 创新审美的意识

塑造组织形象是一个创新审美的过程。在这个过程中必须有创新、有突破、有超越，既超越自己，又超越其他组织。唯有创新，才能塑造有个性的组织形象。具有创新性艺术的公共关系，必须具有审美价值，才能为人们所参与、所投入。

6. 立足长远的意识

公共关系活动与生产或推销不同，如果说后者更多地着眼于眼前，注重较为直接的利益，那么前者从根本上说，更立足于长远，追求长期的效应。任何急功近利，只关注短期效益的做法，都是与公共关系思想不相符合的。

三、高速公路运营管理公共关系的客体分析

（一）高速公路运营管理公共关系的客体

如果说公共关系的行为主体是社会组织，而高速公路运营管理公共关系主体就是其管理机构和管理人员的话，那么，公共关系的客体则是开展公共关系工作的对象—公众。公众是公共关系学中特定的概念，是指与社会组织发生相互作用和影响，其成员均面临某一共同问题、有共同利益和要求的社会群体。这些群体对公共关系主题组织的目标、生存和发展具有实际或潜在的利益关系和影响力，它们构成了公共关系主体组织的社会环境。作为公共关系运作的对象，公众一般具有广泛性与整体性、相关性与共同性、多样性与多维性以及确定性与变化性等特征。

不同的组织，要面对不同的公众。同时，任何一个组织要开展公共关系工作，就必须认清本组织面临的各类公众。对公众进行科学的分类，从而根据不同类型的公众制定不同的公关策略和方法。在现代社会中，一个组织所面临的公众往往纷繁复杂。即以企业来说，其所面对的公众就多达 20 多种，其中最主要的公众有员工公众、股东公众、消费者公众（用户、顾客公众）、媒介公众、社区公众和政府公众等。高速公路运营管理公共关系也不例外，同样面临着相同的与其相互联系、相互作用的公共关系传播沟通对象—— 客体公众（管理客体）。

（二）高速公路运营管理公共关系的基本目标公众关系

高速公路运营管理公共关系的最终目的是树立和维护良好的组织形象。其公共关系的实质是组织与各类公众之间的一种良好的互惠互利的关系。其公共关系工作的核心就是组织与公众关系的协调，与公众利益的平衡，即利己和利公的统一。其公共关系的具体内容，体现在多种公众关系的协调、处

理过程中。高速公路运营管理公共关系的基本目标就是要明确在具体的公共关系工作实践中，确定哪些公众是本组织开展公共关系工作的目标对象，从而有效地开展公共关系活动。一般地说，公共关系要分析、协调的基本目标公共关系要包括员工关系、媒介关系、政府关系等六个方面。

1. 员工关系

员工是组织最基本的目标公众之一。员工关系是一个组织公共关系工作的基点，是首先应该处理好的公众关系。现代公关工作是“内求团结，外求发展”，其中“内求团结”是基础、是依托。公共关系工作的职能充分体现在员工关系的处理、协调之中。员工的工作积极性与组织的生命力、竞争力密切相关；员工的责任心与产品及服务质量紧密联系；员工的形象、素质是组织整体形象的体现；员工间的和谐关系是组织内部环境优化的先决条件。同时，员工还是组织“外求发展”的支柱，员工的素质、精神风貌、言谈举止对于组织形象和信誉的树立、维护，对于组织的发展具有重大的作用。

根据现代组织的实际情况，借鉴国外组织的成功经验不难发现，在组织协调员工关系时，公共关系工作的开展应将重点放在以下几个方面：

（1）尊重员工个人方面的权益，培养员工的主人翁意识，鼓励员工积极参与。现代社会的组织管理机制发生了巨大的变化。过去那种把员工当成“机器”和附属物的观念和做法正在成为历史，取而代之的是重视员工的地位和作用。注重让员工分享信息和参与经营决策，激发员工的归属感、自豪感及其对组织的向心力、凝聚力。只有这样，一个社会组织的生存和发展才具有根本的保障。

（2）对员工给予充分的尊重和信任，对其所作的努力给予热情的支持和鼓励。员工在组织内部受到尊重和信任，对员工而言，是一种强大的凝聚力。这样的结果，使员工能够不遗余力地为组织的生存和发展，树立良好形象而工作。

（3）关注员工的衣食住行、生老病死，切实解决员工生活中的实际困难。组织对员工无微不至的关心，能换取员工坚定不移的忠诚。

2. 股东关系

股东是社会组织的投资者或社会组织股票的持有者。股东关系就是社会组织与投资者及股票的持有者的关系。在社会组织的公关活动中，处理好股东关系同样具有重要的意义。这种意义体现在：第一，有利于社会组织稳定和扩大资金来源。换言之，协调、处理好股东关系，可以稳定现有的股东，发展潜在的股东，扩大组织资金来源，从而使社会组织有足够的财力、物力发展扩大经营规模。同时，由于股东在组织中的特殊地位，决定了他们对组织的重大决策和人事任免都有参与权和监督权，因此，股东对组织的经营和发展的影响都是巨大的。第二，有利于市场扩展和塑造良好的组织关系。股东既是强有力的消费者，又是投资者，还可以自觉成为社会组织的义务宣传员和推销员。因此，社会组织可以通过股东及其相关的人际关系网络扩展市场和塑造良好的组织形象。

如何处理好股东关系呢？通常的做法是：① 尊重股东的特权意识，及时、快捷地向股东通报有关社会组织的一切情况与信息（如新产品开发、人事变动、财务状况等）。② 视股东为同舟共济的伙伴。③ 通过各种有效途径，加强组织与股东的情感联络（如年度报告、组织刊物、股东座谈会和定期例会等）。增进了解，争取更多、更有效的经营决策建议和赞助。

3. 消费者关系（顾客、用户关系）

消费者可分为物质消费者和精神消费者两种。缺乏消费者的社会组织，其生命力弱，因此公共关学将消费者关系视为组织的“生命线”。

社会组织应如何处理好与消费者的关系，这是所有社会组织都应该研究的问题。要处理好这种关系，首要条件是组织应该认真树立“顾客就是上帝”的经营思想，并切实采取各种有效措施去实现这种思想。其次，提供优良的服务和优势的产品质量和服务质量是组织形象的体现，也是赢得公众信任根本保证。当消费者因质量问题与组织发生纠纷时，已经开始对组织形象产生不满，面临这样的问题，需要利用公共关系活动本身来修正自身形象、调整自身行动、消除不良影响，而不是像有些组织那样争辩、回避甚至不惜伤害顾客。

4. 社区关系

社区是人们共同生活、活动的区域。一个社区组织与所在社区的其他组织、团体和居民间发生的关系，称之为社区关系。

社区与组织也密不可分。正确处理好社区关系，既有利于社区建设，又有利于组织的自身建设和发展。搞好社区关系的公共关系工作可以从以下几方面展开：

（1）作为社区的一员，组织必须严格遵守地方法令、法规和各项规章制度、公约及其习俗。

（2）组织应积极、主动地关心社区的建设和发展，并尽可能给予必要的支持和帮助。

（3）实行门户开放政策。节假日邀请社区公众代表参加组织的庆祝活动，加强联络，密切组织与社区的联系。

5. 媒介关系

媒介关系就是组织与各种媒介之间的关系。媒介一方面是组织的公众，另一方面是组织与其他公众沟通和传播的纽带和桥梁。

（1）处理好媒介关系的重要意义　新闻媒介被许多西方国家看成是除立法、司法、行政之外的“第四大权力机构”。因此，社会组织要达到高层次的公共关系目标及树立组织形象、提高信誉度、扩大知名度等，离开媒介是难以做到的。所以，社会组织在自下而上和自上而下的整个发展过程中，必须注意协调与新闻媒介的关系。

（2）如何处理好与媒介的关系

1）组织应了解并熟悉媒介的特点。不同的媒介有不同的业务性质和影响范围，只有深入了解媒介机构的内部结构，各部门的职责，才能更好地利用媒介与公众进行沟通，树立形象。

2）组织应与媒介公众建立经常、持久的联系。主动沟通有关信息，提供新闻素材，交流信息动态。组织不仅应争取媒介公众为自身发展服务，更应该重视为媒介提供帮助。

3）组织还应该正确对待新闻媒介的批评报道并采取各种有效手段修正自身形象。

6. 政府关系

组织与政府发生的各种联系，公共关系学称之为政府关系。如何处理好政府关系，是公共关系工作的主要内容之一。

要处理好政府关系，需要做到以下几点：

（1）了解政府机构的职能部门和层次，熟悉相关职能部门的工作范围和工作程序，明确其对组织的影响所在。

（2）经常主动地与政府相关部门沟通信息，配合政府部门做好工作，积极争取政府公众对组织的了解和支持。

（3）处理好组织利益与国家利益的关系。组织利益与国家利益发生冲突时，组织应顾全大局，妥善地加以解决。

（4）响应政府号召，积极参加各种公益活动。

通过上述分析不难看出，高速公路运营管理公共关系的主要内容，就是应该包括高速公路运营管理的内部公共关系、用户公共关系、社区公共关系、政府公共关系、媒介公共关系和国际公共关系六个方面的现代公共关系。

在进行高速公路运营管理公共关系事务时，就应该全面开展各种公共关系工作，按照公共关系工作的程序，进行各种信息传播，充分运用公共关系的各种技术、技巧，发挥其职能，以此树立高速公路运营管理的良好组织形象，赢得公众的信任、理解和支持，保证全面的运营管理职能的发挥，产生整体性的经济和社会效益，为交通事业和社会经济的发展做出持久的、长远的和战略性的贡献！

四、高速公路运营管理公共关系的传播媒介

（一）高速公路运营管理公共关系的手段—传播

在公共关系中，传播是社会组织利用各种媒介手段，将自身的信息或观点有计划地与公众进行交流的沟通活动。传播由基本要素和隐含要素两大类要素构成。人类的传播有四种基本类型：自身传播，即人的内向信息交流与沟通；人际传播，即个体与个体之间的信息交流与沟通；组织传播，即社会组织与其所处环境之间的信息交流与沟通；大众传播，即传播者通过大众传媒，将大量复制的信息传递给分散的公众。

同一般传播相比，公共关系传播大多侧重于信息沟通的非宣传性传播，更加注重情感传播，并坚持双向沟通的原则。

（二）高速公路运营管理公共关系传播媒介

按照现代企业制度建立独立运作的管理机构的发展趋势，企业经营型的建立和发展是今后高速公路运营管理机构的方向，故高速公路运营管理公共关系的传播媒介应以企业开展公共关系工作为基调，加以论述。

企业公共关系借以沟通、传播信息的形式基本上有三大类：

1. 新闻性媒介

新闻性媒介是开展公共关系工作的重要工具之一，善于运用新闻性媒介是公共关系人员的基本功。以不同的方式把信息传达给新闻性媒介，通常会产生不同效应。

新闻性媒介的共性特点有七个：一是珍惜时效性，一般来说，新闻的时效性与新闻价值成正比；二是重视空间性，一般来说，距离与公众的距离越紧，公众越感兴趣，越愿意闻知；三是具有公告性，国家颁布的法令，政府的各种公告；四是具有关切性，构成新闻的事实具有一定的思想性、指导性，与公众和公众生活休戚相关；五是遵守真实性，新闻工作者、企业公共关系人员运用新闻传播媒介时，必须实事求是；六是开拓趣味性，新闻传播应当具有一定的趣味性，能够引起广大公众的普遍兴趣，引起人们对新闻媒介的极大关注；七是负有责任性，新闻性媒介作为社会的重要舆论工具，具有极大的责任，新闻与言论，应对国家、社会、法律和道德负责。

不同的新闻媒介又具有不同的特点。

（1）报纸　其优点表现为内容深入，针对性强，获得信息方便，便于携带和保存。但也有不足，其读者受到文化水平的限制；缺乏色彩图像，形象不够生动，感染力相对较差；传播速度不如广播、电视快。

（2）杂志　其优点是：专业性强，可以做深入、细致的报道，探讨专业性问题；对象性强；印刷精美、感染力强。其缺点是：出版周期长，时效性差，传播速度较慢；受读者的专业知识限制。

（3）广播　其优点是：传播速度快，不受文化程度的限制，听众面广，具有广泛的群众性，不受空间限制；广播节目制作成本低廉、普及性强、灵活性强。广播的不足之处表现为选择性差，必须按电台规定的播出时间和播出顺序来收听；其内容的生动性不如电视，信息的深度不如报纸。

（4）电视　具有其他媒介无法比拟的优点：形象生动，融文字、声音、形象、色彩为一体，感染力强；具有广泛的群众性，不受文化程度的限制。但也有明显的不足，如节目制作成本高，广告费用甚至要以秒计算；收看效果稍纵即逝，信息内容不易保留存查；缺乏深度，难以表达抽象思维，逻辑思维的内容。

通过新闻媒介能够与公众建立良好的关系。因此，新闻媒介的宣传大多是通过记者以第三者的立场加以客观报道，自己企业的事情由自己来说和由别人来说，其社会效果是不一样的，易于赢得广大公众的信任。其次，一条有关企业的消息经过传播机构的重重筛选后被报道出来，就表明这个消息有一定的意义，故而有利于争取公众的注意和信任。最后，新闻的传达都是免费的，通过他来扩大自己的影响，在经济开发上最为合算。

企业公共关系人员利用新闻性媒介的目的在于：① 唤起社会公众对本企业的广泛注意；② 改变社会公众的不良态度；③ 引发社会公众的支持行为。

企业公共关系人员如何选择和运用新闻传播媒介？除了考虑各种新闻的优缺点，能熟练地撰写新闻稿善于与新闻媒介、新闻记者打交道外，还应考虑以下几个方面的内容。

（1）企业公共关系人员要根据企业和公众的具体情况来选择新闻传播媒介。信息能否为公众所接受，主要取决于公众的态度、爱好、需要的追求。因此，企业公关人员选择新闻媒介时，首要的问题是要明确向哪类公众进行宣传，他们的要求、爱好是什么，只有这样，才能取得满意的效果。

（2）发布的信息必须符合实际。实事求是地向社会公众提供信息是明智之举。如果违背了这一点，企业将会失去公众的信赖。

（3）根据企业生产经营方式和传播的内容，有针对性地选择媒介物。新闻媒介选择得当，就能取得较好的效果；反之，则可能收效甚微，甚至徒劳无益。因此，对于不同的公众对象，采用不同的新闻传播媒介是很重要的事情。

（4）坚持低投入、高收益。公关人员在选择传播媒介时，尽可能选择较经济的方式达到传播目的。盲目选择新闻媒介，毫无节制地付出是不符合企业利益的。

2. 广告性媒介

广告是通过语言、文字、图像等形式所进行的有目的的介绍，推销商品，以及提供各种劳务的一种传播活动。不受编辑人员干涉地传播出资人的非个人性宣传。

广告性媒介可分为两大类：一是商业广告，二是公共关系广告。

（1）商业广告　商业广告也称产品广告。由于商业广告直接面向社会、面向广大公众，其好坏优劣直接影响到广告发布企业的形象。所以，商业广告的制作，应引起公关人员的重视。

（2）公共关系广告　公共关系广告是以广告的形式开展公共关系工作的一种方法，不直接服务于产品的销售，而是重点介绍企业的经营管理、质量检查、工艺水平、设备设施、人员素质，服务宗旨等整体情况，其目的是通过广告提高组织的声誉和知名度，建立良好的形象。有人称它为“形象塑造广告”或“声誉广告”。

公众关系广告的主题，大致有五个方面：① 赢得声誉主题，树立组织形象；② 公共服务主题；③ 经济贡献主题；④ 内部员工关系主题；⑤ 特别事项主题。

常见的公共关系广告形式有：① 节假日向公众贺喜；② 宣传组织的目标、经营方向等；③ 向公众介绍自身实力、技术力量、人员素质等，增强组织对公众的吸引力；④ 赞助社会公益事业和文体活动。

广告对企业经营效益的提高具有重要的作用，公共关系人员要善于利用广告扩大企业的影响，促进产品的销售，但是，企业不要等新闻媒介找上门做广告，企业要有目的地、有针对性地选择新闻媒介。

3. 宣传性媒介

宣传性媒介是企业为了扩大自身影响而采用的宣传手段和活动方面。它包括：各类印刷品、图片资料、录言录像、展览、专题活动、会议、纪念品等。

（1）各类印刷品　企业用于宣传的印刷品有企业杂志和报纸、产品说明书、企业发展史、新产品介绍、工作报告、企业介绍等。这些材料多用于赠送和分发，能及时向内外公众提供企业情况。

（2）图片资料　图片资料是企业重大活动的记录，它包括照片和附属宣传说明，它的作用在于形象地向公众宣传企业的重大成就和职工的文化学习生活、工作情况、产品质量情况，加深公众对企业的印象。特别是富有纪念意义和记录企业光荣历史的图片和说明，能培养内部职工的自豪感和凝聚力，能增强外部公众的崇敬感。利用图片宣传时，要根据不同的需要，选择不同的图片资料，这样能系统介绍企业某一方面的情况。

（3）展览　展览是通过实物、文字和图表来展现成果的宣传形式。公关部门以此来宣传产品和服务，树立企业的形象，展览的形式有作品室、博览会、橱窗等。展览的内容可分为综合性展览和专题性展览。展览是一种综合性的立体传播媒介，需要书写、绘画、摄影、设计、解说等各种专业人员密切配合，共同完成。展览的优势可概括为：真实可靠、详细直接、实在具体、新奇引人。

（4）专题活动　专题活动是围绕某一个问题而举行的活动，它包括各种庆典、仪式、比赛、招待会、慰问等，它的目的在于使参加者在轻松自然的气氛中直接感受到企业的作用，对该企业产生好感，并愿意与之合作。

（5）会议　会议也是一种重要的公共关系宣传形式，其目的是为企业创造和谐融洽的社会关系环境，广大公众在参加各类会议的同时，潜移默化地接受企业的各种信息，增强对该企业的亲近感。会议还能吸引新闻界对企业的注意，增加对企业的报道，提高企业的知名度。

作为公共关系宣传性媒介的会议有企业新闻发布会、记者招待会、新产品介绍会、引进技术国产化会、研讨会、洽谈会、表演会、演讲会、展览会、展销会等。

召开会议必须注意以下几点：① 日期必须合适。如日期安排不合适，会影响参加人数。② 会议地点最好有充足的会议设备，具有吸引力和交通方便的特点。③ 文娱设施。会厅附近最好有文娱设施或旅游点，以备与会者休息时能有所调剂。④ 费用。主办机构应在会议召开之前作好会议费用预算，尽量避免超支。为了使会议起到良好的宣传效果，必须做到：① 向与会代表提供主办单位的资料和信息，附上各种征询表，了解代表意见；② 组织联谊活动，加深了解、增进友谊；③ 编制代表通信录，以便今后加强联系。

（6）纪念品　纪念品也是一种宣传性媒介，使用得当，能起到很好的效果。发放纪念品要做到象征性、自慰性和保存性。象征性是使人们从纪念品看到它的意义，有保存价值；自慰性是使人们时时能感到或向别人提起纪念品所纪念的事件；保存性是指纪念品不同于礼品，它的主要价值在于保存，不在于使用，因此，用作纪念品的物品不能过于实用。

综上所述，高速公路运营管理的企业化发展趋势，必然使公共关系建设成为其管理的重点内容之一，运营管理的形象树立应引起我国的足够重视。

【复习思考题】

1．简述公共关系的含义。
2．简述建立公共关系的技术。
3．简述各种传播媒介的优缺点。
4．简述公共关系意识的内容。
5．试论公共关系在高速公路运营管理中的重要作用。

附　　录

国外高速公路运营管理体制及机构简介和评价

高速公路是发达国家陆路运输的主要方式，在经济发展过程中起着重要作用。尽管公路运输方式具有机动、灵活、便捷、与其他运输方式联接方便、覆盖面广、可以实现门到门运输等优点，但也要看到它的工程项目技术标准及质量要求高、占用土地多、投资金额大的特点。因此，合理、有效地利用资金和迅速回收资金是高速公路的决策、建设和管理部门所应考虑的主要问题。虽然有些国家通过加大税收，如车购费、轮胎费、汽油费来取得资金，但是无论对高速公路建设管理单位还是道路使用者来说，通过收取过路费来回收资金仍是公平合理而又行之有效的途径。美国过去规定由联邦政府资助建设的公路项目一概不收费，但由于高速公路的迫切需要，从各种渠道筹资修路的方式陆续出台，如利用联邦政府资金、发行债券共同建设的和私人投资修建的均允许收费。截至目前，在 68 800km 的高速公路中，共有收费道路有 5 500km，约占总数的 8.7%。而日本由于国土资源的稀缺性等原因导致造价较高昂，其高速公路一般都是收费道路，而且收费金额不低。德国、法国、意大利等大部分西欧国家的高速公路大部分收费，只有少数路线不收费。目前只有英国、瑞士、丹麦等少数几个欧洲国家的高速公路未采取收费管理方式。

以下对国外一些发达国家高速公路运营管理工作方面的基本特点及概况做一简介。

一、美国

1. 管理体制

美国的州际与国际高速公路（Freeway）网，是由联邦各州公路局负责规划、设计、施工，各州负责管理、养护，属地方分权的管理体制。

公路养路机构是按地理区域划分配置的，由各种技术人员与职工以及各种大、中、小型相结合的成套机械组成，其工作属技术密集型。它除负责常规养护、全面巡查外，同时还兼有计划、技术、财务等项管理工作的职能，此外，还负责承包工程成本效益的分析与比较，对所养护的工程采取发包或自营等方式进行养护。

美国各州通过公路交通警察行使道路交通安全管理职能，由国家有关部门立法，州公路警察执法，法庭和检查部门司法，各州制定出“公路安全计划管理程序”，由各部门分工协作完成高速公路的管理工作。

2. 收费管理

设计和建设一个适用、高效且经济合理的公路收费系统，不仅受公路总体设计的制约，而且与具体的环境条件、行车状况、技术支持和保障措施以及人员管理水平有关。即使拥有先进的机电一体化设备系统，效率很高，也必须有良好的维护和技术支持系统作保障，才能保障公路收费站的工作正常运转。否则一旦设备出现故障，不仅影响收费工作，而且还会导致发生交通阻塞等一系列不良后果。

由于发展历史较长，所以美国高速公路收费系统种类较多，其造价和运行工作效率也各不相同。每条车道对收费车辆作业效率从每小时 500 辆到 1 800 辆不等，收费系统技术装备及自动化控制程度也有很大差异。目前美国使用的收费系统归纳起来可分为四大类，即人工收费、硬币式自动收费、统一票证收费和自动车辆辨认收费等。

总体来看，美国的高速公路收费管理经历了几十年的演变，越来越多地采用高度自动化的收费系统及财务管理系统，不仅提高了效率及准确性，而且起到了基础数据信息的采集与处理功能，在收费系统信息管理功能的支持下，财务工作也达到了能及时地进行清算的目的。

3. 服务设施

美国作为世界上一个高度发达的国家，尤其是拥有最先进的汽车工业和广袤的国土，交通设施非常完善。由于美国的高速公路网规模及汽车保有量庞大，在高速公路上驾车行驶已经成为美国人的一种大众化生活方式。美国高速公路一般都拥有供过往车辆人员休息的、完善的服务区以及加油站等服务设施，这既是高速公路提供交通服务必备的条件，也是吸引司乘人员使用高速公路的一项举措，其收入很可观，每年约占收费总收入的 3.0%～4.5%。

4. 交通管理

美国高速公路的交通管理由各州警察和公路巡警队负责，由拥有一切警察权力的警官行使交通警察职能。各州巡警队员都要事先经过公路巡警学院的严格培训，才能录用上岗。警察的装备由高速公路管理部门提供，采用计算机管理，有巡逻警车及完备的通信设备、枪支和应急设备。交通警察的服务关系和保证是与州警察机构签订合同，将相互关系和职责内容固定下来。

每年养护管理费用支出约占总收入的3～11%不等。

交通警察的职能范围主要包括交通指挥和控制、执行交通法规、交通事故调查、紧急情况救援服务以及治安保卫工作。

二、日本

1. 组织机构

日本高速公路资产属建设省所有，管理工作则由道路公团直接参与，公团领导由建设大臣任命。行政上实行三级制，即公团中有总部，下设若干管理局，管理局再下设管理事务所和营业所。

管理局的主要职能是制定维修计划，并负责道路设备的检修、公路的养护（包括各项工程养护、绿化和经常清扫及天气服务）、交通管理和收费工作，一般是 24h 服务。管理事务所必须每天对所管辖路段进行巡回检查，道路的小修保养、收费、路政等项的管理，以及交通情报的搜集、设施运转的监视和环境保护等工作。这中间许多生产业务工作则由各公司承包，事务所主要负责管理和监督。如收费包给收费公司，路面清扫及补修、绿化则分由各个公司承包，但所有机械、车辆、设备等都用道路公团的设备，各承包公司只提供工人。因此，虽然管理事务所负责业务的项目很多，而其定编人员却很少。

2. 收费管理

日本高速公路收费方式有人工收费和磁卡收费两种，每个收费站都设有情报板、电话和监控装置。

收费车型划分及标准：一般将车辆划分为五种类型，即轻型自动车（即摩托车）小型、中型、大型、特大型机动车，按运行里程长短计费。收费除用于道路维修外，每年提取一定资金用于偿还新建公路的贷款。收费标准每隔 3～4 年要调升一次，由开始时每车公里 8 日元现已涨到 23 日元，与其他国家相比收费较高的。

3. 旅馆服务设施

日本高速公路上的生活服务设施较为完备，沿线除加油站、车辆修理所、旅馆、食堂、商店外，还有为老年人、残疾人使用的专设厕所。这些服务设施的间距，加油站平均约 10km 一个，大型休息所平均约 30km 一处，这些设施均 24h 提供服务。

4. 交通管理

日本道路公团管理局设有交通技术科，它与交通警察、消防部门协调交通并进行安全管理决策。管理所是公路交通安全的实施机构，有交通管理队，配有巡逻车定期巡视道路，并进行24h值班，其主要职能包括：① 排除路障，消除事故隐患；② 疏导临时发生故障的车辆；③ 交通阻塞时，在路上设置警戒线；④ 向中央控制室报告气象、路面情况；⑤ 与警察、消防部门共同处理交通事故；⑥ 限制通过公路立交桥车辆的车重、轴重和车高。

作为交通管理方面的权威机构，日本警视厅交通局设有高速公路管理科，各地方（都、道、府、县）成立高速公路警察队，其业务范围及工作职能包括：① 调查并规划高速公路交警活动方案；② 管理整治有关交通安全设施；③ 规划指导交通安全研究课题；④ 管理和监督高速公路交通警察执法工作。

高速公路安全保障体系除了高速公路警察队，如一旦发生事故，还有当地消防、医疗、汽车联合会、救援车组织参与，共同协作处理事故。

三、法国

1. 管理体制

法国高速公路（Motorway）的管理体制也是根据不同的投资模式采取相应的管理体制，呈现出国有、私营和联营多种形式并存的混合体，经营管理总体上是向着民营化方向发展。法国政府于1955年颁布法令，将高速公路的建设、管理工作由国家委托某些特许公司或私营道路投资工业公司负责。这些公司均属混合经济成分的公司。

法国的公路局内设有高速公路特许公司监理部、高速公路管理局、高速公路养护处、高速公路安全和用户服务处等机构。各高速公路特许经营公司又设有中央管理局，管理范围大、里程多的还增设地方管理局。每个地方管理局中往往拥有5～6个管理事务所，负责交通巡逻、清扫作业、小修保养、防治冰雪及事故处理等项工作。

2. 收费管理

法国各条高速公路收费标准并不一致，各特许公司有权自行确定。每条高速公路的基本收费率基本上是按造价、贷款利率、国家预交工程款额、交通量预测等因素确定的。这些因素因高速公路的不同地段、不同年代修建等情况而有所变化。从1980年开始，各高速公路收费率严重失调，收费率变化较大。为避免这些差异而产生的不良影响，政府采取了协调收费率措施，使高速公路公里收费率趋于统一。

法国高速公路收费支出比例大致是：10%用于收费系统的维护管理；10%用于道路和安全设施的维护；7%用于道路大修；5%用于交税；其余的则用于偿还借贷本息和高速公路拓宽改造工程上。公路收费方式分为两种：一种为封闭式系统，汽车在进口处取卡、出口处交款；另一种为开放式系统，汽车在入口处一次缴付过路费，不管行驶距离长短，收费额都一样。

在收费系统中采用了自动收费设备，以减少收费人员，并可防止作弊现象。在封闭式收费系统的出口处设有车辆检测器，它能自动区分车型、车高、收费金额，能自动打印并传送到收费站控制塔。每班交班时将收费额与控制塔计数总额相核对，每班只允许误差为 100 法郎。目前法国收费系统由广泛采用穿孔硬卡，正逐步改为磁卡、信用卡和磁性月票。

3. 交通管理

法国对交通管理各有分工，道路工程的管理由公共工程、住房、领土整治和运输部负责；城市治安和道路交通的管理由内政部负责；而地方治安和道路交通的管理则由国防部负责。高速公路的每个管理事务所都拥有安全巡逻车，每隔 2km 有一名宪兵驾驶车辆巡逻。全国的高速公路网由 6 个地方控制中心监控，这些控制中心由当地宪兵队和特许公司共同管理，与巴黎东部的法国宪兵总部、全国高速公路监控中心相连，24h 不间断地收集道路交通信息。其他如安全设施的设置、事故处理的程序，与欧美等国基本相同。

参考文献

1 刘伟铭．王哲人，郑西涛等．高速公路收费系统理论与方法．北京：人民交通出版社，2000

2 高速公路丛书编委会．杨盛福等．高速公路运营管理．第 2 版．北京：人民交通出版社，2000

3 邵毅明．高等级公路交通安全管理．北京：人民交通出版社，1999

4 贾元华，董平如．高速公路建设与管理．北京：北方交大出版社，2002

5 范锟．高速公路路政管理．北京：人民交通出版社，1998

6 王振清．公路超限运输概论．北京：人民交通出版社，1997

7 郗恩崇，吴志恒．高速公路管理学．北京：人民交通出版社，2001

8 黄家城．公路路政管理与公路养护．北京：人民交通出版社，2003

9 饶克隆，钱金龙．公路路政管理概论．北京：人民交通出版社，2001

10 王文武，李迁生．高速公路安全管理．北京：人民交通出版社，2001

11 王志江，公路路政管理与行政执法实用全书．延吉：延边人民出版社，2001

12 王健．交通安全心理学．重庆：科学技术文献出版社重庆分社，1988

13 刘红．道路交通事故案例分析．北京：人民交通出版社，1996

14 张洪源．高速公路安全行车必读．北京：人民交通出版社，1998

15 刘步存．高速公路企业经营管理．北京：人民交通出版社，1999

16 郗恩崇．高速公路管理学．北京：人民交通出版社，2002

17 中华人民共和国公路工程技术标准 JTJ001—97．北京：人民交通出版社，1997

18 刘光昆，潘彦维．公共关系学概论．昆明：云南大学出版社，1999

19 陈贻龙，邵振一．运输经济学．北京：人民交通出版社，2003

20 交通部教育司组织编写．公路路政管理学．北京：人民交通出版社，2002

21 刘兴彬．道路运输经营管理．大连：大连海事大学出版社，1998

22 隽志才．公路运输技术经济学．北京：人民交通出版社，2001